Riemann

GIULIO LAURENTI

SUERTE

Vom kolumbianischen Drogenboss
zum Modedesigner

Das Leben des ILAN FERNANDEZ

Aus dem Italienischen
von Elisabeth Liebl

Riemann

Die italienische Originalausgabe erscheint 2010 unter
dem Titel »SUERTE. Dal taglio della coca a quello della moda.
La romanzesca vita di Ilan Fernandez« bei Einaudi.

Das für dieses Buch aus 100 % Recyclingfasern hergestellte
und mit dem blauen Engel ausgezeichnete Papier *Top Recycling Pure*
von Lenzing Papier, Austria, liefert Carl Berberich.
Die Einschrumpffolie (zum Schutz vor Verschmutzung)
ist aus umweltfreundlicher und recyclingfähiger PE-Folie.

1. Auflage
Deutsche Erstausgabe

This edition published in agreement with the Proprietors
through PNLA/Piergiorgo Nicolazzini Literary Agency
Lektorat: Claudia Alt
Satz: Barbara Rabus
Druck und Bindung: GGP Media GmbH, Pößneck
Printed in Germany
ISBN 978-3-570-50121-4

www.riemann-verlag.de

Im Gedenken an vergossenes wie nicht vergossenes Blut,
aber vor allem an den kleinen Ilan.

Für Monsieur Henri Beyle, der – Stendhal bleibend – zu
Henri Brulard wurde:
Im Gedenken an diese, meine einzige Dreifaltigkeit,

hochachtungsvoll
der Autor

Ein Mann, der mit der richtigen Mischung aus Gewalt und Führungsqualitäten das Schicksal herauszufordern wagt, hat zwei Möglichkeiten: Wenn er nur aus egoistischem Gewinnstreben handelt, wird er zum Banditen, den man bekämpft; wenn er seinem Gewinnstreben jedoch das Mäntelchen des Gemeinwohls umzuhängen versteht, wird er als großer Heerführer in die Geschichte eingehen. *Adolphe Thiers* (1797–1877)

Das Leben ist schon kompliziert genug, aber das eigene Leben auch noch erklären zu müssen ist wirklich eine Zumutung.

Marguerite Yourcenar (1903–1987)

Es gibt Existenzen, die – um erzählt werden zu können – einen Zuschauer brauchen, der sie beobachtet, um von ihnen zu berichten. *Alice B. Toklas* (1877–1967)

I

Wäre ich eine Generation früher zur Welt gekommen, wäre ich vermutlich Revolutionsführer geworden. Doch ich wurde geboren, als es in Kolumbien längst andere Wege gab, dem eigenen Zorn Luft zu machen.

Ich raste gerade durch die breiten Straßen Barcelonas, meiner großen Liebe, als ich auf die Bremse trat, weil ich den Eindruck hatte, mit dem Motor stimme etwas nicht. Einen Augenblick später legte sich schon der dunkle Schatten über die Windschutzscheibe und wischte das letzte Glitzern der Sonnenstrahlen weg. Der Lärm war ohrenbetäubend. Vor und hinter mir Polizeiautos. Ich stellte den Ferrari quer zur Straße und fragte mich, wieso keine anderen Autos zu sehen waren. Der Hubschrauber schien auf dem Dach meines Wagens landen zu wollen. Die Pistolenläufe erschreckten das Mädchen neben mir. »Mama!«, jammerte sie immer wieder, »Mama!«. Links und rechts wurden die Wagentüren aufgerissen. Polizistenhände zerrten uns heraus und drängten uns gegen das Auto. Ich zog die einzige Waffe, die ich bei mir hatte: Dollarbündel, Tausende von Dollar, schöne, neue Scheine, wie frisch gebügelt. Aber ich konnte Munition und Waffe schon nicht mehr auseinanderhalten. Geld – das war in dieser Situation wie Kugeln ohne Pistole. Wollte ich etwa all diese Leute von Interpol und der Drogenfahndung kaufen? Da hätte ich schon jemanden ganz oben schmieren müssen, nehme ich an. Und sehr viel früher. Jetzt war es zu spät. Natürlich konnten die Typen von der Drogenfahndung jetzt nicht einfach auf offener Straße mein Angebot annehmen. Es war peinlich, wie ich da den großen Max mimte. Wie ein Kampfhahn vor dem Spiegel. Ich plusterte die Federn auf, schlug mit den Flügeln, riss den Schnabel auf und zeigte die Krallen, während der Koch schon mit dem Bratspieß auf mich wartete. *Zack!* Die Machete sauste herunter. Schluss mit Ferrari und niedlich herausgeputzten Nutten. *Zack!* Der Hahn hat den Kopf verloren. Schluss mit dem geblähten Kamm. Jetzt kommt er auf den Spieß und wird langsam gegrillt.

Projektile sind die einzigen Edelsteine, die in menschliches Fleisch gefasst werden. Das ist nicht einfach nur ein cooler Spruch. In einer Stadt wie Cali ist eine Kugel wie ein Amulett, ein Schutz, der dich vor dem Schicksal bewahrt, das dich – statistisch gesehen – dort erwartet. Meine Leute setzten immer ein selbstgefälliges Lächeln auf, wenn ich diesen Spruch brachte. Sie alle waren schon einmal aus dem bewährten Schutzkreis herausgetreten. Jeder von ihnen hat sich schon so einen Edelstein eingefangen. Dass mir das nicht passiert ist, dass mein Körper noch immer nur meine Knochen beherbergt, ist ein echtes Wunder. Übrigens nicht das einzige in meinem Leben. Denn in jedem Leben kann es bis zu drei Wunder geben. So habe ich das zumindest von Jack gelernt, meinem Großvater. Und ich bin schon bei meinem zweiten Wunder. Das erste ist, dass ich noch lebe. Das zweite, dass ich einen Weg gefunden habe, mein Talent so auszudrücken, dass es meinem Nächsten nicht schadet.

Ich vergesse nie, dem Schicksal für seine Großzügigkeit zu danken. Ich tue das jeden Tag – beim Rasieren oder wenn mein Blick im Rückspiegel meines neuen Ferrari mein Gesicht streift. Früher dankte ich dem Schicksal, wenn sich mein Gesicht auf der glänzenden Oberfläche jener Tische spiegelte, von denen ich meine erstklassige Ware schnupfte. Oder wenn ich den Seitenspiegel des Autos umklappte, um darauf die Line zu ziehen, die jenen Körper vergiften sollte, der dem Blei glücklich entronnen war.

Es ist ein Privileg, am Leben zu sein. Wenn ich noch südamerikanischer wäre, als ich es ohnehin schon bin, hätte ich mich längst auf den Weg zu irgendeinem Heiligtum gemacht, um dort für all das, was ich angestellt habe und mich dieses Wunders unwürdig erscheinen lässt, Buße zu tun. Ich weiß, warum mein Schicksal diese Wendung genommen hat: Ich habe kapiert, wann ich aufhören muss. Ich habe den Augenblick genutzt, den die Vorsehung mir schickte.

Bei meinem Großvater Jack war das ganz ähnlich. Als er sich während einer Prozession heftig geißelte, brach ein Gewitter los. Die Gläubigen suchten unter den umstehenden Bäumen Schutz vor dem Regen. Nicht so Jack. Er glaubte wohl, wenn er sich zum Ruhme Gottes mit der Geißel die Haut zerfetzte, dann wäre es ungebührlich, sich vor der anderen Züchtigung, den Unbilden des Wetters in Sicherheit bringen zu wollen. Er nahm das Hämmern des Regens wie die Hiebe, die er auf Brust und Rücken niedergehen ließ. Die anderen betrachteten ihn als Fanatiker, der seine Selbstkasteiung vulgär zur Schau stellte. Dann aber wurde er zum Zuschauer. Der Blitz fuhr in die Bäume und verbrannte die darunter versammelten Gläubigen zu Asche.

An diesem Tag verlor mein Großvater seinen Glauben, doch gewann er dafür die absolute Sicherheit, dass er seinen Instinkten vertrauen konnte. Meine Mutter warf ihm vor, ein Synkretist zu sein. Ich, der ich das Wort nicht kannte, sagte: »synchronisiert« und meinte, dass er sich »synchronisieren«, sich vollkommen auf seine Umgebung einstellen könne. So stellte ich mir das vor. Mein Großvater ist siebenundneunzig Jahre alt geworden, heißt es. Und er hat nie einen Schirm benutzt.

Ich persönlich konnte Regen nicht ausstehen. Auch Sonnenauf- und -untergänge waren nicht mein Ding. Ich bin für Kunstlicht geschaffen. Und für eine warme, trockene Witterung. Jedenfalls war das so, als ich noch frei war und alles verachtete, was mir nicht in den Kram passte. Nach der Vollbremsung mit dem Ferrari auf der Plaça de Catalunya im Jahr des Herrn 1989 haben sich meine Vorlieben geändert. Ich habe eine Vollbremsung hingelegt und die Richtung gewechselt wie mit dem Auto damals.

Ich hätte an jenem Morgen ohnehin nicht unterwegs sein dürfen. Um diese Zeit schlief ich gewöhnlich. Aber das Mädel, das neben mir im Bett lag, wollte um jeden Preis bei Pepe vorbeischauen, im *Les Quinze Nits* an der Plaça Reial. Sie hatte in einer Talkshow davon gehört. Wie sie da die ganze Zeit vor sich hin nölte, dass man nur dort einen echten Brunch bekäme, ging sie mir gewaltig auf die Nerven. Da sie mit dem Gequengel nicht aufhörte, sprang ich aus dem Bett, zog mir ein wenig Schnee ins Hirn und ab im Ferrari, mit dem Gebrüll des italienischen Löwen. Wie hieß sie doch gleich wieder? Conchi? Sole? Man hatte sie mir in der Nacht davor vorgestellt, als ich mal etwas anderes ausprobierte und in die Oper ging. Später schaffte ich es dann nicht, mich aus der Umarmung der Matratze und ihrer gebräunten Schenkel zu lösen. Also ging es aus dem Dunkel des Zimmers direkt hinters Lenkrad. Das Tageslicht blendete mich, und mein träges Gehirn reagierte zu langsam.

An diesem Tag erfolgte der Machetenschlag, der die harte Schale der Kokosnuss zerteilte. *Zack!* Ein Schwirren, der Schnitt, die Klinge hält inne. *Zack!* Ein Teil ist fort, ein anderer bleibt übrig. Und der andere Teil ist der von heute, mehr oder weniger.

Der Wasserstrahl des Whirlpools lässt mir Schauer über den Rücken laufen. Bestimmt liege ich schon eine Stunde in der Badewanne ... mit einer Flasche 97er Bordeaux in der Hand. Heute ist der Jahrestag dieses Machetenschlags aus heiterem Himmel. Eigentlich müsste ich in Feierlaune sein, doch stattdessen kämpfe ich mit den Tränen. Das ist jedes Jahr dasselbe, schon seit zwölf Jahren. Das gleiche Hotel, der Ferrari, der mich in der Hotelgarage erwartet, allerdings ohne kleine Nutte, die mir Gesellschaft leistet. Stattdessen als Begleiter diese unbändige Lust zu weinen.

Im Gefängnis hatte ich jedes Zeitgefühl verloren. Außerdem begeht man dort einen Jahrestag nur, wenn es sich nicht um etwas Trauriges handelt, und was sollte es in der Zelle schon anderes sein. Erst später, als ich wieder auf freiem Fuß war, begann ich, dieses Datum schon eine Woche im Voraus zu spüren. Wenn dieser Tag vorüber ist, vergesse ich die ganze Sache wieder – bis zum nächsten Jahr. Wenige Tage vor dem entscheidenden Moment höre ich wieder das Zischen der Machete. Bei Sonnenuntergang liege ich dann in der Wanne und habe das Gefühl, in Tränen zu baden, in jenen Tränen, die ich viele, zu viele Jahre zurückgehalten habe.

Entlassen haben sie mich auch bei Sonnenuntergang. Das Stahltor glitt auf, ich trat hinaus und voll in Hundekacke. Das war mein erster Schritt in die Freiheit. Der Rechtsanwalt italo-amerikanischer Abstammung wartete vor dem Tor auf mich: »Das bringt Glück. Geld. Mein Kompliment, das ist wirklich ein gutes Zeichen.« Ein Scheißglück also! Diese abergläubischen Maccheroni!

Ich streifte mir angewidert die Scheiße von den italienischen Markenschuhen, die man mir neun Jahre zuvor abgenommen hatte, als man mich in die Zelle brachte. Eine klassische Form, die nicht so schnell aus der Mode kommt. Und sie passen mir immer noch wie angegossen. Ich trage sie an jedem dieser Jahrestage. Eine Art Abwehrzauber. Oder eher eine billige Form der Nostalgie. Den Anzug nicht. Ein lächerliches Gangster-Outfit, das ich mir damals extra für die Oper gekauft hatte. Denn ich kleidete mich völlig anders, bevor ich den obligatorischen Trainingsanzug aller Strafgefangenen zu meiner Uniform machte. Die neuen Sachen, die mir der Anwalt ins Gefängnis geschickt hatte, würde mein Zellengenosse tragen, wenn er wieder freikäme. Ein Geschenk von mir. Ob er wohl im Edelzwirn die Schwelle überschreiten würde und mit den Pantoffeln, in denen man ihn geschnappt hatte? Ich legte großen Wert darauf, exakt so herauszukommen, wie ich hineingegangen war, in der Hoffnung, all das möge sich in Luft auflösen wie eine Fata Morgana. Anführungszeichen zu, neuer Absatz. *Ya está.*

Die Scheiße unter der Sohle mochte ja Zaster bringen, mein späteres Leben ist dafür der beste Beweis, doch der Herr Anwalt wollte auf keinen Fall, dass ich sein schönes Auto verdreckte. Ich musste mich ganz schön abmühen, um meinen Schuh im Gras am Straßenrand wieder sauber zu bekommen. Es sah aus, als hätte ich plötzlich einen nervösen Tick bekommen, wie ich da so hinwischte. Die Wachen in den gepanzerten Türmchen amüsierten sich prächtig. Ich sah das von unten, weil sie sich bogen vor Lachen. Ich kochte vor Zorn. Sobald die Sohle sauber war, hob ich den Blick. Die Sonnenstrahlen, die den Himmel rot färbten, trieben mir die ersten Tränen in die Augen. Damals in Barcelona, als ich mit dem Kerl redete, der extra meinetwegen aus Amerika angereist war, hatte ich die warme, melancholische Farbe des Abendhimmels keines Blickes gewürdigt. Ich war ja so sicher, dass ich mit wenig davonkommen würde, wenn ich nur mit Dollarnoten raschelte. Dabei sollte dies für die nächsten Jahre das letzte Abendrot sein, das ich zu sehen bekäme.

Da man mich in der Zwischenzeit nach Amerika ausgeliefert und ich in St. Quentin eingesessen hatte, musste ich, um mit der Vergangenheit und der klaustrophobischen Erfahrung des Gefängnisses abzuschließen, dorthin zurückkehren, wo alles begann ... nach Barcelona. Auch weil ich das Gefängnis Cuatro Caminos noch nie von außen gesehen hatte und mir daran lag, den beklemmenden Komplex aus diesem Blickwinkel zu erleben. Wie einer, der dem Ertrinken entronnen ist, sich umdreht, um all das Wasser in den Blick zu nehmen, das er nicht geschluckt, das ihn nicht behalten hat. Auf meiner Reise nach Amerika hatte ich mein Gangster-Outfit getragen. Jetzt kehrte ich zurück wie »Scarface« Al Pacino, der sich die Beute holt, lange nachdem der Film, in dem er die Hauptrolle spielt, aus den Kinos verschwunden ist. Doch dieser Film war mein Film, selbst wenn ich zunächst nicht mehr als ein Zuschauer war, der erst kam, als der Film schon angefangen hatte.

Als ich in Spanien landete, dachte ich zuerst an die Kleine, mit der sie mich geschnappt hatten. Während jenes nächtlichen Intermezzos, bei dem unsere Wege sich gekreuzt hatten, hatte ich mehr Zeit in als außerhalb von ihr verbracht. Da sie die letzte Frau war, die ich gevögelt hatte, begleitete das Bild ihrer Kurven mich in die Zelle. Sie hatte ich vor Augen, wenn ich an das Schönste dachte, das ich verloren hatte: Sex. In Gedanken schnupperte ich dem Duft ihrer Körpersäfte nach. Wieder und wieder hörte ich ihre theatralischen Lustschreie. Und als ich aus dem Bordfenster auf das Bodenpersonal des Flughafens hinuntersah, hatte ich plötzlich Sehnsucht nach ihr. Neun lange Jahre hatten ihre Rundungen mir in der Zelle, in der Dusche, in meinen Träumen Gesellschaft geleistet. Nur ihr Körper. Ob sie eine Seele hatte, weiß ich nicht, noch, ob ich sie überhaupt erkannt hätte. Dieses Weib verfolgte mich. Meine Handflächen schlossen sich um ihre üppigen, rundum erneuerten Brüste. Ihre muskulösen Schenkel hatten mich mit solcher Kraft umklammert, dass ich die wiederholten Kolbenstöße, die wir uns in jener Nacht verpassten, eher ihnen zuschrieb als der bedingungslosen Gastfreundschaft ihrer Feuchtgebiete. Im Taumel der

Erregung jener Nacht schien es mir, als ob ich es mit mehreren Frauen gleichzeitig triebe, so heiß war sie darauf, ihren fleischigen Mund um mich zu stülpen, die rhythmisch zuckende Qualle unter dem dunklen Pelz so eng um mich zu schließen, wie sie es mit ihrem Stahlarsch tat.

Aber ich muss andererseits schon ziemlich hinüber gewesen sein, denn später konnte ich die Abfolge glühender Einzelbilder unseres Zusammenseins nicht mehr zu einem sinnvollen Ganzen zusammensetzen. Ich erinnere mich nur an ein chaotisches Mosaik aus Sex, ohne Anfang und ohne Ende, dessen Bruchstücke ohne innere Ordnung aufeinanderfolgen wie die Szenen eines Action-Thrillers. Diese fantastische Nacht multipler Orgasmen steht in gewisser Weise symbolisch für jene Tage und Nächte, die ich durchlebte, bevor die Machete niederging.

Mein Leben verlief auf der Überholspur, und ich achtete nicht auf das Panorama, das vor mir lag. Ich konzentrierte mich auf die Details, der Blick für das große Ganze, der mich überhaupt erst an die Spitze der Organisation gebracht hatte, war mir längst abhandengekommen. Ein Schuss und hopp. Eine Transaktion nach der anderen und Berge von Geld, wenn es ans Abkassieren ging. Gab es Hindernisse aus dem Weg zu räumen, hatte ich dafür meine Männer. Gegen Ende meiner Karriere überquerte der Stoff den Atlantik und überschwemmte Europa, ohne dass es mich mehr kostete als ein paar Telefonate und geschäftliche Besprechungen. Ich traf mich mit Leuten aus aller Herren Länder, in denen es organisiertes Verbrechen gab: mit Spaniern, Engländern, Deutschen, Italo-Amerikanern und dann natürlich Neapolitanern, Sizilianern und Kalabresen. Die Italiener hatten drei verschiedene »Organisationen«: die Camorra, die Mafia und die ’Ndrangheta. Die anderen repräsentierten Länder, die Italiener Dialekte. Es war diese einzigartige Geografie des organisierten Verbrechens, die mir damals ins Auge fiel. Ansonsten zogen Gesichter und Stimmen an mir vorüber, ohne dass ich ihre Geschichte hätte einschätzen können. Ich fraß das Leben mit ungeheurem Appetit bis zum Erbrechen in mich hinein. Hätte die Machete mich nicht gerettet, würde ich wohl schon seit locker zwanzig Jahren unter der Erde oder auf dem Meeresboden ruhen.

Ich hatte die Gabe, gute Gelegenheiten zu erkennen und zu nutzen, und ich reagierte ausgesprochen schnell. Ich wusste genau, wann und wozu ich jemandem auf die Zehen steigen musste, beziehungsweise wann und weshalb ich es besser ließ. Sogar Escobar, der Drogenboss Kolumbiens, spürte mitunter den Druck meiner dreisten jugendlichen Hacken auf seinem königlichen Schuh. Das war unvermeidlich, gab es zwischen Cali und Medellín doch eine solche Masse an Thronanwärtern – mich eingeschlossen –, dass Kolumbien in dieser Hinsicht eher wirkte wie eine überfüllte Merengue-Tanzdiele. Von Barcelona aus war es im Übrigen auch vergleichsweise einfach, jemandem global auf die Zehen zu steigen. Am Ende ging mir die Orientierung verloren. Ich fühlte mich wie Gott auf Erden. Ich hatte vergessen, wer ich war und woher ich kam. Ich wusste nur, wo ich mittlerweile angekommen war und wer ich zu sein glaubte. Ich dachte immer nur fünf Minuten im Voraus.

Unmittelbar nach meiner Verhaftung führte man mich in einen großen, halbdunklen Raum. Er sah aus wie eine leere Turnhalle. Da ich die Wände nicht sehen konnte, überkam mich ein Gefühl von Desorientiertheit. Du siehst dich um, und es gibt nichts, worauf du den Blick konzentrieren könntest. Dir dreht sich alles, du gerätst ins Wanken und musst aufpassen, dass du nicht hinfällst.

Dann kommt aus dem Nichts eine Stimme auf dich zu und fordert dich auf, alles zu sagen, was du weißt, weil es sonst mit dir vorbei sei. Akzent: amerikanisch. Sprache: Spanisch. Sinn: weltweit verständlich. »Wenn du mit uns zusammenarbeitest, kommst du glimpflich davon. Wenn du dazu zu blöd bist, brummen sie dir zwanzig Jahre auf – nacheinander in den härtesten Gefängnissen Spaniens und der Vereinigten Staaten. Zwanzig Jahre tagtäglicher Kampf ums Überleben. Wenn du das überstehst – falls du es überstehst –, bist du ein Wrack, ausgelutscht. Drum rate ich dir: Mach den Mund auf. Dann kommst du nach ein paar Jahren ins Zeugenschutzprogramm und kannst dein Erspartes auf den Kopf hauen.«

Ich hatte vergessen, wer zum Teufel ich war. Ich lachte: »Ihr habt doch überhaupt nichts in der Hand. Wie lautet denn die Anklage? Lasst mal hören. In der Tasche hatte ich nur ein bisschen Koks für den persönlichen Bedarf, ein bisschen viel vielleicht, aber sonst nichts. Keine Waffe. Wenn ich je einer Fliege etwas zuleide getan hätte, dann hätte sie sicher keine Gelegenheit mehr gehabt, euch davon zu informieren, das könnt ihr mir glauben. Ich will meine Anwälte. Dieses Mal bellt ihr wirklich am falschen Baum hoch, und das nicht schlecht. Eines muss ich allerdings gestehen: Ich habe die Geschwindigkeitsbegrenzung nicht beachtet. Aber Sie wissen ja, wie das ist mit einem Ferrari!«

Stille. Halbdunkel. Eine ausgedehnte Stille. Der Raum um uns ist wirklich weitläufig. Ich musste lange gehen mit meinen schicken italienischen Schuhen, wobei ich ein schlurfendes Geräusch verursachte, als trüge ich Pantoffeln. Man hatte mir nämlich die Schuhbänder abgenommen. Die Stimme hallte eigentümlich in diesem Raum. Es wirkte fast, als befänden wir uns unter der Erde, in einem Raum, der mindestens so überdimensioniert war wie meine Anmaßung.

»Halt den Mund, Dummkopf, und mach die Augen zu. Wenn

ich es dir sage, kannst du sie wieder aufmachen«, sagte der Schatten. Ich wollte ihm zeigen, wie kalt mich das Ganze ließ. Wenn er mir einen Schlag ins Gesicht verpassen wollte, bitte sehr. Meine Anwälte würden sich darum kümmern. Sie würden ihn und alle anderen ein für alle Mal fertigmachen. Wir waren hier schließlich nicht in Kolumbien. Ich wartete also. Dann hörte ich ein Quietschen, und schließlich sagte die Stimme in mokantem Ton zu mir: »Sieh und staune!«

Ich öffnete die Augen und sah mein Leben, das Leben der letzten zwei Jahre, vor mir ablaufen. Es heißt doch immer, dass das passiert, wenn es ans Sterben geht: Der Film deiner Lebenstage läuft auf der Leinwand deines Geistes ab.

Ich war doch nur ein Junge, der es in dem elenden Barrio, in dem meine Familie gelandet war, zu etwas bringen wollte. Sobald ich das erste richtige Geld in der Tasche hatte, kaufte ich mir eine Karte für den Swimmingpool jenes Luxushotels, in das jeder ging, der in unserer Stadt etwas zu sagen hatte. Aber ich war es nicht zufrieden, mit meinem Mädel dort aufzulaufen, einer vollbusigen Kleinen, wie wir Kolumbianer in unserem übersteigerten Geltungsdrang sie gern haben.

Ich wollte die wunderschönen Frauen an diesem riesigen Pool beeindrucken. Also kletterte ich auf das höchste Sprungbrett und stürzte mich todesmutig ins Wasser. Mit den Füßen voran, denn anders konnte ich es nicht. Ich flog und flog, wie ein Nagel, der durch die Luft sauste, um sich in den Boden des Beckens zu bohren. Ich hatte solche Angst, dass bereits damals ein Film vor meinen Augen ablief: der Rauswurf aus dem Haus vor zwei Monaten, nachdem mein Vater ums Leben gekommen war. Die Handgreiflichkeiten in unserer engen Gasse im Barrio. Die ersten Kontakte zu Banden, wo ich mich behaupten musste. Die peinlichen Versuche meiner Mutter, wenigstens den Anschein einer bürgerlichen Existenz zu wahren. Die Versuche unseres schmierigen Nachbarn mittleren Alters, sie mit Geld zum Übernachten in seinem Haus zu bewegen, einem richtigen Haus, das aus dem Schmutz des Viertels herausstach. Der nagelgespickte Knüppel, den ich mir in rasender Wut gefertigt hatte. Die Waffe eines mittelalterlichen Ritters. Die Nächte, in denen ich einen Plan schmiedete, wie ich erledigen konnte, was zu erledigen war. Und dann die Nacht, in der ich es tat.

Ein magerer Dreizehnjähriger, bewaffnet mit diesem primitiven Knüppel und einem urzeitlichen Überlebensinstinkt. Dieser dumpfe Laut. Wie ein Ei, das auf dem Boden zerplatzt. Der durchdringende Geruch nach Brillantine und meine mit rosa Matsch verschmierten Tennisschuhe. Kein Stöhnen, ja nicht einmal ein Seufzen. Eine schlaflos verbrachte Woche, und dann die Hilfe meiner Freunde – das weiße Pulver, das dir hilft, den Staub zu vergessen, aus dem du gemacht bist. Kurz darauf die ersten Geschäfte mit Touristen, die sich unbedingt einen Schuss setzen wollten. Und die Idee, eine eigene Gang zu gründen. Dann der Aufprall auf dem Wasser. Das Blau, in das ich eintauchte und alles auslöschte, was ich gesehen hatte. Du tauchst wieder auf und hast die Mädchen im Bikini vergessen, für die du diesen Sprung gewagt hast. Du atmest, glücklich, noch am Leben zu sein, und versprichst dir selbst, es nie wieder so zu übertreiben – obwohl du genau weißt, dass dies nur der Anfang war.

Niemand klatscht deiner Kühnheit Beifall. Nicht einmal die blöde Gans, die du mitgebracht hast und die versucht, die Typen zu beeindrucken, die unter den bunten Regenschirmen farbenfrohe Cocktails schlürfen. Aber du bist gesprungen. Und jetzt bist du ein anderer Mensch.

Die Stimme allerdings holt dich in die Gegenwart zurück: »Wir wollen Namen, Vornamen, Umsatz, Verbindungsmänner, Schmiergeldzahlungen, Adresse, Hobby und Anzahl der Haare auf dem Arsch deiner Freunde und der Freunde deiner Freunde. Dann helfen wir dir hier raus. Falls du uns tatsächlich davon überzeugen kannst, dass der hübsche Bengel, den du in diesem Film siehst, mit dir nichts zu tun hat, dann lassen wir dich frei und entschuldigen uns in aller Form bei dir. Allerdings könnte dann vielleicht durchsickern, dass du mit uns zusammenarbeitest. Mal abwarten, was deine Freunde dann mit dir anstellen. Also? Was hast du mit diesen Gaunern zu tun und was für Geschäfte machst du mit ihnen? Wenn du uns nicht die Wahrheit sagst, verfrachten wir dich auf direktem Weg in den Bau, und zwar dorthin, wo einige von den Jungs sitzen, denen du auf die Nerven gegangen bist. Ziemlich blutrünstige Bestien, die sich auf dich stürzen werden wie auf ein Stück rohes Fleisch zum Abendessen. Wenn du jetzt die falsche Entscheidung triffst, verschwindest du für zwanzig Jahre hinter Gittern.«

Ich war bestürzt, während ich mir selbst zusah, wie ich durch den Film spazierte. Die Stimme hüstelte: »Sieht aus, als würde unser Kunstwerk dich zum Nachdenken anregen. Bravo. Überleg's dir. Und viel Spaß beim Zuschauen.« Ich blieb mindestens zwei Stunden so sitzen, allein. Auf dem Bildschirm lief ein Zusammenschnitt meiner Tage, Wochen und Monate der letzten zwei Jahre. Ich hatte keine Wahl. Ich stand nicht mehr oben auf dem Sprungbrett, sondern hatte den Weg nach unten angetreten. Zwei Jahre meines Lebens: mein kometenhafter Aufstieg zwischen Europa und Amerika. Schritt für Schritt. Vieles, was ich längst vergessen hatte. Auch Menschen, die ich aus den Augen verloren hatte. Tote, Ermordete – was gar nicht so selten war. Ich kannte schließlich die Risiken dieses Metiers. Nicht viele feierten ihren dreißigsten Geburtstag. Ich war damals neunzehn. Zwanzig. Einundzwanzig. Ich wuchs heran und wurde dabei gefilmt. Meine transkontinentale Karriere lag vor mir, ein wenig zitternd wie in den Videos vom letzten Urlaub. Da war ich, wie ich die Lieferbedingungen für Koks aushandelte, für Waffen und Betäubungsmittel, die je nach Mode variierten. Ein Gipfeltreffen mit Vertretern der Drogenkartelle, ein Handschlag, mit dem ein Bündnis für den nächsten drohenden Bandenkrieg geschlossen wurde. Abendessen mit reichen Mädchen, mit dem Barcelona der Mächtigen. Geschäft und persönliche Intimitäten – ohne Ton, digital verewigt. Aus den unmöglichsten Blickwinkeln. Und ich war der Hauptdarsteller. Ich fühlte mich nackt und ausgeliefert wie nie zuvor. Vielleicht fühlt man sich so, wenn man auf die Welt kommt. Da wähnst du dich in Sicherheit in diesem Bauch, der dich beherbergt, im Warmen, und plötzlich dann dieses grelle Licht, die Kälte, die schneidende Luft in den Lungen und ein Klaps auf den Hintern, damit du deinen verzweifelten Schrei loslässt. Ich aber wurde nicht geboren, ich starb.

Dazu diese Autos mit den unzähligen PS. Ohne Luxusuntersatz, ohne Sportwagen fühlte ich mich den Gefahren des Straßenverkehrs nicht gewachsen. Zwei Jahre und mindestens zehn Autos. Da waren sie alle, vor mir auf dem Bildschirm. Erschrocken starrte ich sie an, bis mir die Augen überquollen. Mein überfrachtetes Gehirn streikte. Es fühlte sich an wie ein zusammengedrückter Schwamm und sonderte Erinnerungen an weitere Details ab wie Puzzleteile, die nur ich zu kennen glaubte. Ich begriff, dass ich verloren war. Die Fragen, die sie mir gestellt hatten, zeigten mir, dass sie noch im Dunkeln tappten und bei mir auf den Busch klopfen wollten. Dann kapierte ich, dass ich über all das nicht nachdenken durfte, weil sonst alles noch schlimmer werden würde. Also wiederholte ich unablässig mein Mantra: »Ich bin kein Verräter. Ich habe nichts zu sagen, außer dass es mein Recht ist, meine Anwälte zu sprechen.« Immer wieder, bis diese Worte meinen Kopf vollkommen ausfüllten. Das hatte ich von Limor, diesem sympathischen verrückten Huhn, halb Schweizerin, halb Venezolanerin, das ich kennengelernt hatte, kaum war ich nach Barcelona gekommen: »Wiederhol den Satz, den du dir ausgesucht hast, tausend Mal. Dies ist dein Mantra. Du wirst es dir zu eigen machen. Leere deinen Geist von allen anderen Dingen.«

Ich hatte schon eine Ewigkeit nicht mehr an sie gedacht, doch in diesen Tagen, die ich im Gewahrsam von Interpol und Drogenfahndung verbrachte, war sie mir ungeheuer hilfreich. Von allen Menschen, die ich damals kannte, war sie mir am nützlichsten, und ich kannte allerhand Leute, die ganz unterschiedlich drauf waren. Ich hatte Limor immer auf den Arm genommen und ihr gesagt, sie habe bestimmt den schwarzen Gürtel in Yoga. Nun hatte ich also nicht nur den magischen Spruch von den Edelstein-Projektilen, die nach Möglichkeit nicht mein Fleisch als Fassung bekommen sollten, sondern auch noch eine Affirmation, die mir half, meine düsteren Gefühle in Schach zu halten.

Sie löcherten und bedrohten mich, sie machten mir Vorschläge und Angebote – ich aber wiederholte stets, mehr für mich als für sie: »Ich bin kein Verräter. Ich habe nichts zu sagen, außer dass es mein Recht ist, meine Anwälte zu sprechen.« Dieses Mantra wiederholte ich noch, wenn ich allein war, wenn Schrecken und innere Dunkelheit über mich hereinbrachen. Dies war die Sicherheit, an die ich mich klammerte: Ich war vieles, doch keinesfalls ein Verräter. Niemand hatte je dafür bezahlt, um mich kennenzulernen oder Geschäfte mit mir machen zu dürfen. Ich hatte allerhand Dummheiten gemacht, vor und nach diesem Sprung in den Pool, aber diese, die größte und tödlichste Dummheit, hätte ich nie begangen. Wenn die Zeit kommt, das Fell zu wechseln, dann lass nicht zu, dass die anderen dir das alte abziehen und nach ihrem Gutdünken ein neues überstreifen. Jeder hat seine Zeit, sich zu häuten. Ich würde meine Zeit abwarten, so, wie das Schicksal sie mir bestimmt hatte.

Wie ich heute so in dieser Wanne liege und das Bad genieße, bin ich sicher, dass die Häutung sich ankündigt. Noch vor einem Jahr hätte ich diese lästige Einmischung nicht geduldet, dieses Korken bei meinem Bordeaux. Um auf gute Weise alt zu werden, braucht jeder, ob Mensch oder Wein, die richtigen Bedingungen, zusätzlich zu seinen körperlichen und geistigen Talenten. Ein bisschen Schimmel und schon korkt alles. Aber lieber ein intensives Leben genießen und korkigen Wein trinken, als sich über ein langweiliges Dasein mit einem exzellenten Tropfen hinwegtrösten. Wahrscheinlich bin ich schon angetrunken. Möglicherweise auch nur glücklich, wer weiß. Der Spiegel sagt mir nicht, was ich wissen möchte. Mir fehlt es nämlich außen genauso wie innen an Klarblick.

2

»Das Leben ist roher als ein Sushi«, sagte mein Großvater. Und fügte gedankenverloren hinzu: »Und meistens schmeckt es auch noch schlechter.« Als Kind fragte ich mich jahrelang, was zum Teufel dieses Sushi sein sollte, das weniger roh war als mein Leben hier in Cali. Irgendjemand hatte mir gesagt, das sei ein Fisch, und so stellte ich mir eine Art grimmigen Wal mit Rotbarschgesicht vor. Oder mit der furchteinflößenden Fratze eines Ungeheuers, das in der Tiefe des Meeres haust. Cali ist einer der Abgründe, in die der Lichtstrahl der Hoffnung nur in Form von Dollarnoten fällt. Geld anzuhäufen schenkt Hoffnung. Wenn du ein Kilo fette grüne Scheine in der Hand hast, bist du wirklich voll Hoffnung, das schwöre ich. Also wog ich voller Freude das Geld in der Hand, während der Typ das Koks prüfte. Er hatte zwei weiße Ziegel in der Hand. Jeder wog ein Kilo. Ich hingegen hielt den schwarzen Plastiksack mit den vierzigtausend Dollar, der mehr oder weniger genauso viel wog wie die Ware. Der Typ, ein Kubaner, mehr breit als lang, saß gemütlich da und beobachtete seinen Mann, der das Pulver ins Reagenzglas schüttete. Ich saß auf dem riesigen feuerroten Sofa, das viel zu weich war, um noch bequem sein zu können, und spürte, wie sich die Pistole gegen meine Hinterbacke drückte. An der Tür hatten sie einen Gorilla postiert, der sorgfältig seine Nägel benagte und seinen Job als Aufpasser nicht besonders ernst zu nehmen schien. Wir tranken Martini mit Eis und plauderten ein wenig über die verschiedenen Martinicocktails. Mich interessierte das nicht. Ich trinke nicht gern harte Sachen, weil ich davon Sodbrennen bekomme.

Der Käufer war offensichtlich zufrieden. Er trennte sich ohne Bedauern von seinem Geld. Ich wog weiterhin das Geld in der Hand, während mir allmählich dämmerte, dass das Geschäft ein voller Erfolg war. Ich dachte bei mir: »Niemand in diesem Land kann mich je verhaften, denn ich halte einen Müllbeutel voller Dollars in der Hand.« Kokain kannst du nicht in der Brieftasche herumtragen, vor allem nicht, wenn es zwei Kilo wiegt. Wir erhoben uns, ein wenig zittrig wegen der nervlichen Anspannung, und gingen.

Kaum saßen wir im Auto, gingen Antonio die Gäule durch. Er war so überdreht, dass er nur noch davon redete, wie er das ganze Geld ausgeben wollte. Sein Cousin, unser Fahrer, spitzte mir ein wenig zu sehr die Ohren, und so fing ich meinerseits an, eine Litanei von Sachen herunterzubeten, die ich machen würde, wenn wir nächsten Samstag in der Lotterie gewinnen würden. Antonio kapierte auf Anhieb und erweiterte seine Wunschliste noch um ein paar Dinge, von denen er immer geträumt hatte, unter anderem ein Paar niedlicher Blondinen, die mindestens doppelt so groß waren wie er. Wir beäugten sie ja regelmäßig am Strand, Mädchen mit Bikinis wie Briefmarken, die auf dicken Fußbällen klebten. Schon war Antonios Cousin überzeugt, dass wir wirklich nur in Miami waren, um uns einen Job zu suchen.

Endlich löste sich die Spannung in lautem Gelächter. Dass wir soeben aus unseren fünfhundert Dollar sage und schreibe vierzigtausend gemacht hatten, war die stärkste Droge, die ich je probiert habe. Nun war alles möglich, und als Erstes wollte ich so ein ominöses Sushi. Wir steuerten das nächste Luxushotel an, aber wir sahen wohl zu sehr nach kleinen Gaunern auf der Durchreise aus, und so warf man uns kurzerhand hinaus. Ich hatte meine Waffe entsichert in der Hosentasche, aber die Begeisterung, endlich in

Amerika zu sein, und die Wut darüber, wie man uns behandelte, hatten mich das vollkommen vergessen lassen. Eine Neun-Millimeter, die so alt war, dass ich den Verdacht hatte, Kain könnte sich damit wieder zum Einzelkind gemacht haben. Hundert Dollar hatte sie mich gekostet. Betrug. So wie unser freundliches Willkommen im Land der tausend Möglichkeiten. Ein Bekannter hatte mich an einen Puerto-Ricaner vermittelt, der sein Leben quasi am Billardtisch verbrachte. Als ich ihn aufsuchte, schob er mir einen Umschlag mit der Waffe über den Tisch. Ich inspizierte das Ding erst, als ich im Auto saß. Wir hatten uns falsch verstanden. Eine Neun-Millimeter hieß in Amerika eine »Achtunddreißiger«, und so hatte ich das falsche Ding bekommen. Ich hasse Neun-Millimeter-Pistolen. Ich stehe auf die 22er – eine Trommel, keine Patronenhülsen, keine Spuren. Außerdem muss man den Schlitten nicht nach hinten ziehen, um nachzuladen, das kostet im Ernstfall nur Zeit. Wenn du tatsächlich fünfzehn Kugeln brauchst, um zu treffen, und dir die sechs der 22er nicht ausreichen, ist es besser, du lernst häkeln.

Aber wir wollten ja Sushi auftreiben. Also fragten wir in einem italienischen Restaurant nach. Dort war man höflicher. Er sah für uns im Telefonbuch nach und gab uns eine Adresse. Wir kurvten fast durch die ganze Stadt, bevor wir endlich vor dem Laden standen. Auf dem Schild stand in rosaroter Farbe: »Sushi.« Mit der riesigen verschlossenen Tür und dem Spion darin hätte ich es eher für einen Stripschuppen gehalten. Ich drückte auf die Klinke, aber die Tür war verschlossen. Wir waren zu früh dran. Also trieben wir uns noch ein bisschen am Strand herum. In einem Laden für Taucherbedarf kaufte ich eine Tasche, um den Erlös aus meinem Geschäft darin aufzubewahren. Und natürlich musste ich Antonio einen Teil abgeben, weil er mir seine Großmutter geborgt hatte.

Eigentlich war zu Anfang alles nur ein Spiel gewesen. Ich verkaufte Koks an die Touristen, die sich nach Cali verirrten, und so kam mir der Gedanke, wenn die es schafften, das Zeug im Flugzeug mitzunehmen, müsste ich das auch fertigbringen. Die Ware kostete mich wenig, zweihundertfünfzig Dollar das Kilo. Wenn ich sie in der Stadt verkaufte, machte ich nicht viel Gewinn. Es gab einfach zu viel Konkurrenz, das Angebot war größer als die Nachfrage. Wenn ich den Yankees das Koks jedoch gleichsam nach Hause liefern würde, hätte ich schon einen ganz anderen Markt. Ich redete mit den Jungs darüber, aber die meinten, wenn es so einfach wäre, würde es ja wohl jeder tun. Richtig. Aber schließlich wurde auch das Flugzeug nur deshalb erfunden, weil niemand vorher je ernsthaft darüber nachgedacht hatte. Neue Ideen setzen sich nicht von selbst durch. Man muss an sie glauben, muss versuchen, sie umzusetzen, und abwarten, ob es klappt. Wenn ich den Größeren von meiner Idee berichtete, lachten sie mich aus. Den Handel mit dem Ausland kontrollierten schließlich die Kartelle. Aber auch wenn es klappen sollte, wem würde ich die Ware verkaufen, sobald ich in Miami war?

Diese Frage warf zwei grundsätzliche Probleme auf: Zum einen musste man das beste Transportmittel finden, um das Kokain an seinen Bestimmungsort zu bringen. Zum anderen musste man einen Abnehmer finden. Das zweite Problem löste sich vor dem ersten: Der Onkel eines Nachbarn kannte einen Typen, der ein Drogengeschäft auf eigene Rechnung aufziehen wollte. Er war Kubaner und hatte Geld. Wir hatten keinen Namen, also würde er uns die Ware bei Lieferung bezahlen. Keine Vorauszahlung. Konnten wir ihm trauen? Es bestand ein gewisses Risiko, die Ware zu verlieren und das Geld für die drei Tickets für Hin- und Rückflug. Es waren genau fünfhundert Dollar Anfangsinvestition nötig. Ich überlegte: Natürlich konnten die fünfhundert Dollar für die Ware verloren gehen. Die Ausgaben für die Tickets und den Aufenthalt aber würden in jedem Fall etwas bringen, weil wir so zumindest das Terrain sondieren könnten. Außerdem würde ich in Amerika nicht eine Sekunde zögern, die Pistole zu ziehen, wenn jemand mir blöd käme. Cali hat ein paar Millionen Einwohner und Jahr für Jahr sterben dort drei- oder viertausend Menschen bei Schießereien. Miami war vermutlich ruhiger, auch für einen angehenden Drogendealer.

Die Frage nach dem Abnehmer war also gelöst. Blieb nur noch das Problem des Transports. Antonio hörte mir belustigt zu, als ich ihm meinen Plan mitteilte: Wir würden seiner Oma eine Reise nach Miami spendieren. Sie war sich nicht ganz sicher, ob sie das annehmen sollte, aber sie war so lange nicht mehr in Amerika gewesen. Die Verwandten würden sie sicher aufnehmen, aber sie hatte ein wenig Angst, dass sie sich dort recht allein fühlen werde. Antonio erklärte ihr, dass er sie am Flughafen abholen würde. Er würde vor ihr hinfliegen, weil leider im selben Flugzeug für ihn kein Platz mehr war.

Gesagt, getan. Zumindest, was Antonios Oma anging, denn in Wirklichkeit saß er ein paar Reihen hinter ihr. Man musste doch sichergehen. Den Koffer füllte er mit Kaffeedosen, in die wir fein säuberlich in Präservative verpacktes Kokain stopften. Die Kaffeedosen wurden wieder versiegelt. Eine Heidenarbeit. Zwei Kilo Kokainpulver zwischen acht Kilo Kaffeepulver. Kolumbianischer Kaffee, wie die Verwandten in Amerika ihn liebten. Ein Klassiker also, der bei den Zöllnern keinen Verdacht erregen würde. Der Koffer hatte Rollen, Antonios Oma konnte ihn also mühelos allein ziehen. Damals waren sie am Zoll bei der Ankunft in Amerika noch nicht so ungeheuer misstrauisch. Eine Großmutter war eine Großmutter.

Ich flog einen Tag früher und stieg bei Antonios Cousin ab, einem Esel, der sich sein Geld damit verdiente, in einem Privathafen die Yachten der Reichen zu putzen. Er nahm mich an seinen Arbeitsplatz mit, wo er die gleiche Arbeit machte wie meine Mutter in Cali und ungefähr genauso wohlhabend war wie sie, eine ärmliche Putzfrau. Das, so sagte er, sei der amerikanische Traum. Ihm mochte das genügen, ich kapierte sofort, dass der wahre amerikanische Traum in diesen Yachten bestand und allem, was noch dahinterstand: Villen mit Garten und Swimmingpool, Zwölfzylinder, genug freie Zeit, um Golf zu spielen, und viel Personal von der Sorte wie Antonios Cousin, das alles in Ordnung hielt und glücklich war, zumindest ein winziges Puzzlestück dieses Traums sein zu dürfen. Ich dachte: Morgen schwebt Omama ein, und dann fangen wir an, ein bisschen Geld zur Seite zu legen, um genau dorthin zu kommen, in einen ruhigen Privathafen wie diesen, mit einer eigenen Yacht. Oh, ich konnte mir das so gut vorstellen. Ich würde sie »yo también estoy« nennen – »ich bin auch da« – oder »abrir paso« – »sich einen Weg bahnen«.

Während ich also meine imaginäre Yacht bewunderte, wurde mir klar, dass wir Antonios Cousin anheuern sollten, damit er uns in den nächsten Tagen in Miami herumkutschierte. Ich wollte nicht auf seine Gutmütigkeit bauen. Es war besser, ihn sicher zur Verfügung zu haben, wenn er nicht arbeitete. Auf diese Weise würde ich mich in der Stadt nicht verirren. Zudem würde ich nicht den Idioten abgeben, der aus dem Ausland hierherkommt, um Geschäfte zu machen, und in einem Taxi vorfährt. Ich unterbreitete einen entsprechenden Vorschlag, und er sagte sofort Ja, ohne sich zu fragen, wie ich es mir leisten konnte, einen Fahrer anzustellen, während ich angeblich einen Job suchte. Der erste Unterschied, den ich zu Cali feststellte, war, dass ich in meiner Stadt schon seit geraumer Zeit der Anführer war. Ich war fünfzehn, und andere ordneten sich mir bereitwillig unter, auch wenn sie älter waren.

Das lag daran, dass ich Köpfchen hatte und schnell reagierte. In Miami musste man die Leute bezahlen, damit sie mitmachten. Auch Antonio, der mir das Angebot mit seiner Großmutter in Cali aus Lust am Risiko, ja aus einer gewissen Tollkühnheit heraus gemacht hatte, dachte in Miami nur daran, seinen Anteil einzustreichen und ihn so schnell wie möglich auszugeben. Er hatte seine Träume gegen klingende Münze eingetauscht, mehr wollte er nicht. Ich hingegen überlegte, wie viel Kokain ich mit meinen dreißigtausend Dollar kaufen konnte und wie viel mir diese Menge in Amerika einbringen würde. Diese Gewinnaussichten hätten auch den gierigsten Dealer zufriedengestellt.

Tags darauf warteten wir mit dem Auto am Flughafen. Es ging alles so glatt, dass ich schon fluchte, weil ich mir nicht noch fünfhundert Dollar für weitere zwei Kilo geliehen hatte. So hätten wir den Koffer der Oma viel großzügiger aufpolstern können. Der Kubaner wollte weitere Ware, und so wagte ich mich vor: »Du hast ja gesehen, dass du dich auf uns verlassen kannst. Wenn du noch mehr willst, dann wird eine Anzahlung fällig – dreißig Prozent der Bestellung.«

Der Kubaner schien das gut zu finden. Vermutlich hielt er die Forderung für ein Zeichen unserer Professionalität. Aber das war noch nicht alles, was geregelt werden musste. Zwei Kilo haben ihren Preis. Doch die Logik auf diesem Markt ist anders als in anderen Geschäftsfeldern, wo man umso weniger bezahlt, je mehr man kauft. Mittlere Mengen, wie unsere zwei Kilo es waren, kosteten weniger als im Großhandel, der bei, sagen wir mal, zehn Kilo losging. Wenn ich dir dreißig Kilo bringe, hast du die ganze Stadt in der Hand. Wenn ich dir hundert Kilo bringe, kontrollierst du den Handel im ganzen Staat Florida. Wenn ich dir eine Tonne bringe, hast du genug, um damit die Ordnungshüter zu bestechen. Du kontrollierst den Markt, daher zahlst du mehr für die Ware, weil du den Konsumentenpreis bestimmen kannst. Außerdem geht der, der viel liefert, ein weitaus höheres Risiko ein. Er kann viel Geld verlieren, und dieses Risiko hat seinen Preis.

Ich weiß nicht, woher ich das damals wusste, aber der Kubaner kannte sich aus und akzeptierte: Zehn Kilo, Anzahlung dreißig Prozent. Mit diesen dreißig Prozent bezahlte ich Ware und Transport. Wenn etwas schieflaufen sollte, musste ich die Anzahlung zurückgeben, selbst wenn ich sie mit dem Leben bezahlte. Wenn aber alles glatt ging, dann, meine Kinder, hätte ich fünfhunderttausend Dollar auf einen Schlag verdient. Meine Yacht schien konkrete Formen anzunehmen. Ich musste mir einen schönen Namen für sie ausdenken.

Als wir zum Sushi-Restaurant zurückkehrten, entschied ich, dass Antonios Cousin im Auto auf uns warten sollte. Er sollte nicht mit am Tisch sitzen. Ich wollte mit Antonio über die Arbeit reden, und er hatte ja schließlich schon einen Job. Er arbeitete im Hafen und als unser Fahrer. Er war nicht begeistert, aber Antonio steckte ihm fünf Dollar zu, und so machte er gute Miene zum bösen Spiel.

Wir waren voll drauf an diesem Abend. Zwei Fünfzehnjährige im Jeansanzug, die zu viel Trinkgeld gaben, nur damit der Kellner sie nicht vor die Tür setzte. Als das Essen kam, verstummte ich. All die Jahre hatte Mama mir von dem Wahlspruch meines Großvaters Jack erzählt und dann das? Ein paar Stückchen roher Fisch, der nach Kutter und Ammoniak stank. Schleimige Stückchen und ein paar Stäbchen, um sie in den Mund zu stecken. Ich wäre fast eingegangen. Nein, Geld war doch nicht alles. Wenn es Leute gab, die sich ernährten wie die Möwen am Strand, was sollte man dazu noch sagen? Sie erleichterten uns um einige Scheine, und am Ende hatten wir noch Hunger. Antonios Cousin ließen wir noch eine

Weile warten, damit wir nicht allzu blöd dastanden. Da er noch nichts gegessen hatte, taten wir, als wollten wir ihm nur netterweise Gesellschaft leisten, als er in den nächsten Burger King marschierte. Dort stürzten wir uns aufs Menü wie zwei hungrige Wölfe.

Zurück flog die Oma mit ihrem Neffen an der Seite. Ich hingegen achtete darauf, dass sie mich nicht sah, falls wir ihre Hilfe noch für eine weitere Reise in Anspruch nehmen würden. Umsichtig zu sein ist eine Manie von mir. Doch wir fanden andere Möglichkeiten, die zehn Kilo an ihren Bestimmungsort zu bringen, und als das Geschäft weiter wuchs, hatte ich eine wirklich geniale Idee. Zusammen mit fünf Partnern aus Miami organisierten wir ein Radrennen in Kolumbien. Irgendwie musste man den Wahnsinnserfolg des kolumbianischen Spitzenfahrers ja nutzen können. Er war wirklich eine Ausnahmeerscheinung. Wir ließen von einer Organisation, die extra zu diesem Zweck in Florida gegründet wurde, fünfhundert Mountainbikes nach Kolumbien schaffen. Tatsächlich fand zu dieser Zeit in Kolumbien ein Amateurrennen statt, bei dem es zahlreiche Preise zu gewinnen gab. In der Presse erschienen einzelne Artikel und sogar ein paar Erinnerungsfotos. Mountainbikes gab es damals in Kolumbien noch nicht. Das war 1983. Offiziell hatte man zwar eine Kampagne gegen den Drogenschmuggel ausgerufen, aber in Wirklichkeit gab es kaum Hindernisse. Der wahre Feind für die kolumbianische und die US-amerikanische Regierung waren die Guerillakämpfer, die sich im Dschungel verborgen hielten – die FARC, die »Revolutionären Streitkräfte Kolumbiens«. Hingegen war alles, was Geld brachte, willkommen, zumindest solange dieses Geld nicht in die Taschen der Revolutionäre floss.

Nach dem Rennen schickten wir die fünfhundert Bikes nach

Amerika zurück. Ein sauberes Stück Arbeit. Tadellos. Ein paar Dutzend von diesen Rädern hatten den Rahmen voller Koks, als sie die Heimreise antraten. In diesem hermetisch abgeschlossenen Versteck war der Stoff vollkommen sicher. Natürlich hatten wir auch ziemliches Glück. Tatsächlich füllten wir nicht alle fünfhundert Räder mit Koks, falls es zu Stichproben kommen sollte. Unser Maßhalten wurde belohnt. Niemand bemerkte den Gewichtsunterschied zwischen den Rädern. Auf diese Weise gelangten sechshundert Kilo Kokain nach Miami. So wurden wir mit einem Schlag zu Größen im Geschäft, mit denen man rechnen musste.

Unsere Gabe, ständig innovative Lösungen zu finden, stieg uns zu Kopf. Unser Vertrauen in uns als Gruppe wuchs enorm. Als wir anfingen, mit Tomatenmark in der Dose zu handeln, füllten wir die Dosen mit so vielen in Kondome der Marke Hatù gehüllten Kokskügelchen, dass es zum Problem wurde, sich solche Mengen Verhütungsmittel zu besorgen, ohne aufzufallen. Man redete damals viel von einer neuen Krankheit, der Pest des zwanzigsten Jahrhunderts, und es gab eine Unzahl von Ratschlägen, wie man sich davor schützen konnte. Wir wurden zu den Vorreitern des Safer Sex in Cali. Und bevor sich noch jemand fragen konnte, wieso die jungen Leute gerade in Cali beim Sex so sehr auf Sicherheit achteten, verlegten wir unseren Wirkungskreis schon auf die Schiffswerften von Cartagena.

Ein Segelboot von zwölf Metern Länge hat einen ziemlich großen, festen Kiel. Die Zimmerleute höhlten das Ding aus und füllten es mit Koksziegeln. Das erforderte natürlich ein gewisses Geschick, denn das präparierte Boot musste ja genauso tief im Wasser liegen wie ein normales. Zu diesem Zweck wurde die Kabine so leicht und spartanisch wie möglich ausgestattet. Dann durchquerte man die Karibik in Flotten von mehreren Dutzend Segelbooten, die an der Werft anlegten, die wir in Florida gekauft hatten. Schließlich segelten die Boote zurück. Eine Agentur bot Segeltörns für amerikanische Touristen an. Ein kleiner Nebenverdienst im großen Geschäft.

In Lauf der Zeit fanden wir heraus, dass Aluminium besser zum Bootsbau geeignet war als Glasfaser. Diese Boote machten die Tour fast zwei Jahre lang immer wieder. Dann lief etwas schief: Ein Boot geriet in Seenot und wurde von der amerikanischen Küstenwache gerettet. Dummerweise geschah das auf der Hinfahrt. Die Mannschaften auf den anderen Booten kapierten natürlich sofort, was auf dem Spiel stand. Sie hielten aufs offene Meer zu, in internationale Hoheitsgewässer, und legten erst später in kleinen Buchten an. Es war ein Wahnsinnszirkus, die Touristen loszuwerden. Dabei mussten wir mit aller Umsicht zu Werke gehen, schließlich wollten wir die kolumbianische Regierung nicht unbedingt auf uns aufmerksam machen. Denn wer ausländische Touristen schikaniert, hat in null Komma nichts deren Regierung am Hals.

Ich machte mich währenddessen bereit für einen echten Quantensprung: Ich wollte nach Europa. Denn ich war davon überzeugt, dass ich früher oder später auf dem elektrischen Stuhl landen würde. Als ich das Strafrecht der einzelnen Länder studierte, kam ich schnell dahinter, dass zwei Länder meinen Bedürfnissen am meisten entgegenkamen: Italien und Spanien. In den USA treten sich die Kolumbianer und andere Hispanos gegenseitig auf die Füße. Ich wäre dort mit meinem Pass, besser gesagt mit meinen Pässen, weiter nicht aufgefallen. Die meistgesprochene Sprache in Miami ist Spanisch, in Europa war das anders. Ich entschied, dass es am besten wäre, wenn ich nach Spanien ginge, denn dort würde ich wohl am wenigsten Anpassungsschwierigkeiten haben. Barcelona schien mir ideal. Ein Flugplatz war nicht genug, um sich sicher fühlen zu können. Besser war eine Hafenstadt, denn dort gab es ein buntgemischtes Völkchen, das man für alles Mögliche gebrauchen konnte.

Ich war tatsächlich erst siebzehn, mein Pass wies mich als Zweiundzwanzigjährigen aus. Meine Allmachtsfantasien hätten allerdings von einem Zwölfjährigen stammen können. Das war das Problem. Wenn man gleichzeitig zu jung und zu alt ist. Die jugendliche Seele verführt einen zu viel zu hohen Risiken, nur der erfahrenere Teil des Verstandes sorgt dafür, dass man genügend Vorsicht walten lässt.

Wir sechs Geschäftspartner trauten den Banken nicht. Die Banken sind die eigentlichen Dealer auf dieser Welt. Wenn du dein Geld dorthin bringst, finden sie immer eine Möglichkeit, sich ihren Teil abzuzwacken. Sie weisen dich darauf hin, dass die Herkunft des Geldes nicht geklärt ist, und wenn sie darüber Stillschweigen bewahren sollen, dann muss man ihnen einen ordentlichen Teil des Kapitals abgeben. Mit siebzehn fühlt man sich da schon ein bisschen verfolgt. Also beschlossen wir, unter dem Haus in Cali, das als unser Geschäftssitz diente, einen Keller zu graben. Ein langer, geheimer Gang führte unter dem Barrio hindurch. Ein Fluchtweg, aber auch ein Eingang. Auf diese Weise würde niemand dahinterkommen, welche Unsummen wir hereinschafften. Unter der Erde lagerten wir viele Millionen Dollar. Eine so ungeheure Anzahl von Scheinen, dass wir nicht einmal ansatzweise schätzen konnten, wie viel es tatsächlich war.

Der Handel mit Kokain hat einen begrenzten Kostenfaktor. Die Gewinnmargen sind so schwindelerregend hoch, dass es eigentlich Unsinn ist, von »Margen« zu sprechen. Das Marginale an diesem Geschäft sind die Kosten, nicht die Gewinne. Wir kauften Häuser, Geschäfte, Grund und Boden. Wir eröffneten Konten in allen Teilen der Welt. Man stand morgens auf im Wissen darum, dass man in der Nacht Berge von Dollar verdient hatte. Wöchentlich tauchte ein »Berater« auf, der dir Konten auf den Kaiman- oder den Jungferninseln oder gar in Hongkong vermitteln wollte. Natürlich konntest du auch Fondsanteile kaufen und deine Ersparnisse in den USA in Sicherheit bringen. Geschäftsmänner in Anzug und Krawatte wollten dich sprechen, die ihren Master an einer Universität gemacht hatten, von der du noch nie gehört hattest. Sie zeigten dir die Vorteile auf, die es mit sich brachte, Kunde der einen oder anderen Bank zu werden – natürlich geheim. Sie wissen, wer du bist, sie wissen, woher dein Geld kommt, und sie wissen, dass du mitspielst, weil du ja keine Wahl hast.

Ich war noch nie auf den Kaiman- oder den Jungferninseln gewesen. Wenn man sich die bunten Prospekte ansah, die sie mitbrachten, kam man sich richtig blöd vor, weil man in diesem Höllenloch Cali lebte und Geld ansammelte, das man nicht ausgeben konnte. Niemand in Cali weiß, dass es da draußen diese wunderbare große Welt gibt, wo man ohne großes Zittern und Maschinenpistole herumlaufen kann. Ich aber hatte den Wunsch, in die Welt hinauszuziehen. Spanien sollte nur der erste Schritt sein. Der Anfang. Nur dass ich immer das Gefühl hatte, am Anfang zu stehen. Je besser das Geschäft lief, desto öfter sagte ich mir: »Jetzt wird es richtig schön! Jetzt ist Schluss mit dem armseligen Leben. Schluss mit der Schufterei!«

In Wirklichkeit wird die Schufterei immer größer, immer schwerer. Du legst fünfzehn Millionen Dollar auf irgendwelchen Nummernkonten in einem der Steuerparadiese an. Nur wenige Menschen wissen davon. Und plötzlich erwischt dich eine Kugel. Oder man liefert dich nach Amerika aus, und die geheimen Konten lösen sich in Nichts auf. Du bekommst das Geld nicht zurück, auch wenn du am Leben bleibst. Wenn du aber stirbst, ist sowieso alles futsch. Klar. Ein Drogenhändler hat viele solcher Konten. Bis die Banken beschließen, dass er sie nicht mehr braucht. Dann gehört das Geld ihnen. Das ist das eigentliche Geschäft am Drogenhandel, am Waffenhandel, am Glücksspiel und den anderen Geschäftszweigen außerhalb der Legalität. Und dann gibt es natürlich noch eine Gefahr, die kaum vorhersehbar ist: Revolution oder Staatsstreich.

Du liegst gemütlich am Pool, einen guten Wein im Glas. Da heißt es plötzlich in den Radionachrichten, in Haiti sei eine Revolution ausgebrochen. Du greifst zum Telefon, tippst die Nummer ein, die dein Filofax dir sagt, eigentlich müsste jetzt eine Bank in Port au Prince antworten, aber nichts da: besetzt. Du versuchst es wieder, aber eigentlich weißt du schon, wie es ausgeht. Viele von uns haben ihr Geld in Haiti verloren. *Puff*! Eine Wolke senkt sich herab und verschluckt Millionen. Dann wird der Diktator vertrieben, und niemand weiß mehr irgendwas von dem Passwort, das nur ich und der Bankbeamte kannten. Jemanden dorthin zu schicken hat auch keinen Sinn. Der, der dein Geld hat, ist längst verschwunden.

Überhaupt das Geld. Da glaubt man, man verdiene genug Geld, um nicht mehr daran denken zu müssen, dabei ist man längst zum Sklaven dieses Gefühls der Unsicherheit geworden, das sich nicht besänftigen lässt. Je mehr Geld du anhäufst, desto weiter scheinst du dich von dem gewünschten »sorgenfreien Alter« zu entfernen. Du hast Angst, du könntest von einer Sekunde auf die nächste alles verlieren. Was natürlich stimmt. Banken haben mich immer fürchterlich nervös gemacht. Ich hatte ständig das Gefühl, das ganze schöne Geld einem Haufen gieriger Piranhas in den Rachen zu werfen. Und so war es dann auch.

Ich sah diese gepanzerten Wagen, die stets lächelnde Männer ausspuckten, die Wirtschaftszeitung in der Linken. Ihre Leibwächter sahen genauso aus wie unsere Gorillas. Man heuerte sie extra für dieses einstündige Gespräch mit Leuten wie mir an. Dann stehst du einem Typen gegenüber, der genau ist wie du. Vielleicht ein bisschen weniger intelligent. Mit siebzehn, ja auch noch mit neunzehn Jahren dachte ich, dass der Kerl, der mir da etwas über die Bank erzählte, für die er arbeitete, viel mehr wissen müsste als ich. Weder er noch seine Vorgesetzten würden für das Geld, das sie wuschen, je ins Gefängnis wandern. Auch nicht für das, was sie im entscheidenden Moment für sich behielten. Trotzdem kannst du sie dafür nicht bewundern. Ich habe sie immer verabscheut. Es kam sogar vor, dass ich, während einer mir von Zinsen und Chancen erzählte, davon träumte, ihn durch ein leichtes Ziehen am Abzug wegzublasen. Wer weiß, ob einer der Drogenhändler das je gemacht hat, ob jemand je auf einen dieser Geier geschossen hat, die mit düsterem Gesicht durch die Welt flatterten? Immerhin wäre es eine gute Tat. Ein Abbiegen des ersten Zeigefingerglieds, und kein Hahn kräht mehr danach. *Peng!* Genau das Gleiche passiert ja mit deinem Geld, sobald sie es in die Finger bekommen. Vielleicht wagt dann eine Zeit lang niemand mehr, dir Prospekte und Grafiken zu zeigen? Ein paar Wochen vergehen, aber dann stehen sie wieder auf der Matte. Ich dürfte es ja nicht sagen, aber es tut mir wirklich leid, dass ich dieser Versuchung nach Westernmanier nie nachgegeben habe, während sie mir lächelnd gegenübersaßen und sich fragten, was ich wohl denken mochte.

Eines Nachmittags, als ich wieder einen dieser Typen vor mir hatte, fiel mir plötzlich der Privathafen in Miami wieder ein, wo der Cousin von Antonio als Putzfrau, Kellner und Schiffsjunge arbeitete. Unsere Segelboote machten noch immer die Tour zwischen Florida und Cartagena, und doch hatte ich immer noch kein eigenes Boot gekauft, um darauf zu vögeln oder zumindest so zu tun, als interessierte ich mich für Poker, während die Motoren das

Boot unter dem Arsch vibrieren ließen. Um dich in ein Segelboot zu verlieben, brauchst du Muße und Entspannung. Zwei Dinge, die ich nie hatte. Ich wirke immer ziemlich locker, aber das ist nur Schein. Ich bebe innerlich und warte letztlich nur auf die nächste gute Gelegenheit, die sich mir präsentiert, ein Geschäft, eine Idee, die ich verwirklichen, ein Projekt, das ich aufziehen kann.

Also frage ich den Kerl: »Verkauft ihr auch Yachten?« Der Junge horcht auf, grinst und meint: »Natürlich. Aber was wollen Sie denn hier, in Cali, mit einer Yacht? Wollen Sie sie auf dem Fluss segeln lassen?« Damit sagt er mir quasi, dass er mich für eine Spinne hält, die in ihrem Netz hocken bleibt, unfähig, sich das grenzenlose Meer vorzustellen, Palmenstrände, sternenübersäte Nächte, während derer die Yacht ruhig über die dunklen Wellen gleitet. Ich aber hatte schon entdeckt, dass es da ein Inselchen namens Capri gab. Und ich wusste, dass früher oder später meine Yacht in diesem hübschen Hafen vor Anker gehen würde. Ich sehe den Kerl an, der mich blöde anlächelt.

Da hätte ich nun wirklich ein wenig am Abzug fummeln können. Er hatte nicht den leisesten Schimmer, wie nah ich dran war! »Ich will eine Yacht, die so groß ist, dass ich einen Billardtisch drin haben kann. Damit wir uns recht verstehen: einen italienischen Billardtisch mit kleinen Löchern. Und einen Flügel. Eine Bühne, auf der man singen kann. Einen Außenpool und eine Sauna. Möglichst auch noch einen Fitnessraum. Moment, ich bin noch nicht fertig. Auf dem Dach der Kommandobrücke sollte ein Hubschrauber landen können. Der Tender sollte ungefähr so hoch wie bei einem Motorboot sein. Wissen Sie, wie bei diesen Verfolgungsjagden, die man immer in *Miami Vice* sieht. Kennen Sie das? Aber nichts Übertriebenes, keine Luxusyacht für Angeber, so wie die arabischen Scheichs sie haben. Nein, etwas Bequemes, Praktisches und Schnelles. Könnten Sie mir so etwas besorgen? Ein

Boot, das nicht gleich von allen Seiten neidische Blicke auf sich zieht?«

Der Typ sieht mich mit seinen Raubvogelaugen an, verzieht das Gesicht, weil er jetzt merkt, dass ich das Geld habe und er es mir aus der Tasche ziehen muss: »Möchten Sie bar zahlen oder leasen?«

Voller Erstaunen breite ich die Arme aus. »Bar zahlen natürlich.«

»Und wie wollen Sie Ihre Yacht taufen? Nur der Neugierde halber.«

Warum zum Teufel er mir wohl diese Frage stellte? Wollte er herausfinden, ob ich die Yacht brauchte, um mir zu beweisen, dass ich erfolgreich war? Ich überlegte: Angefangen hatte ich in Miami, mit zwei Kilo und einem Teller Sushi zum Kotzen. Nicht zuletzt war das die Schuld einer alten Dame, die gar nicht wusste, dass sie mir die Flucht aus Cali ermöglicht hatte. »Die Yacht, meinen Sie? Meine Yacht wird *Suerte* heißen, *Schicksal*.«

3

Die Geschichte mit den Sushi hat mir zu denken gegeben. Im Grunde ist es eine gute Idee, ein Restaurant ohne Küche zu eröffnen. Man serviert rohen Fisch, dazu braucht man nicht mehr als ein Messer und einen Tisch. Ein super Geschäft! Im Grunde wirft Sushi eine Frage auf: Was haben wir dadurch gewonnen, dass wir am Anfang der Menschheitsgeschichte gelernt haben, Feuer zu machen? Das ist so, als würde ein Autotransport auf einem Fahrzeug ohne Räder ans Ziel gelangen. Und natürlich ohne ein Schiff oder einen schiffbaren Wasserweg.

Ich beschloss, Sushi nicht zu mögen. Doch die Lektion, die mir dieses Stückchen roher Fisch erteilte, fand ich äußerst wertvoll. Als ich nach Cali zurückkam, versuchte ich mir vorzustellen, wie ich wohl mit dreißig leben würde. Dann wäre ich doppelt so alt wie bei meiner ersten Fahrt nach Miami. Wenn ich bis dahin noch am Leben wäre, würde ich mit ziemlicher Sicherheit an einem schönen Ort weit weg von meiner Heimatstadt alt werden. Ich würde mit aller Macht versuchen, dem Beispiel der Japaner zu folgen: ein neues Geschäft erfinden, ohne die üblichen Wege zu gehen. Ein Restaurant ohne Herd, eine Idee ohne die üblichen Werkzeuge zur Umsetzung zu entwickeln.

Gewöhnlich kündigen solche Ideen sich nicht im Voraus an. Eine wirklich gute Idee ist plötzlich einfach da. Und wenn du sie nicht beim Schopf packst, nistet sie sich in anderen Köpfen ein.

Ich kam gerade aus der Gluthölle der Arrestzelle in Cuatro Caminos, als mir auf dem Hof der erloschene Blick Miguels begegnete.

Mir wurde schlagartig klar, dass auch ich diesen Blick eines geprügelten Hundes haben musste. Drei Monate Isolationshaft hatten uns beide mürbe gemacht. Die Zelle war gerade mal so groß wie eine komfortable Bahre und deutlich weniger einladend. Stahlbetonmauern, auf denen du deine Wut nicht einmal mit einem Presslufthammer hättest verewigen können. Decke und Deckenlampe waren so hoch, dass man das Gefühl hatte, tief in einem Brunnenschacht zu stecken und den Mond anzustarren. Das milchige Licht war immer an, Tag und Nacht, Woche um Woche. Dann plötzlich Dunkelheit. Schluss mit dem Mond im Brunnen. Ich war allein in diesem Grab. Drei Mal am Tag – wenn das, was du dort drinnen mitbekamst, überhaupt ein Tag war – öffnete sich die Luke unten an der Eisentür. Man schob dir eine Mahlzeit durch, und zwar mit so einem Ruck, dass du im Grunde gleich vom Boden essen konntest. Die Zutaten wirkten ohnehin, als habe man sie dem Baumaterial dieses Gebäudes entnommen: eine graue Pampe, die aussah wie frischer Putz, ein paar Stücke rohe Kartoffeln, die wie Kies wirkten, und ein Stück betonhartes Fleisch. Auch das Wasser war rationiert. Wenn der Koch schlecht drauf war, sorgte die versalzene Mahlzeit dafür, dass dir stundenlang die Zunge heraushing vor Durst. Ansonsten kein Laut. Nur der stündliche Schlag der Wachen gegen die Tür.

Ich träumte von Wasser, sobald ich einschlief, wenn das Löschen des Lichts dich daran erinnerte, dass draußen jetzt vielleicht Nacht war. Wenn sie das Licht nicht löschten, versuchte ich trotzdem zu schlafen. Vielleicht würde mir ja die nervliche Erschöpfung dabei helfen, denn müde war ich nicht. Dann begannen die Gedanken in meinem Kopf hin und her zu schießen wie Querschläger im Innern eines Bunkers.

Anfangs, wenn die Lampe gerade so viel Licht gab, dass es einen störte, legte ich mich auf das Feldbett. Ich bedeckte die Augen mit dem Arm und leckte den Schweiß, der sich auf der Oberlippe sammelte. Ich versuchte im Geist das Geräusch eines Wasserstrahls zu erzeugen. Wassertropfen, die aus einer Dusche prasseln, frisch, reichlich, unerschöpflich. In der Arrestzelle habe ich Stunden unter dieser imaginären Dusche verbracht. Jede einzelne meiner Poren befreite sich so von Schmutz und Schweiß. Ich ließ das Wasser über meinen Körper rinnen und öffnete den Mund, um diesen köstlichen Regen zu trinken. Die drückende Hitze in der Zelle ließ nach. Ich hörte förmlich das Geräusch des Wasserfalls vom Rio Blanco, den ich als Kind mit meinen Eltern gesehen hatte. Ich fuhr mit den Nägeln über die Haut und spürte statt der Kratzer das Duschgel, das ich über meinen Körper verteilte. Auch die salzigen Schweißtropfen, die von meiner Stirn kullerten, waren frisches, trinkbares Wasser. Wasser, immer wieder Wasser. Einzig und allein Wasser. Ich wischte mir mit dem schmutzigen T-Shirt die Hitze von der Haut und hüllte mich im Geiste in die Umarmung eines weichen Frotteemantels. Die Lust auf eine Dusche war stärker als die nach einer genießbaren Mahlzeit. Die körperliche Schwäche verhinderte, dass das Gehirn noch zwischen lebensnotwendigen und überflüssigen Dingen unterscheiden konnte. Der Wunsch, mich frisch und sauber zu fühlen, ließ mich den Dreck vergessen, den ich aus dem Blechnapf fraß.

Wenn der Knüppel an die Tür schlug und sich der Spion öffnete, musste ich in diese Richtung blicken. Das war Vorschrift. Zwei gleichgültige Augen musterten mich, dann wurde der Spion wieder geschlossen. Und ich kehrte zurück unter meine Dusche, nackt, eingeseift und immer noch unfähig, die Wut einfach abzuwaschen.

In diesem winzigen Raum, der gerade mal so groß war wie ein Hundezwinger, versuchte ich, meinen Horizont so weit wie möglich werden zu lassen. Ich schloss die Augen und schlenderte im Geist durch die Straßen Calis. Ich ging den Weg ab, der von der Mittelschule nach Hause führte. Dann kehrte ich zur Schule zurück und nahm einen anderen Weg. Schritt um Schritt. Und ich zählte still alles auf, was mir auf diesen Wegen begegnete. Häuser, Geschäfte, Kreuzungen. Da ich häufig denselben Weg nahm, versuchte ich, mich an Einzelheiten zu erinnern: Lampen, Schaufenster, Sitzplätze im Café. Dann ging ich alle Gespräche durch, die ich auf dem Schulweg je geführt hatte. Ich wurde wieder dreizehn und zog mit meinen Freunden durch die Stadt. Wir sprachen über die Motorräder, die an uns vorbeiflitzten und die wir anhand der Fotos in den einschlägigen Magazinen identifizierten. Die schwarze Suzuki 600 ist besser als die 500er Honda. Die Kawasaki zieht besser ab als die Harley des Kerls, der immer in das Stehcafé neben dem Lebensmittelladen kam. Sportwagen interessierten uns noch nicht, weil ihr leiser Motor unsere Fantasie nicht so heftig auflodern ließ. Ich liebte das Donnern der Motorräder in den Straßen von Cali. Die Fahrer mit den ernsten Gesichtern und den langen Haaren im Wind. Die Rennen auf der Straße, der infernalische Lärm, wenn sie herankamen, und der, sobald sie vorüber waren, auf eigentümliche Weise in sich zusammenfiel, nur um das Stahlgewitter anderswo losbrechen zu lassen.

Bewaffnete Männer hingegen waren so häufig, dass man gar nicht mehr darauf achtete. Wenn man überhaupt je auf sie geachtet hatte. Leibwächter, die ihre Uzi mit alltäglicher Eleganz unter den Arm klemmten wie ältere Damen den Schirm. Zur Schau gestellte Waffen, die niemanden mehr einschüchterten, auch wenn sie nach wie vor bedrohlich wirkten. Angst vor der Gewalt gibt es in Cali nicht. Um Angst zu empfinden, muss man irgendwann zuvor die Erfahrung des ruhigen Lebens gemacht haben, und das hatte in dieser Stadt niemand. Man ist ständig in Habachtstellung, ohne je Angst zu empfinden. Die Nerven sind stets zum Zerreißen gespannt, doch irgendwie merkt man das nicht. Menschen werden ermordet, mindestens ein Dutzend täglich, aber die hohe Anzahl der Gewaltverbrechen lässt dich trotzdem nie denken, dass du früher oder später zu ihren Opfern gehören könntest. Sonst müsstest du dich ja im Haus verbarrikadieren. Es ist, als fließe Starkstrom durch eine Leitung, die auf Schwachstrom ausgelegt ist. Sie zischt und schmilzt langsam vor sich hin, aber solange sie nicht zu brennen und zu stinken anfängt, merkst du nicht, was los ist. Wenn man in Cali Angst empfände, wären die meisten wohl schon ausgewandert. Doch irgendwie glaubt keiner, dass es möglich ist, von dort wegzugehen.

Ich hingegen hatte mir immer wieder vorgestellt, woanders hinzugehen, allerdings wollte ich an einen Ort, der weniger erstickend wirkte wie diese schäbige Zelle von wenigen Metern Länge. Denn hier ist die Anspannung noch größer als in Cali.

Natürlich bin ich auf der Hut, wenn ich mit meinen Freunden durch den G-Trakt schlendere, während die Zellentüren offen bleiben. Ehe du dich's versiehst, nutzt jemand die Unaufmerksamkeit deiner Freunde und jagt dir ein Messer zwischen die Rippen. Hier werden Löffelränder geschärft wie Rasiermesser. Außerdem versteckt jede Bande hier Messer. Wer weiß, wann diese hier hereingelangten. Vielleicht waren sie ja schon vor uns da. Sie gehen von Hand zu Hand. Vielleicht stak das eine oder andere schon zwischen menschlichen Rippen. Wahrscheinlich aber eher nicht, denn wenn sie benutzt werden, lässt man sie gewöhnlich stecken. Und wenn sie nicht gleich gefunden werden, dann werden die Zellen immer und immer wieder auf den Kopf gestellt.

Als ich hier ankam, habe ich mich sofort an die Arbeit gemacht. Da war Mohammed, der aus dem marokkanischen Fes stammte.

Ihn hatte man auf den Ramblas, der Einkaufsstraße von Barcelona, mit einer Handtasche erwischt, die er gerade einer Passantin geklaut hatte. Da er auf Bewährung draußen war, brummten sie ihm ein Jahr Gefängnis auf und zwar dort, wo nur Leute saßen, die mindestens zwanzig Jahre bekommen hatten. Mohammed starb fast vor Angst, was leicht dumm enden konnte. Er hatte keinen Cent und brauchte unbedingt Zigaretten. Ich schenkte ihm welche und sagte ihm, er könne sich mir anschließen, um mir auf dem Hof den Rücken zu decken. Zu zweit war es einfacher als allein. Wir profitierten also beide davon. Man fühlte sich gleich stärker, weniger einsam. Das ging auch mir so. Und so wurde er zum ersten von vielen weiteren »Gefolgsleuten«.

Ich hatte seit jeher die Gabe, dass Menschen sich in meiner Gegenwart wohlfühlten. Sie fühlten sich anerkannt und geschätzt. Ich weiß, wie ich aus den Menschen, die mit mir zusammen sind, das Beste heraushole, und so hatte ich innerhalb weniger Wochen eine Gefolgschaft von etwa fünfzehn Häftlingen. Eine so große Gruppe wird immer respektiert. Kein wild gewordener Bastard stürzt sich einfach so auf dich, weil er ja weiß, dass er sich dann mit der ganzen Gruppe anlegt. Mit fünfzehn Leuten allerdings riskierst du, dass die Bosse größerer Banden dich als lästig empfinden, weil sie ihre Stellung gefährdet sehen. Daher muss die neue Gruppe weitere Anhänger gewinnen, und zwar schnell. So etwas funktioniert wie ein Magnet. Versprengte Einzelkämpfer werden ebenso angezogen wie kleinere Gruppen, die sich aus denselben Gründen zusammengeschlossen haben wie wir.

Je größer die Gang wird, desto interessanter ist es, zu ihr zu gehören. Bald waren wir rund fünfzig, viele davon im verschärften Strafvollzug, auch »Zuchthaus« genannt. In so einer Gruppe bilden sich bald Hierarchien heraus, die Aufgaben werden komplexer, es gibt eine klare Rollenverteilung: Wer kann von den anderen

Gruppenmitgliedern was verlangen? Und wer muss zusehen, dass er diese Bitte erfüllt? Dabei geht es um Zigaretten, um Gefälligkeiten im Speisesaal, um Informationen über die anderen, um die Wache in der Dusche und im Hof. Man ist kein einfacher Häftling mehr, sondern wird Teil eines größeren Ganzen. Das merken auch die Wachen.

Zum ersten Streit kam es aus vollkommen blödsinnigen Gründen. Ich war kaum aus dem Trakt draußen, in dem die Häftlinge einsaßen, die noch regelmäßig verhört wurden, und ich war völlig desorientiert. Ich hatte Monate damit zugebracht, wie ein Tischtennisball zwischen zwei Ermittlern hin und her zu springen. Die übliche Scharade vom guten und vom bösen Bullen. Der Erste versucht dich einzuschüchtern, brüllt dich an, knallt richtige wie fingierte Beweise auf den Tisch. Der Zweite hingegen mimt den Guten und lässt dir die Karotte »Freiheit« vor der Nase baumeln. »Kein Grund zur Aufregung. Wenn du meinem Kollegen hier nicht allzu sehr auf den Sack gehst, dann bist du sicher bald wieder draußen. Du musst einfach mit ihm zusammenarbeiten, so gut du kannst. Es ist sein Job. Er muss Namen und Fakten verbinden. Wenn du mitmachst, zeigt er sich sicher erkenntlich.« Eingeschüchtert schwieg ich.

Der eine meinte, zwanzig Jahre sei das Minimum für einen Dealer meiner Größenordnung, der andere kehrte das Spiel um und behauptete, einem straffällig gewordenen Jungen in meinem Alter gebe man immer eine Chance, sich zu rehabilitieren. Es ist idiotisch. Du hast das Spiel in tausend Filmen gesehen, und die beiden verstehen ihr Geschäft. Mit jeder Nacht, die vergeht, fühlst du dich angreifbarer, zerbrechlicher.

Natürlich hatten sie Beweise, so viel war mir klar. Ich hatte den Entschluss gefasst, nicht weich zu werden, aber nach dieser Behandlung, nach so viel Gebrüll und Schöntun, war ich ziemlich mürbe. Auch mein Mantra wollte nicht mehr so recht funktionieren. Es hatte sich irgendwo verheddert, und der Morgen, an dem man mich auf der Plaza verhaftet hatte, schien Jahre zurückzuliegen.

Dann aber schien das Glück sich meiner wieder zu erinnern. Im Grunde war es mein Gehör, das mich rettete. Ich war immer auf Radar, und sobald ich ihre Schritte, die sich von denen der Wachen unterschieden, näher kommen hörte, fing ich an zu zittern. Man brachte mich in einen Verhörraum mit Fenstern aus dunklem Glas. Dort verbrachte ich Stunden allein. Niemand kam, um mich zu verhören. Schließlich brachte man mich in die Zelle zurück. Dann wieder hatte ich mich kaum vor die Glasscheibe gesetzt, als sie eintraten und mich sechs, sieben Stunden am Stück verhörten. Der Böse schüttete den Milchkaffee aus, den der Gute mir gebracht hatte, nach dem ich ihn mit trockener Kehle angefleht hatte. Der Gute gab mir eine Zigarette, doch kaum hatte ich sie zwischen den Lippen, kam der Böse und riss sie mir weg, weil es nicht erlaubt sei, im Gefängnis zu rauchen. Tagelang durfte ich mich nicht umziehen. Ich trug immer noch den Operettenanzug, mit dem man mich aus meinem Ferrari gezerrt hatte. Das schien Jahrhunderte her zu sein. In einem anderen Leben, das mir immer irrealer vorkam, wie ein nächtlicher Traum. Irgendwann wurde den beiden wahrscheinlich der Gestank zu viel, denn sie erlaubten mir, zu duschen und die Klamotten zu wechseln. Einer meiner Männer hatte mir Jeans und ein sauberes T-Shirt vorbeigebracht. Es gab also noch eine Welt da draußen. Das Leben jenseits jener Mauern existierte tatsächlich.

Dann vergingen wieder ein paar Wochen, und ich fing von neuem zu stinken an und hoffte nur noch, dass das alles irgendwann aufhörte. Mein Widerstand begann zu erlahmen. Allmählich begann ich darüber nachzudenken, was ich ihnen erzählen konnte, ohne zum Verräter zu werden. Da fiel mir stündlich mehr ein, aber meine Lippen blieben verschlossen. Ich hielt den Mund. Hätten sie hören können, was mir so durch den Kopf ging, wenn ich allein war, dann hätten sie ein paar fette Lieferungen auf drei Kontinenten abgefangen. Glücklicherweise war ich der einzige Zuschauer in meinem Kopfkino. Allerdings würde das nicht mehr lange gut gehen.

An jenem Tag fürchtete ich schon, einzuknicken. Ich hatte mir bereits ein Teilgeständnis zurechtgelegt, das ich gegen eine Verhörpause eintauschen wollte. Da bemerkte ich entsetzt, dass ich gleichsam die Anführungszeichen nicht mehr schließen konnte. Die Informationen schienen gegen meinen Willen aus mir heraussprudeln zu wollen. Ich zitterte, weil ich meine Zunge nicht mehr unter Kontrolle hatte und im Flur schon die Schritte der beiden Ermittler zu hören waren, die ich noch im Schlaf erkannt hätte.

Eigentlich hätte ich ja zu ihnen gebracht werden sollen, aber wahrscheinlich hatten sie gemerkt, dass sie mich mittlerweile am Haken hatten, und so beehrten sie mich mit ihrem Besuch. Sie blieben vor meiner Zelle stehen und tuschelten. Dann sagte der Gute: »Dem würde ich am liebsten mit ein paar Fußtritten die Arme brechen. Der Hund gibt einfach nicht auf. Du musst noch öfter so tun, als müsstest du mich bremsen. Dann kriegen wir ihn vielleicht doch noch.« Ich muckste mich nicht. Der andere schlug vor, mir ein paar Stunden lang viel zu trinken geben, ohne mich aufs Klo gehen zu lassen, bis ich mich anpinkelte. Das hatten sie doch schon gemacht. Wieso das Ganze also noch mal? Dann hörte ich wieder Schritte, die sich von meiner Zelle entfernten und weiter weg anhielten. Schlüssel ins Schloss, dann das Geräusch einer zufallenden Tür. Sie hatten also gar nicht von mir geredet. Und sie hatten die Rollen getauscht: Der Gute spielte jetzt den Harten, und der andere, der gierige Bluthund, den verständnisvollen Freund.

Ich spürte förmlich, wie meine Kräfte zurückkehrten. Ein Blitz fuhr durch meine Zelle, meine Nerven schlugen Funken, meine Anspannung löste sich in krampfhaftem Gelächter. Es war alles nur Theater, und eine miese Vorstellung obendrein. Ich war Hauptdarsteller und gleichzeitig Zuschauer. Nichts war real, nicht die Drohungen, nicht die Versprechungen. Gefängnis. Zwanzig Jahre. Das war die Wirklichkeit, und basta. Ich lachte, bis mir die Tränen kamen.

Beim nächsten Verhör war ich wie ausgewechselt. Ich war innerlich ganz ruhig, konnte sogar höflich sein: »Ich verstehe euch ja, glaubt mir, aber wie soll ich euch etwas erzählen, wenn ich mich nicht mal an meinen Namen erinnere? Im Ernst, ich habe das Gedächtnis verloren. Sagt mir doch bitte, wie ich heiße.« Der Gute versetzte mir einen Schlag ins Gesicht, der mich vom Stuhl riss, während der Böse mich mit Fußtritten malträtierte, und leise abgehackte Wortfetzen ausstieß. Vielleicht verabreichte er mir ja gerade sein Allheilmittel gegen Gedächtnisverlust. Äußerlich kassierte ich Schläge, aber innerlich lachte ich nur. Es dauerte gar nicht lange, bis sie begriffen, dass ihr bewährtes Rollenspiel aufgeflogen war. Sie hatten sich nicht getäuscht, ich war einfach nicht normal. Zumindest sagten sie sich das.

Am nächsten Tag wurde ich in einen Trakt verlegt, in dem ich meinen Prozess abwarten sollte. Die Genugtuung, die mich noch am Vortag erfüllt hatte, war verschwunden. Ich empfand nur noch Wut, einen dumpfen Groll. Ich stand mit meinem Tablett in der Schlange und wartete. Als die Reihe an mir war, sah ich, wie der peruanische Koch den Finger in die Nase steckte und darin herumbohrte. Er sah mich hämisch an und hielt mir den Teller hin, den bewussten Finger auf dem Tellerrand. Ich sah ihn eindringlich an und vergaß vollkommen, wo ich war. Ich lasse mich in diesem Restaurant nicht so behandeln. Kommt überhaupt nicht in Frage. Der soll mir gefälligst einen anderen Teller geben und das, was er mit diesem Finger angefasst hat, selber fressen. Er knallte die Suppe vor mich hin: »Was glaubst du eigentlich, wo du bist? Im Hilton?«

In diesem Moment öffnete sich ein Spalt in der Mauer, die mich bis dahin umgeben hatte, und aus diesem Spalt brach eine unaufhaltsame Welle des Zorns. Ich kletterte über die Theke der Essensausgabe und stürzte mich mit meinen fünfundsechzig Kilo Muskelmasse Vollgas auf ihn. Ich drosch wie ein Automat auf ihn ein, fast ging mir einer ab dabei. Die Wachen knüppelten auf mich ein und hörten auch nicht auf, als sie den Koch längst unter mir weggezogen hatten. Man steckte mich in Einzelhaft, ohne mich wie üblich vorher auf die Krankenstation zu bringen. In der Arrestzelle schlugen und traten sie dann weiter auf mich ein, während ich mich wie ein Aal im eigenen Blut wand. Ich konnte mich tagelang nicht mehr rühren. Die Augen waren vollkommen zugeschwollen. Der Speichel tropfte mir von den Lippen, die so dick waren wie bei einem Kamel.

Eine Woche später war ich wieder bei den anderen Gefangenen, damit diese auch sahen, welche Folgen der Angriff auf den Hilton-Trottel für mich gehabt hatte. Mein Gesicht sollte ihnen wohl als Warnung dienen. Doch bald merkte ich, dass Pablo – so hieß der Koch – mir einen Gefallen getan hatte: Von nun an stand ich im Ruf, gefährlich, ja irrsinnig zu sein. Das konnte ich an Mohammeds Gesicht ablesen. Ein Leuchten in seinen Pupillen sagte jedem, dass Ilan, der Drogenhändler, gefährlich war und es daher besser sei, ihn zum Freund zu haben. Die Zigaretten, die ich ihm schenkte, besiegelten unseren Pakt.

Ein paar Monate später bekam ich wieder mit Pablo zu tun. Beim Hofgang verbringt man seine Zeit gewöhnlich damit, mit gesenktem Blick vor sich hin zu spazieren, gelegentlich einen Stein in die Gegend zu kicken und verzweifelt nach etwas zu suchen, was man vielleicht aufheben könnte. Egal was. Papier, Korken, Münzen, ein Stück Schnur. Ich hielt die Hände hinter dem Rücken verschränkt, damit die Wachen mir im Falle einer Schlägerei nicht vom Wachturm aus in die Brust schossen. Die Hände hinterm Rücken verschränken, und schon sieht man unschuldig aus. Ich richtete den Blick nie zum Himmel, zu diesem Rechteck, das so deprimierend wirkte, denn so weit der Himmel auch war, war er im Hof doch von Mauern umgeben, von Wachtürmen, auf denen die Mündung der Pumpguns uns ständig folgte.

Erst vor kurzem hatte es Ausbesserungsarbeiten im Hof gegeben. Jetzt waren die Gerüste wieder verschwunden, und siehe da, plötzlich lag vor mir ein Nagel. Ungläubig schaute ich nach unten und schob den Fuß darüber. Dann bückte ich mich, um mich am Knöchel zu kratzen, und steckte die Waffe ein: ein Nagel von fünfzehn Zentimeter Länge. Verrostet und verbogen, aber trotzdem ein Nagel. In der Zelle wickelte ich ein Stück Stoff um den Kopf, und schon hatte er einen Griff. Unermüdlich schärfte ich ihn am Fenstergitter und klopfte ihn gerade. Er war schlecht zu halten, aber nichtsdestotrotz ein großartiges Werkzeug. Pablo mit seinen wässrigen Augen und dem arroganten Ausdruck darin ging mir schon die ganze Zeit auf die Nerven. Im Hilton mied er meinen Blick, aber ich wusste, dass er nur darauf wartete, bis er mein Kotelett mit Spucke als Beilage garnieren konnte. Ich trieb ihm den Nagel von unten nach oben in eine seiner Arschbacken.

Das Geheul war Musik in meinen Ohren, durchdringend und mit jenem charakteristischen An- und Abschwellen wie die Sirenen der Küstenwache in Miami. Niemand wagte es mehr, mich wegen dieser Lappalie zur Rechenschaft zu ziehen. Meine Gang war mittlerweile groß genug, und Pablo traute sich nicht, den

Wachen zu erklären, wie das rostige Ding in seiner Arschbacke gelandet war. Ich hatte ihn erst kürzlich wegen einer Art Majestätsbeleidigung verprügelt. Pablo konnte sich nicht anpassen, deshalb wurde er immer wieder zur Zielscheibe von Vergeltungsaktionen. Er fing sich regelmäßig Prügel ein. Manche Leute scheinen dafür ein Talent zu haben. Sie könnten ein ruhiges Leben führen, stattdessen provozieren sie eine Schlägerei nach der anderen, bei der sie unweigerlich den Kürzeren ziehen.

Kurz nachdem ich die Prügel von den Wachen eingesteckt hatte, geriet ich mit einem Kerl aneinander, der glaubte, ihm könne keiner, weil er so groß und kräftig war. Eines Nachmittags plauderte ich gerade mit ein paar Leuten, als ich aufstand, um einen Gecko an der Wand in Augenschein zu nehmen. Ein typischer Zeitvertreib für Häftlinge, die kindisch sind, ohne Kinder sein zu dürfen. Dann ging ich zu meinem Platz zurück und fand ihn besetzt. Ich hatte eigentlich keine Lust auf Ärger. Der Gecko hatte mir ein paar kostbare Minuten geschenkt, in denen ich vergessen hatte, wo ich war. Als Junge hatte ich sie immer beobachtet, wie sie sich blitzartig auf ihre Beute stürzten. Sie lassen sich fallen wie Steine. Das Opfer hat nicht die geringste Chance.

Ich erkläre diesem Spinner also in aller Ruhe, dass das mein Platz ist. Er sagt, dass es jetzt eben seiner sei. Ich tue, als wäre nichts, und gehe meiner Wege. Als ich in meine Zelle zurückkomme, sehe ich, dass der Riese nicht nur meinen Platz will, sondern auch mein Zeug. Er steht da und wühlt in meinem Schrank. Ich befehle meinem Zellengenossen, der machtlos daneben steht, mich mit dem unverschämten Patron allein zu lassen. Ich muss das ein paar Mal wiederholen: »Geh schon, ich erledige das.« Offensichtlich sieht er mir an, dass ich gleich explodieren werde. Er geht. Es sind also nur noch wir zwei da. Der Typ meint, dass der

Schrank jetzt ihm gehöre. Er hat den Satz noch nicht ganz zu Ende gesprochen, als ich über ihn herfalle. Unbewaffnet gegen einen Bären. Ich schlage meine Zähne in die Gegend, wo seine Halsschlagader sitzt.

Schließlich hatte ich ein großes Stück Fleisch im Mund. Sie zogen ihn panisch weg von mir weg. Die Muskeln an seinem bulligen Hals retteten ihm das Leben. Noch ein Biss, und meine Zähne hätten den Kampf entschieden. Später begriff ich, dass er nicht ganz richtig im Kopf war. Er hatte Probleme mit den Nerven. Vielleicht hatte er mir auch deshalb den Rücken zugewandt, als ich in die Zelle trat und er mein Zeug auf den Boden warf. Im Gefängnis dreht man den Leuten nicht den Rücken zu. Unter keinen Umständen.

Meine Gang kontrollierte alles, was man von Zelle zu Zelle, von Häftling zu Häftling weitergeben konnte: Waren jeglicher Art, Drogen, Messer, aber auch Befehle. Allerdings nur in dem Teil, den wir kontrollierten. Den Rest managte die Bande von Miguel. Miguel hatten sie dreißig Jahre aufgebrummt, und so musste er sich wohl oder übel etwas überlegen. Ich bereitete ihm so manches Problem. Und er mir. Die Wächter fürchteten uns beide und versuchten daher, uns nicht in die Quere zu kommen. Die Reibereien führten immer wieder zu gewaltsamen Auseinandersetzungen, ja am Ende gar zu Todesfällen. Das ging nun schon ein ganzes Jahr so, keiner wollte zurückstecken. Ich war dreiundzwanzig, er ein bisschen älter. Zwei tollwütige Hunde. Zwei tollwütige Hunde im Sumpf. Eine Prügelei im Hilton, eine Messerstecherei in der Dusche. Eine Schlägerei im Hof, ein paar Fußtritte in der Sporthalle. Wer weder zur einen noch zur anderen Bande gehörte, dem ging unser Krieg ganz gehörig auf die Nerven. Also musste einer den anderen beseitigen, bevor der Rest der Häftlinge vielleicht uns beide aus dem Verkehr zog.

Und so geschah das Unvermeidliche: Hunderte Häftlinge, die sich mit Fäusten und Messern im Hof einen Kampf lieferten. Die Gewehrschüsse von den Wachtürmen erledigten zwar den einen oder anderen, aber man konnte nicht einfach in die Menge feuern. Also mussten die Wachen sich mit uns ins Getümmel stürzen. Bei dem Kampf gab es einige Tote, viele Verletzte, und am Ende war der Schreck allen in die Glieder gefahren.

Das gab natürlich Bau. Ich und Miguel saßen unsere Strafe getrennt ab. Zwei reizbare Frösche, die aus der Tiefe ihrer Schlammpfütze den Blick in die Nacht richteten. Ein Ort voller Mücken, die sich an deinem Blut nicht satt trinken können und dicke Knubbel auf der Haut hinterlassen, in denen sich der Eiter sammelt. Käfer so groß wie die Spielzeugautos, die ich als Junge besessen hatte, bevor mein Vater gestorben war. Bevor ich angefangen hatte, den starken Mann zu spielen. Die Käfer erschlug ich mit der Sohle meiner Treter. Es hörte sich an, als würde man eine Nuss knacken, wenn ihr Panzer platzte. Ich sah ihnen zu, wie ihre Fühler auf und ab tanzten, bevor der graue Brei aus ihrem Leib rann, der aussah wie der Rotz eines alten Mannes.

Dann war da noch Fred Astaire, eine Schabe, die wusste, was sie wollte. Ich hatte mit dem Schuh nach ihm geworfen, während er die Wand hinaufkletterte, und ihn mehrmals verfehlt. Er hatte nämlich eine einzigartige Technik entwickelt. Er führte einen Eiertanz auf, wie ich das noch bei keinem anderen Insekt gesehen habe. Er krabbelte nämlich nicht einfach gerade die Mauer hinauf wie alle anderen Schaben dieser Welt. Nein, er rannte im Zickzack, und auch ziemlich schnell, sodass der Schuh stets an ihm vorbeiflog. Er schien zu tanzen, ohne sich von den Einschlägen des Schuhwerks an der Mauer im Geringsten stören zu lassen. Schließlich kamen wir überein, es miteinander zu versuchen, während ich all seine Artgenossen unnachsichtig erschlug. Ihn aber nicht. Er hatte sich seine körperliche Unversehrtheit ebenso verdient wie meinen Respekt. Er hatte nur einen Fühler links. Vielleicht tänzelte er deshalb so hin und her. Er hielt bei den anderen Schabenleichen an, als wolle er eine Autopsie vornehmen. Ich und er teilten uns dieses stinkende, dreckige, schwüle Loch.

Bis ich Miguel wiedersah, war im Gefängnis die Hölle los. Unsere Banden hatten einander stets bekämpft, doch als wir weg waren und unsere unbestrittene Machtposition auf unsere Stellvertreter überging, brach das Chaos aus. Sie hatten einen Aufstand angezettelt. Die Matratzen wurden angezündet, ganze Trakte des Gefängnisbaus besetzt. Für die Gefängnisleitung waren dies harte Tage. Am Ende mussten sie uns aus dem Loch holen, nach Monaten, in denen wir lebendig begraben waren. Und siehe da, die Ordnung kehrte wie von selbst wieder ein. Es wurde ruhig. Auch wenn ich nur halb so wüst zugerichtet war wie Miguel, sahen wir doch beide zum Fürchten aus. Wir hatten Gewicht verloren, unsere Gesichter waren kaum wiederzuerkennen. Der Funke in unseren Augen war nur mehr ein schwaches Glimmen.

Ich sah ihn mitleidig an. Er erwiderte meinen Blick. Der Direktor ließ uns wissen, dass die Wachen beim ersten Fehler unsererseits kurzen Prozess mit uns machen würden, und wir könnten uns darauf verlassen, dass niemand deswegen eine Untersuchung verlangen würde. Ich dachte an Fred Astaire, der in diesem finsteren Loch geblieben war. Vielleicht war der Tod ja tatsächlich eine Lösung. Miguel schien an gar nichts zu denken. Er wirkte völlig weggetreten. Ich hatte es geschafft, mit Fred Astaire friedlich zusammenzuleben, und jetzt sollte ich aus der Schwäche meines Gegners Profit ziehen? Sobald man uns wegführte, sprach ich ihn an. Miguel nickte zu meinem Vorschlag, und so sagten wir den Wachen, dass wir noch mal mit dem Direktor sprechen wollten.

Sie witterten Unheil und eskortierten uns zurück in sein Büro. Unbewegt hörte er uns zu, aber man sah, dass er nachdachte. Unser Vorschlag schien ernst gemeint zu sein: »Kein Knatsch, kein Ärger mehr. Ihr habt gesehen, wie es hier zugeht, wenn unsere Leute sich zum Aufstand verbünden. Nun werdet ihr sehen, wie sie Ordnung zu halten verstehen. Es wird niemandem mehr auch nur ein Haar gekrümmt.«

Der Direktor sah uns zweifelnd an. Es war nicht gerade die Aufsicht über das ganze Gefängnis, die wir da forderten, aber es kam der Sache ziemlich nahe. Wir würden unseren unbestreitbaren Einfluss nutzen, um die Häftlinge in die Bibliothek zu bringen, ins Theater, ins Kino, in die Sporthalle, wo sie friedlich und die Regeln respektierend, gegeneinander antreten würden, ohne irgendwelche offenen Rechnungen zu begleichen. Der Handel würde weitergehen, die Gangs würden sich nicht auflösen. Das ging ihm dann doch zu weit.

Dennoch taten wir künftig alles, um den Frieden im Gefängnis aufrechtzuerhalten. Wir versuchten tatsächlich, unsere Mithäftlinge dazu zu bringen, die Angebote wahrzunehmen, statt sie nur als Gelegenheit zur gewalttätigen Revanche zu nutzen. Irgendwann danach fragte Miguel mich, wie ich auf die Idee mit dem Waffenstillstand gekommen sei. Ich erzählte ihm nichts von Fred Astaire. Stattdessen sagte ich, mir wäre es nun mal lieber, im Fernsehsaal in aller Ruhe einen Film ansehen zu können, statt ständig aufpassen zu müssen, dass der Einfluss meiner Leute nicht schwächer wurde. Muße, ich hatte einfach Lust auf Muße an diesem Ort, an dem es nichts zu tun gab – außer zu überleben.

Auch Miguel genoss den Waffenstillstand, aus dem sich bald ein echter Frieden entwickelte. Wir fanden heraus, dass wir vieles gemeinsam hatten, und bald wurden wir Freunde. Doch es war letztlich gar nicht so einfach, das Gefängnis in einen Ort zu verwandeln, an dem man etwas lernen konnte. Denn unser beider Autorität beruhte ja auf Durchsetzungsfähigkeit und Einschüchterung. Da es keine Feinde mehr gab, fehlte plötzlich das einende Element zwischen den Gangmitgliedern. Ohne Bandenkrieg gab es keine allgemeine Einschüchterung mehr, sondern nur noch einzelne Übergriffe. Manche verstanden auf Anhieb, welche Vorteile es bringt, wenn man seinen Egoismus ablegt und stattdessen dem anderen hilft. Andere hingegen hatten mit dieser neuen Situation Mühe und versuchten, die Gelegenheit für ihre Zwecke zu nutzen – meist um eine neue Bande zu gründen. Und so mussten wir bald wieder zu den alten Gewohnheiten zurückkehren. Männer, die sich während dieser Zeit blendend verstanden hatten, schalteten wieder auf Angriffsmodus. Ohne Wut wird Gewalt zum Sport. Es gewinnt, wer den längsten Atem hat. In dieser Hinsicht waren Miguel und ich ziemlich gut. Wir übten uns wieder in ununterbrochener Wachsamkeit, nur hatte ich jetzt begriffen, wie ich mir Ärger vom Hals halten konnte. Ich sorgte dafür, dass er nicht von mir ausging, dann hatte ich zumindest genug Energie, um mich zu verteidigen, weil ich meine Kräfte nicht nutzlos vergeudete.

Damals gab es eine brasilianische Telenovela über leibeigene Landarbeiter zu sehen, die Mitte des neunzehnten Jahrhunderts spielte. Der Sohn des Gutsbesitzers war ein introvertierter Junge und kam mit seiner Rolle als Sklavenhalter nicht besonders gut zurecht. Dann war da noch ein Journalist mit politischen Ambitionen, der zwar klare Vorstellungen hatte, wie man den gesellschaftlichen Wandel herbeiführen konnte, jedoch voller Hass auf den Gutsbesitzer war, obwohl er dessen Tochter liebte. Seine Wut war meiner sehr ähnlich. Er war der Sohn einer freigelassenen Sklavin, die für den Gutsbesitzer gearbeitet hatte. Sowohl der Vater als auch der Bruder der Gutsbesitzerstochter stellten sich gegen die aufkeimende Liebe zwischen ihr und dem Journalisten, wenn auch aus unterschiedlichen Motiven. Der Bruder dachte, dass ein Agitator wie er sich nie mit seinem Vater verstehen würde. Der Vater hingegen erkannte in dem jungen Mann jenes leidenschaftliche Verlangen nach Rache wieder, das ihn selbst als jungen Mann angetrieben hatte, bevor er zum Gutsbesitzer geworden war. Dies erregte seinen Zorn.

Ich konnte den täglichen Sendetermin der Serie kaum erwarten. Ich hatte so meine Ideen, was die Herkunft unseres Journalisten anging, und als seine Mutter ihm alles verriet, erstaunte mich das weiter nicht. Die Frau, die bei seiner Geburt noch als Sklavin im Herrenhaus gearbeitet hatte, hatte ihr Kind mit dem neugeborenen Sohn des Gutsbesitzers vertauscht. »Verzeih mir, ich wollte, dass mein Sohn in Freiheit aufwächst. Dann aber hat man mich und dich freigelassen. Aber ich habe dich immer behandelt wie einen Sohn.« Doch diese Nachricht kommt zu spät, denn der Sohn hat seinen Vater schon erschossen. Ich habe mich immer gefragt, ob das Wissen um die Identität des Vaters das Leben des Sohnes tatsächlich verändert hätte.

Seit der Bandenkrieg vorüber war, verbrachte ich zu viel Zeit mit Nachdenken. Das störte mich, ich wollte lieber etwas zu tun haben. Das Gefängnis zwingt einen, mit sich selbst mehr Zeit zu verbringen, als einem lieb ist. Man kapselt sich ab, obwohl man in der Zelle mit acht anderen Leuten zusammengepfercht ist. Man muss sich abkapseln, weil man sonst durchdrehen und ein Blutbad anrichten würde. Pausenlos darüber nachdenken, wie ich mit dreißig wohl sein würde. Und mit vierzig? Da war es vermutlich besser, ich beschäftigte mich mit der Fünfzig, denn mit vierzig würde ich immer noch im Gefängnis sitzen. Ich musste etwas finden, womit ich diese Jahre zubringen konnte. Ich musste mir ein Leben in ferner Zukunft erfinden. Wenn ich kurz vorm Durchdrehen war, flüchtete ich mich ins Fernsehen, in die Welt der TV-Serien. So konnte ich alles vergessen – Erinnerungen und Illusionen über ein Leben außerhalb dieser Mauern. Ich war weder Sohn noch Vater. Überhaupt hatte ich keinerlei Blutsbande mehr. Die Gang und jetzt auch Miguel waren meine Familie geworden. In dieser Hinsicht ging es uns wie den Sklaven im Fernsehen: Man hatte sie aus Afrika entführt, sie hatten ihre Wurzeln verloren. Sie waren Sklaven und hatten keine Zukunft. Auch die Wut war die gleiche.

Miguel lachte über meine Leidenschaft für die endlosen Episoden voller sozialer Kämpfe und unmöglicher Liebschaften. Zur Besetzung jener brasilianischen Telenovela gehörte auch ein großer Neger, der die anderen Sklaven überwachte. Er glaubte, den Weißen dadurch näherzustehen, und hielt sich für den Boss. Dabei war er nur ein Narr, der ebenso litt wie die anderen, aber seine Angst an seinen Leidensgenossen ausließ. Miguel meinte, wir beide hätten ein Jahr lang dasselbe getan, als wir uns gegenseitig bekämpften: »Wir haben es wirklich weit gebracht ... da hockst du nun und ziehst dir diese brasilianischen Fernsehmärchen rein. Tolle Verbesserung!«

Doch letztlich kann man über alles nachdenken. Großvater Jack meinte einmal meiner Mutter gegenüber, dass die Wolken genau zu diesem Zweck da wären: Man beobachtet sie, um darin vertraute Formen zu entdecken, wenn es rundherum nichts Vertrautes mehr gibt.

Im Gefängnis übernehmen die Wasserflecken an der Zellendecke die Rolle der Wolken. Aber das funktioniert genauso, und sie waren mir wirklich sehr hilfreich. Immer hoffte ich, dass sie mir irgendwie den Weg zeigen, mir eine Idee eingeben würden, wie ich meinem Schicksal eine andere Wendung geben könnte.

4

Der Herbst zwingt mich, mir etwas Warmes überzuziehen. Dabei hasse ich es, dicke Sachen zu tragen. Ginge es nach mir, würde ich einfach nackt herumlaufen. Schon Jeans und T-Shirt sind mir zu viel. Zu Hause renne ich immer in Unterhosen herum. Am liebsten würde ich mal nackt Motorrad fahren, eingehüllt nur in Geschwindigkeit und sonst gar nichts. Für einen Modemacher ist das vielleicht ein wenig seltsam, aber ich habe immer das Gefühl, als hätte ich einen Sonnenbrand und könnte auf der Haut nichts ertragen außer einem Hauch Creme. Meine Mutter erzählte mir einmal, dass auch mein Vater eine Abneigung gegen Mantel und Jacke hatte. Dennoch erinnere ich mich noch gut, wie er aus dem Haus ging: mit Aktenkoffer, Krawatte und blauem Anzug. Er sah aus wie eine Schaufensterpuppe. Spät abends kam er mit demselben Köfferchen heim, begrüßte uns und setzte sich dann an den Küchentisch, wo das Dienstmädchen ihm das Abendessen bereitgestellt hatte. Er kam immer spät nach Hause, und an dem Abend, da er nicht mehr heimkommen sollte, erschien meine Mutter mir nicht sonderlich besorgt. Schließlich war er wochenlang im Ausland. Und dann war er einfach wieder da, als wäre er erst am Morgen aus dem Haus gegangen. Wir standen uns nicht sehr nahe.

Auch sein Name, Raphael Armando Fernandez, weckt in mir nur wenige und eher blasse Erinnerungen. Vielleicht nannte ich ihn ja auch Papa, und nicht Raphael, wer weiß? Daran wird es wohl liegen. Doch ich denke ohnehin kaum an ihn. In der Isolationshaft sah ich mich plötzlich einem Haufen Erinnerungen gegenüber, ohne dass es mir gelang, einen wirklichen Zugang zu finden. Es waren vollkommen zusammenhanglose Bilder, einige davon betrafen meinen Vater. Was hätte er seinem Sohn Ilan wohl gesagt, der als Drogenhändler im Gefängnis saß? Wäre er stolz auf seinen Erfolg, sein Vermögen gewesen?

Meine zehnjährige Tochter ist stolz, dass ihr Vater Modedesigner ist und dass er ihr das geben kann, was sie braucht, um ein schönes Leben zu führen. Natürlich ist eine Zelle nicht gerade der Ort, um über die eigenen Familienbande Bilanz zu ziehen. Neun Jahre und kein einziger Besuch, von den Anwälten mal abgesehen. Kein Bruder, keine Schwester sind je gekommen, um mich zu sehen. Mein schreibender neuer Freund, der mir Tausende von Fragen stellt, ist erstaunt, als ich ihm das erzähle. Jetzt versteht er diesen unterdrückten Groll in meiner Stimme, wenn ich über meine Familie spreche. Er hat recht, im Grunde macht es mich traurig. Es hätte mich vermutlich gefreut, meine Mutter wiederzusehen. Doch dazu ist es nie gekommen, und das bedrückt mich. Schließlich war ich ihr Sohn. Mein Freund gibt sich mit meinen abgehackten Sätzen nicht zufrieden: »Hast du dich je gefragt, wieso dich niemand im Gefängnis besucht hat? Sag einfach, was dir in den Sinn kommt, was dabei in dir vorgeht.«

Letztlich wusste meine Mutter ja gar nicht, wo zum Teufel ich steckte. Ich war es ja, der sie fernhielt. Die wenigen Briefe, die ich ihr schrieb, ließ ich von außerhalb des Gefängnisses aus aufgeben. Aus der Außenwelt, in der das Gefängnis nur ein Gebäude in einem bestimmten Teil der Stadt ist, eine U-Bahn-Haltestelle vielleicht, auf jeden Fall kein Ort, an dem Leute eingesperrt sind.

In der Zelle versuchte ich, mir die Menschen vorzustellen, die über die Straßen von Barcelona flanierten, die Geschäfte, die Restaurants, die Leuchtreklamen, die Staus auf den Straßen – Bewegung also, die Freiheit der Bewegung, die Freiheit, dorthin gehen zu dürfen, wohin man will. Der Stich in der Brust, der mich in zwei Hälften zu zerteilen schien, löschte innerhalb von Sekunden alle Gedanken aus und machte meinen Kopf leer. Das war meine Methode, mich zu geißeln, meine Art, mich dafür zu strafen, dass ich mich hatte erwischen lassen. Mit den Jahren aber funktioniert der Trick nicht mehr. Die Außenwelt ist so weit weg wie das Leben auf dem Mars. Mit Miguel lästerte ich immer über die Nachrichten der NASA, die auf irgendeinem weit entfernten Planeten Wasser entdeckt hatte. Wir witzelten vor uns hin: »Da draußen muss es doch Leben geben, oder nicht? Gestern hat es geregnet, und wo Wasser ist, da ist auch Leben. Behauptet zumindest die Wissenschaft.«

Meine Mutter hat nie erfahren, dass ich im Knast saß; dass ihr jüngster Sohn ein mächtiger Drogenhändler war, wusste sie allerdings. Meine Brüder hingegen kannten meinen Aufenthaltsort, die Einzelzelle in Cuatro Caminos. Doch auch sie sind nie gekommen. Wir hatten uns schon aus den Augen verloren, als ich zwei Jahre alt war. Sie haben sich in alle Winde zerstreut, als mein Vater von Tel Aviv nach Kolumbien ging. Ich weiß nicht genau, weshalb er sich für Südamerika entschied, auch wenn ich es mir vorstellen kann. Man schrieb das Jahr 1969, und er hatte in Israel nicht viele Chancen. Ein Sephardim steht immer ein paar Stufen unter dem Aschkenasim, dem osteuropäischen Juden. Er war nicht gebildet genug, um Erfolg zu haben, und Verbindungen hatte er auch keine. So hatte er im allgemeinen *Schma Israel* keine Stimme. Damals kamen viele Juden aus Afrika nach Israel, vor allem aus Lybien. Mein Großvater mütterlicherseits kam aus Tripolis. Großvater Jack. Ein Weltenbummler, wenn man meiner Mutter glauben darf. Er hatte sogar studiert. Aber er war trotzdem nur ein Sephardim, ein spanischer Jude.

Papa legte sich wirklich ins Zeug. Wir hatten ein schönes Haus in Cali, quasi eine Luxusvilla. Ich ging auf eine gute Schule, und meine Mutter hatte ein Dienstmädchen, das ihr im Haushalt half. Und sie hatte Freundinnen, die des Öfteren im Wohnzimmer im Erdgeschoss einfielen. Eine ihrer Freundinnen hatte sich kopfüber ins Geschäftsleben gestürzt. Sie verkaufte den Frauen des Viertels Kochtopf-Sets, deutsche Kochtöpfe, die so schwer waren, dass man die Pfanne kaum heben konnte. Meine Mutter sagte immer, die Deutschen hätten offensichtlich die Panzerfabriken in Kochtopffabriken umgewandelt. Sie kaufte ein Set, benutzte die Nazi-Töpfe, wie sie sie nannte, aber selten. Es gab in Cali keine Synagoge, es gab ja auch kaum Juden, jedenfalls soweit ich mich erinnern kann.

Und mein Vater arbeitete. Er ging früh aus dem Haus und kam spät heim. Er sprach nie darüber, was er außerhalb des Hauses tat. Es war tabu, danach zu fragen, also tat ich es nicht. Dazu war nicht einmal ein ausdrückliches Verbot nötig. Man verlor darüber kein Wort und damit Schluss.

Aber eines Morgens kam ein Anruf. Ich war nicht zur Schule gegangen, weil ich erkältet war. Meine Mutter setzte sich im Wohnzimmer an den Tisch und sah mich an. Man hatte ihr gerade mitgeteilt, dass ihr Mann in einem bestimmten Haus am anderen Ende der Stadt lag, von mehreren Kugeln getroffen. Das habe ich aber erst später erfahren. Sie sagte mir nur, dass Papa nicht zum Abendessen zurück sein würde. Wie lange ist er denn weg, Mama? Ziemlich lange, Ilan, ziemlich lange.

Ich war damals acht Jahre alt. Das Hausmädchen, Amalia, die immer ein seltsames Zischen ausstieß, wenn sie das S aussprach, und unsere Sprache ist voller S, weinte mehr, weil Mama jetzt Witwe war, als um den Verlust ihres Arbeitsplatzes. Ich musste lachen, wie sie da weinte und redete und zischte und niemand verstand, was sie sagen wollte. Nach wenigen Wochen blieben die Freundinnen meiner Mutter aus, die Nazi-Töpfe wurden zusammen mit den Möbeln und Mamas Wagen verkauft. Papas Auto war mit ihm aus unserem Leben verschwunden. Bald verloren wir auch das Haus mit Garten, und nach zwei Jahren voller Umzüge landeten wir im Barrio El Dorado, einem Vorort im Osten. Ein Viertel, durch das wir früher nicht einmal mit dem Auto gefahren wären.

Hohe Mietskasernen, kein Garten, nur lärmende Nachbarn und Kriminalität. Kein Wort über meinen Vater. Wir stellten ein paar Nachforschungen an, aber meiner Mutter passte das nicht: »Je tiefer du gräbst, desto mehr Scheiße förderst du zutage.«

Ohnehin saßen wir schon tief genug in der Scheiße. Ich ging nicht mehr zur Schule. Mama wusste Bescheid, konnte aber nichts anderes tun, als unaufhörlich zu wiederholen, ich solle mich nicht ins Unglück stürzen. Ich hatte kein Fahrrad mehr. Größere Jungs hatten es mir weggenommen, und ich konnte nichts dagegen machen. Zwei Ohrfeigen, ein ordentlicher Rempler, und Ende der Debatte – das Fahrrad war nicht mehr meins. Ich musste sowieso nirgends mehr hin, wo ich nicht auch zu Fuß hingekommen wäre. Alles in allem war dies die Zeit des »nicht mehr«.

Es wurde uns keine Rente bewilligt. Was immer mein Vater auch gemacht haben mochte, daran jedenfalls hatte er – wie es schien – nicht gedacht. Meine Mutter ließ sich nicht unterkriegen. Sie ging putzen in Häusern, in denen sie früher ein gern gesehener Gast gewesen war. Sie nahm den Bus und machte ihre Runde. Sie ging früh aus dem Haus und war ein paar Stunden später wieder zurück, um das Mittagessen zu kochen.

Ich hingegen kapierte schnell, dass dies kein Viertel war, wo man sich zum Spielen auf dem Spielplatz traf. Vielmehr galt es zu lernen, wie man sich seiner Haut wehrte. In der Schule war ich ein Streber gewesen, und auf den Mund gefallen war ich auch nicht. Ich erzählte meinen Freunden, dass mein Vater im Ausland war, in Afrika, und dass wir auch bald dorthin gehen würden. Die größten Dummköpfe waren die Ersten, die sich mir anschlossen. Scheinbar hingen sie am liebsten mit mir herum. Ich war anders als sie und dachte mir ziemlich raffinierte Diebstähle aus. Wir lungerten vor den Schulen herum und sahen unseren Altersgenossen zu, die drinnen schwitzten. Die Mittelschule lag direkt vor unserem Haus. Ich balancierte auf dem Geländer, das den Gehsteig von der Straße trennte und sah durch das lange, schmale Fenster in unsere Küche im zweiten Stock. Ich sah den Kopf meiner Mutter, die mir gelegentlich einen Blick zuwarf, weil sie nicht wollte, dass ich vor dem Mittagessen verschwand. Ich wartete immer auf jenen Moment, in dem sie mir diesen Blick zuwarf, bevor sie sich wieder ihren Verrichtungen zuwandte. In diesem Moment entstand eine Art unsichtbarer Brücke zwischen meinem Geländer auf der Straße und dem waagrecht gelegenen Fenster an der Hausfassade. Auf dieser abenteuerlichen Brücke zwischen uns beiden floß alles dahin, was ich ihr in der Wohnung nicht sagen konnte, ohne dass sie verlegen ins andere Zimmer ging.

Nach den Dummköpfen schlossen sich mir auch die kleineren und schlaueren Schüler an. Mit ihnen plante ich etwas einträglichere Diebstähle in den Läden der Stadtmitte. Wir suchten nur solche Geschäfte aus, die keine bewaffneten Wachmänner hatten. Seit einigen Jahren wimmelte es in der Stadt von Pistolen und automatischen Schusswaffen. Es hatten sich Dealerbanden gebildet, die Koks nach Amerika schmuggelten, und so wichen mexikanische Volkswagen und Toyotas aus zweiter Hand bald hochtourigen Motorrädern und Sportwagen. Es kam häufig zu Schießereien zwischen den jungen Leuten, die von diesem gewaltigen Geldstrom, der sich in die Stadt ergoss, auch etwas abhaben wollten. In Medellín hatte sich ein Kartell von Kokaindealern gebildet, die die Sache im großen Stil angingen, und Cali war gerade dabei, sich auf dieselbe Weise umzustrukturieren. Wer sich diesem Kartell nicht anschloss, würde für immer vom Wohlstand ausgeschlossen bleiben.

Ich nahm sofort den Kokainhandel im Viertel in die Hand. Die Touristen waren damals noch vertrauensselig. Niemand würde ihnen die Brieftasche oder den Fotoapparat stehlen. Die Gans, die goldene Eier legt, rupft man nicht. Das wusste doch jeder.

Zusammen mit Diego, dem intelligentesten und zuverlässigsten meiner Freunde, kaufte ich immer größere Mengen Stoff, um unser Geschäft auszuweiten. Jede Erfolgsstory beginnt mit einer guten Idee. Meine war der Gruppenrabatt. Wenn ein Tourist mir zehn Freunde als Kunden brachte, bekam er eine Dosis gratis. Diese Leute wurden meine besten Pusher. Ich musste nur herausfinden, wer von meinen Käufern schlau, witzig und mit einem großen Freundeskreis gesegnet war. Diese schickte ich in die Hotels, und nach ein paar freundlichen Worten brachten sie ihre Landsleute mit, um ein bisschen Koks zu verkonsumieren. Unser Mittelsmann wiederum sorgte dafür, dass ich und meine Freundin endlich dort Zutritt bekamen, was früher für uns verbotenes Terrain gewesen war. Ein Tütchen Koks gratis und zehn Verkäufe, bei denen ich mir die Hände nicht schmutzig machen musste. Unter den zehn, die anbissen, war gewöhnlich einer, der mir für meine Zwecke nützlich sein konnte, und so wurde das Netz immer dichter. Großabnehmer bekamen als Gratifikation einen Abend in einem Lokal, in das ein Amerikaner allein nie den Fuß zu setzen gewagt hätte. Unsere Gesichter waren bekannt, und das war für ihn die Garantie, dass er nichts zu befürchten hatte.

Auch dieses Incentive funktionierte. Es gab Leute, die ihre Tour durch Südamerika abkürzten, um die nächtlichen Amüsements meiner Gang mitzuerleben. Natürlich waren die Nutten auch einer der besonderen »Leckerbissen«. Wir waren alle noch Teenager. Der Älteste von uns war gerade mal achtzehn. Es war ein gutes Gefühl zu wissen, dass man auf Dutzende Gleichaltrige zählen konnte. Ich genoss es, dass die anderen meine Ideen im Handumdrehen umsetzten und dass uns das viel Geld einbrachte. Es ist toll, zu einer Gruppe zu gehören, doch ihr Chef zu sein ist natürlich noch besser.

Meine Mutter ging immer seltener an das Fenster im zweiten Stock, und ich kam immer seltener zu dem Geländer, um ihren Blick zu suchen. Natürlich war es die Nagelkeule, die alles veränderte und meinen Wunsch, von Cali wegzugehen, noch verstärkte. Eine junge, schöne Frau bleibt nicht lange unbemerkt. Auch in einer Stadt voll schöner Mädchen, die alles tun würden, um endlich auf der Sonnenseite des Lebens zu stehen. Meine Mutter war unendlich stolz. Sie ignorierte einfach, was ich alles anstellte, und mein Geld wollte sie auch nicht haben. Sie hatte sich ja auch nie gefragt, was ihr Mann so machte. Sie verschloss die Augen vor der Wirklichkeit, jetzt ebenso wie früher. Der Knüppel schließlich hat ihr die Augen ein für alle Mal versiegelt. Die Beleidigungen, die dieser Kerl ihr vor allen anderen zuflüsterte, überhörte sie einfach. Sie fragte sich nicht einmal, wohin er so plötzlich verschwunden sein konnte. Als sie es dann erfuhr, vermied sie es erfolgreich, die näheren Umstände herauszufinden.

Der Schlag auf den Schädel dieses schmierigen Typen hat mir jede Sehnsucht nach der Kindheit ausgetrieben. Bis ich dreizehn war, träumte ich immer noch von dem Garten unseres alten Hauses. Die Schaukel, das hellblaue Planschbecken. Das rote Fahrrad mit den Bändern, die an den Griffen der Lenkstange baumelten. Nach dem Mord hatte ich vor allem ein Ziel: ins Ausland fliehen, anderswo einen Ort finden, der mein Zuhause sein konnte. Ich wollte ein Motorrad und von vielen hübschen ausländischen Mädchen umgeben sein.

Wenn jemand mich fragte, wer mein Vater war, antwortete ich, so gut ich eben konnte: Ich weiß es nicht. Mein Vater ist ein Mann im dunklen Anzug, der ständig die Wirtschaftszeitung in der Hand hielt. Sein Gesicht verschmilzt in meiner Erinnerung mit der Krawatte.

Und eines Nachmittags kommt plötzlich mein Schriftstellerfreund herein und hat eine Idee, wie man Licht ins Dunkel um meinen Vater bringen könnte: »Ich habe einen Freund, der jemanden beim Mossad kennt. Soll ich den mal fragen?«

Was der israelische Geheimdienst damit zu tun haben soll, begreife ich nicht recht. Wir hatten damals jede Verbindung nach Israel abgebrochen. Nach ein paar Tagen wartet mein Freund mit neuen Informationen auf, die zu dem Bild passen, das ich von meinem Vater hatte.

»Mossad?«

»Scheinbar hat der Mossad einige seiner Leute nach Südamerika geschickt, um ähnlich wie im Fall Eichmann in Argentinien Nazi-Verbrecher zu fangen. Offensichtlich hielten zwei Obernazis sich an der nördlichen Grenze Boliviens versteckt. Die israelischen Agenten verteilten sich in den angrenzenden Ländern, um im richtigen Moment zuschlagen zu können. Die Operation ging schief wie so viele andere. Irgendwie haben die beiden Nazis Wind bekommen und das Weite gesucht. Dein Vater ist danach in Cali geblieben. Seine Aufgabe war es, Waffen in ein afrikanisches Land zu transferieren.«

»Ja, meine Mutter sprach mehrere Male von Transaktionen in Namibia. Das könnte hinkommen.«

»Namibia war der letzte Sklavenhalterstaat der Welt. Schlimmer noch als das Apartheidregime in Südafrika, sofern das überhaupt möglich ist. Ich habe es überprüft: Israelische Söldner haben in Namibia und später in Angola Soldaten ausgebildet, die gegen die verschiedenen revolutionären Gruppen vorgehen sollten. Ein Gefallen, den Israel den Amerikanern tat. Die israelischen Söldner haben auch an den Kämpfen teilgenommen, eine Art Fremdenlegion quasi.«

»Ich weiß. Aber irgendwann hat das Leben meines Vaters vermutlich eine andere Wendung genommen.«

»Es sieht so aus, als hätte er ein paar der für Afrika bestimmten Waffen für sich behalten und sie in Kolumbien verkauft.«

»Das würde auch passen. Anfang der Siebzigerjahre kamen in Cali und Medellín Kriegswaffen auf den Markt, die den ersten Drogenbossen erlaubten, ihre Gegenarmee zu Polizei und Militär aufzustellen. Heute weiß man das. Viele private Söldnertruppen kontrollierten die Handelswege für den Drogenschmuggel, die von Bolivien und Peru nach Kolumbien und von dort aus nach Amerika führten. Die Waffen sind der Motor, der den Drogenhandel antreibt, das Koks ist das Fahrzeug und die Narcodollars das Benzin. Dann war mein Vater also Handelspartner der neu entstehenden Kartelle. Da schau an!«

Heute stehen wegen dieser illegalen Geschäfte in Kolumbien nicht wenige Israelis vor Gericht. Sie waren es, die die Todesschwadronen in Marsch setzten, wenn jemand sich den Drogenbossen widersetzte. Meinen einstigen Kollegen also. Ich persönlich habe in Kolumbien noch nie Macht ausgeübt. Ich wollte nur weg. Und um abzuhauen braucht man keine Todesschwadron.

Mein Schriftstellerfreund hat einen abwesenden Gesichtsausdruck. Er wirkt ohnehin immer ein bisschen schläfrig. »Wie der Vater, so der Sohn«, sage ich. Ich lächle, aber irgendwie tut dieser Satz mir weh.

Er schüttelt den Kopf. »Ich sehe das anders. Der Sohn handelte mit Waffen und Drogen auf eigene Rechnung. Der Vater aber hat den Leuten Waffen verkauft, die diesen Handel groß gemacht haben. Er hat Leibwächter zu Serienmördern ausgebildet. Das ist etwas völlig anderes, Ilan. Die Folgen sind ganz andere.« Meiner Ansicht nach habe ich ihm keinerlei Zustimmung signalisiert, und doch fügt er hinzu: »Es geht mir nicht darum, deine Verantwortung kleinzureden, Ilan. Aber wenn es in Cali Jahr für Jahr soundsoviele Tote gibt, ist nicht zuletzt dein Vater daran schuld. Was du getan hast, ist eine logische Folge seines Handelns, aber du bist nicht sein Erbe. Vergiss das nicht.«

»Und wer hat meinen Vater umgebracht?«

»Offensichtlich ist an einem bestimmten Punkt sein Doppelspiel mit Mossad und afrikanischen Regierungen auf der einen, den Drogenbossen auf der anderen Seite aufgeflogen. Eine faszinierende, sehr sinnliche Frau erschien auf der Bildfläche, um deinen Vater zu überzeugen, den Dienst bei seinen früheren Arbeitgebern aufzugeben und ausschließlich für den Wachstumsmarkt des Drogenhandels zu arbeiten.« Er grinste: »Wahrscheinlich eine wie Lauren Bacall. Stell dir das nur mal plastisch vor.«

Vielleicht ging es darum, dass eine größere Menge Drogen von einem Kontinent zum anderen verschoben werden sollte. Tatsache ist, dass mein Vater für diese Frau vollkommen den Kopf verlor, obwohl sie doch nur als Köder diente. Die Liebe lässt uns gewöhnlich allerhand Torheiten begehen ... »Und wer war dann der wahrscheinlichste Drahtzieher beim Tod meines Vaters? Was glaubst du?«

»Da ist mal der Mossad, für den er ursprünglich gearbeitet hat.

Aber natürlich kommen auch die Drogenbarone in Frage, die ihren Aufstieg beschleunigen wollten. Oder die Afrikaner haben jemanden geschickt, weil sie – wie so häufig – geleimt wurden.«

Ob diese Auskünfte den Tatsachen entsprechen und einigermaßen zuverlässig sind, weiß mein Schriftstellerfreund ebenso wenig wie ich. Er traut seinem Kontakt, der wiederum seinem Informanten beim Mossad vertraut. Ich wiederum traue meinem Instinkt. Etwas war verdächtig am Stolz meiner Mutter. Wie sie sich in ihren Groll gegen das trügerische Schicksal verschloss, gerade als alles wunderbar zu laufen schien. Und dann dieser gefährliche Sohn.

Wir verfallen in Schweigen und sehen uns über den mächtigen Schreibtisch hinweg an. »Ilan, es könnte doch sein, dass man dich deshalb nicht in Israel gewollt hat, weil das Doppelspiel deines Vaters dort bekannt war. Über deinen zweifelhaften Ruf in der Stadt wusste wahrscheinlich auch der Mossad Bescheid. Das wäre gewesen, als hätte man den Bock zum Gärtner gemacht.«

»Ja, ich hätte in Tel Aviv sicher einen Kokainhandel aufgezogen. Meine Beziehungen mit Cali wären mir da natürlich zugutegekommen.«

Mein Vater wurde 1975 getötet, aber ich muss mich anstrengen, um mich an das genaue Jahr zu erinnern. Ich weiß nur, dass ich damals acht Jahre alt war.

Meine Mutter ist 1996 gestorben. Sie hat mich nicht wiedergesehen. Am Ende hat sie mein Geld angenommen, dabei aber ihre gewohnte heuchlerische Einstellung beibehalten. Ich bin ihr deshalb nicht böse. Sie hat es ja auch mit dem Geld ihres Mannes so gehalten. Das war einfach ihre Art. Geld stinkt nicht, sagt man in Rom. Das mag schon richtig sein, aber ich finde, dass Leute, die ihr Geld mit Verbrechen – was nicht gleichbedeutend mit »Straftat« ist – verdienen, letztlich doch stinken. Mir ist ein Mann, der mit vorgehaltener Pistole eine Bank ausraubt, immer noch lieber als einer, der seine Mitmenschen betrügt.

Nun ja, auf jeden Fall haben meine Töchter nur Großeltern mütterlicherseits. Was vielleicht ganz gut ist. Aber vielleicht hätte sich ja mein Vater in späteren Jahren geändert, so wie ich das getan habe. Wenn die Kugeln ihn nicht das Leben gekostet hätten, wenn er sich wieder erholt hätte, wäre er nach dem Anschlag vielleicht ein anderer Mensch geworden, vielleicht hätte er dann begriffen, was er neben dem Leben noch zu verlieren hatte. Möglicherweise hätte diese faszinierende Frau ja seine Gefühle erwidert. Dann hätten sie in ein weit entferntes Land gehen können, nach Australien vielleicht, um nur eines zu nennen. Er hätte sich ein neues Leben aufbauen und sich vor seinen zahlreichen Feinden verstecken können.

Für mich hätte sich dadurch wohl nicht viel geändert. Vielleicht hätte meine Mutter gelegentlich Geld in einem Umschlag ohne Absender erhalten. Oder wir wären von Killern überfallen worden und hätten die Fehler meines Vaters mit unserem Leben bezahlt. Vermutlich hat sein Tod uns das Leben gerettet. Sein tragisches Ende hat uns ein anderes Schicksal ermöglicht.

Ich habe mir angewöhnt, alles, was mir passiert, als die beste Lösung zu betrachten. Wäre ich beispielsweise in Barcelona der Verhaftung entgangen, hätte ich vielleicht bald dasselbe Ende genommen wie Papa. Ein Dutzend Schüsse aus der Maschinenpistole und schon wäre die Polsterung meines Ferrari von Blutflecken ruiniert gewesen. Dieser idiotische Gedanke wäre womöglich auch der letzte gewesen, der mir durch den Kopf ging. Hätte ich nicht Monate in diesem Loch von einer Zelle verbracht, hätte ich vermutlich Miguel umgebracht oder er mich. Besser Waise als tot.

Mein Schriftstellerfreund nickt und fügt hinzu: »Besser tot, als immer weiter Verbrechen zu begehen.«

Das ist für einen wie mich schwer zu schlucken. Und ich hasse es nun einmal, mir ein falsches Mäntelchen umzuhängen, nicht einmal, wenn es mein Logo trägt.

Ich habe vor langer Zeit aufgehört, Sohn zu sein. Ich war es ohnehin nur kurze Zeit in meinem Leben. Heute, wo ich Vater bin, suche ich manchmal im Gesicht meiner Töchter diesen Ausdruck der Unschuld, die ich nie kennengelernt habe. Ich dachte immer, es würde mich freuen, ihn zu entdecken, aber in Wirklichkeit schmerzt es mich – wie eine brennende Zigarre im Arsch.

Ich hatte nie jemanden, den der Ausdruck auf meinem Kindergesicht interessierte. Ich bin zu schnell erwachsen geworden, zumindest kommt mir das so vor. Jedenfalls war plötzlich alles anders, und der Ausdruck auf meinem Gesicht konnte tödlicher sein als jede Pistole. Ich habe eines jener Gesichter, deren Mimik in Sekundenbruchteilen von absoluter Harmlosigkeit in Grausamkeit umschlagen kann. Das hilft mir auch heute noch, falls Worte einmal nicht genügen. Dann werden meine strahlend weißen Zähne und das Funkeln in meinen Augen zu einem unschätzbaren Hilfsmittel. Das habe ich schon mit dreizehn gewusst, noch bevor ich mit eigenen Händen bewies, was hinter diesem herausfordernden Blick steckte. Wenn eine Ohrfeige meiner Mutter mich je gebremst hätte, sobald ich diesen Blick aufsetzte, hätte ich die Grenzen der Selbstverteidigung vielleicht nie überschritten. Aber da war ja niemand, der mir Grenzen gesetzt, niemand, dem ich vertraut hätte. Danach ist es zu spät. Danach vertraust du nur noch dir selbst. Du hast nur noch deine Wut und sonst nichts. Das ist, als hätte man eine Sonnenbrille auf, die andere daran hindert, deine innersten Regungen zu erkennen. Dir aber erlaubt sie, in den tiefsten Winkeln ihrer Persönlichkeit herumzustochern.

Der Blick meines Vaters war stets ausweichend, anders als meiner. Pablito, meine rechte Hand, sagte, meine Augen packten das Gesicht ihres Gegenübers wie Fangzähne und ließen es nicht mehr los. »Du hast Haifischzähne anstelle der Wimpern, weißt du das.«

Immer wieder frage ich mich, ob meine Mutter von den Aktivitäten ihres Mannes wusste. Mittlerweile glaube ich, sie wusste über alles Bescheid, wirklich über alles, aber das Einzige, was sie interessierte, war ein ruhiges Leben. Mit mir hielt sie es letztlich genauso. Sie ging allen Diskussionen aus dem Weg. Ihr Schweigen war in gewisser Weise Zustimmung. Auch mein Geld blieb ja stumm. Und die Menschen, mit denen ich mich umgab, existierten für sie einfach nicht.

Als ich nach Europa ging, verabschiedeten wir uns, als träte ich eine kurze Ferienreise an. Sie gab mir ein paar gut gemeinte Ratschläge mit auf den Weg, von denen sie genau wusste, dass sie sinnlos waren. Wir wussten es beide und spielten unser Spiel doch weiter. Ich sagte auch, sie solle mich anrufen, wenn jemand sie belästige. Dabei wusste ich nur zu gut, dass niemand das je wagen würde. Man hatte mich schon mit fünfzehn gefürchtet, erst recht mit achtzehn.

Als ich sie fragte, wieso mein Vater denn ausgewandert war, wie ich es nun vorhatte, meinte sie: »Was soll ich dir sagen? Man muss sein Glück suchen, nicht wahr?« Ich verstand, was sie sagen wollte, und erstickte ein Lachen in meinem Inneren. Ich dachte an Großvater Jack, der sicher gesagt hätte: »Gelegenheit macht Diebe – und Nutten.«

Mein Vater lieferte also Waffen an die Drogenbarone. Letztlich also auch an mich. Wenn man Gewalt in einer Umgebung salonfähig macht, in der es bis dahin keine Gewalt gegeben hat, wird sie sich explosionsartig ausbreiten. Von der Steinschleuder zur Maschinenpistole ist es letztlich nur ein kleiner Schritt. Der Erste, der schießt, zieht auch den Abzug aller Waffen, die nach ihm benutzt werden. Mit den sogenannten »leichten« Waffen ist es anders als mit der Atombombe. Es gibt keine wirksame Abschreckung. Nur die Herausforderung, noch mehr Feuerkraft aufzubauen. Und wenn man einen wie mich zum Oberboss macht, spart man vielleicht Blei, aber nicht Blut. Die Schüsse fallen gezielt und sind tödlich, die Gewalt wird lediglich effizienter. Ja, ich bin wirklich ziemlich effizient. Ich greife im Erreichen meiner Ziele nur selten daneben. Ob ich nun Drogenboss oder Geschäftsmann bin. Dieser Charakterzug gefällt mir einerseits, andererseits habe ich ihn auch satt. Mitunter sage ich mir, dass es eine schöne Abwechslung wäre, auch mal zu scheitern. Als ich im Gefängnis landete, dachte ich, nun wäre es vorbei, ich wäre ganz unten angekommen. Dabei musste ich nur ein paar Leute zusammenbringen und hopp, schon schwamm ich wieder oben. Nicht einmal als Häftling war ich so wie die anderen Häftlinge. Was ich als Scheitern bezeichne, stellt sich für die meisten anderen immer noch als Erfolg dar. Genau das aber möchte ich meine Töchter nicht lehren. Ich möchte scheitern können ohne das Gefühl, ein Versager zu sein. Verwundet zu sein heißt noch lange nicht, tot zu sein. Ich weiß das. Aber im wahren Leben vergesse ich es manchmal. Also kämpfe ich immer, als ginge es um Leben oder Tod. Wie gerne würde ich mal ein gelangweiltes Gähnen von mir geben! Aber mir schießt das Adrenalin immer brennend heiß ins Gehirn. Es macht mir Spaß, wenn es zur Entladung kommt. Eigentlich beginnt der Spaß schon vorher, wenn ich spüre, dass es zu einer Reibung kommt, wenn ich mich so oder so verhalte.

Mein Großvater hätte sicher beides verstanden, die Sehnsucht nach Langeweile und den inneren Kampf um den Sieg, sobald sich mir auch nur die geringste Herausforderung bietet. Er meinte immer, um Erfolg zu haben, müsse man das Gefühl aufrechterhalten, an einem dünnen Seil direkt über dem Abgrund des Scheiterns zu hängen. Du klammerst dich an dein Seil und hangelst dich nach oben wie eine Raupe, wenn es schlecht läuft, und wie ein Affe, wenn alles gut geht. Oben erwartet dich dein kindisches Ich mit all seinen Heldenträumen. Viele Menschen führen ein Scheißleben. Sie sind an ihrer Drehbank in der Fabrik mehr oder weniger festgeschnallt oder traben mit schmerzenden Füßen als Kellner durch ein Lokal. In dieser Lage denkt man nicht gerne an die eigenen Kinderträume und wenn, dann tut man es voller Bedauern. Auch ich bedaure so einiges in meinem Leben, vor allem, dass ich nur so kurze Zeit Kind sein durfte. Doch ohne meine kriminelle Karriere wäre ich heute vermutlich nur der Laufbursche irgendeines Drogenbosses in Cali oder wäre längst Naturdünger auf irgendeinem Acker dort. Mit meinem Charakter wäre das nie im Leben glatt gegangen: entweder die Nummer eins oder gar nichts.

Vielleicht müsste ich nicht ständig gewinnen, wenn ich einen Sohn hätte. Ich würde meine Träume auf ihn projizieren. Es würde mir genügen, wenn er den Aufstieg schaffte. Dann käme ich wohl endlich zur Ruhe. Doch wenn ein Vater Töchter hat, will er immer noch mehr tun. Er will für ihre Sicherheit sorgen, ihnen jede Annehmlichkeit garantieren können. So klettert man ständig dieses vermaledeite Seil weiter hoch. Mein Großvater Jack meinte immer, wenn du aufhörst, dich mit aller Kraft ans Seil zu klammern, klammere sich das Seil an dich und halte dich – mit einer Schlinge.

5

Im Fernsehen gab es *Interview mit einem Vampir*. Es ist doch schön, wenn die Leute nicht mehr vor Vampiren davonlaufen, sondern sogar darauf hoffen, gebissen zu werden und Unsterblichkeit zu erlangen.

Vampire genießen einen eher schlechten Ruf, ähnlich wie Drogenhändler. Trotzdem kommen die Leute zu den Dealern in der Hoffnung, Geld aus ihnen herauszuleiern, als wäre es ihr gutes Recht, haufenweise Kohle einzusacken, ohne sich die Hände schmutzig zu machen. Zumindest eine Prise Koks sollte dabei schon herausspringen, ein Hauch von Dolce Vita für ein paar Stunden, vielleicht auch noch ein Fick mit einer atemberaubend schönen Frau. Ein bisschen nassauern eben. Diese Einstellung dir gegenüber behalten sie bei, auch wenn du längst ein Ex-Drogendealer bist und so behandelt werden möchtest, wie es deiner momentanen Stellung innerhalb der Gesellschaft entspricht.

Ein Vampir muss Blut saugen. Womöglich würde er lieber Rotwein trinken, wenn er die Wahl hätte. Zumindest würde ich mir das wünschen. Aber er wurde ja gebissen und damit zu dem, was er heute ist. Im Film *Interview mit einem Vampir* sehnen sich die Menschen so sehr nach der Unsterblichkeit, dass sie dafür in Kauf nehmen, ihr Leben als Blutsauger fristen und das Licht der Sonne auf immer meiden zu müssen. Was der Vampir mit dem Dealer gemein hat, ist die Erregung, die Sehnsucht nach dem Abenteuer des Lebens und die kolossale Langeweile des Schlafens im Sarg. So ähnlich jedenfalls habe ich das Leben als Häftling empfunden. Ich fühlte mich wie ein Verschütteter. Morgens stand ich auf, frustriert, weil die miese Matratze mir wieder einmal keinen Nachtschlaf und keine Träume gegönnt hatte. Vor mir lag ein Tag frei von jeglichen Anforderungen, die ihm auch nur eine Spur von Sinn gegeben hätten, ein Tag, den ich irgendwie herumbringen musste.

Auch hierin sind Häftlinge und Vampire sich ähnlich: Nicht zu merken, wie die Stunden vergehen, lässt die Jahre gleichförmig werden. Die Zeit verliert an Bedeutung, und das ganze Leben verflacht zu monotonem Dahinvegetieren. Ein Häftling denkt nie an das Ende seines Gefängnisaufenthalts. Er weiß sehr gut, dass es keinen Sinn hat, die Jahre zu zählen, die ihn von der Freiheit trennen. So kommen nur Alter und Tod schneller näher. Aus diesem Grund lebt man als Häftling in einer Art unbeweglich ewigem Jetzt.

Ich sollte also meine Haftstrafe verbüßen, volle zweiundzwanzig Jahre. Selbst wenn es nur die Hälfte gewesen wäre, war das Ende so weit weg, dass es keinen Unterschied machte.

Wecken um sieben. Was man drinnen halt so Wecken nennt. Man schläft schlecht. Es ist entweder zu heiß oder so kalt, dass man mit dem Pullover ins Bett gehen muss und sich die Mütze bis zur Nase herunterzieht. Trotzdem friert man weiter. Die Zellentüren werden alle zur gleichen Zeit geöffnet, aber es dauert noch eine Weile, bis jemand dich stört. Dann wird es auf dem Gang langsam lebhaft. Menschen mit Handtüchern kommen vorbei, eine Kippe zwischen den Lippen, sie lehnen sich ans Geländer und starren ins Leere. Ich war in Sektor 3G untergebracht, wenn ich nicht in Isolationshaft war. Manchmal hatte man mir auch verschärfte Haftbedingungen aufgebrummt, wobei man zu zweit den ganzen Tag in der Zelle bleiben musste, nur eine Stunde Hofgang hatte, aber keinen Besuch empfangen oder auf dem Gang herumschlendern durfte.

Die Körperhygiene beschränkt sich auf das, was man in dem kleinen Waschbecken hinter dem Paravent eben zustande bringt.

Dabei hat man gerade so viel Zeit, wie die anderen vier, sechs oder acht Mitgefangenen einem lassen, die das gleiche Bedürfnis nach Sauberkeit haben wie man selbst. Auch in der Dusche verbringt man nur eben so viel Zeit, wie absolut nötig ist, die Nerven zum Zerreißen angespannt, ohne je auch nur eine Sekunde an Wachsamkeit nachzulassen. Eine Messerklinge braucht nicht lange, um das Wasser blutrot zu färben. Nach der Dusche zieht man sich so schnell wie möglich an. Keine Entspannung wie zu Hause oder im Hotel.

Frühstück nahm ich bevorzugt in der Zelle ein. Marmelade, Brot und Obst. Ein Vorgang wie das Aufziehen der Uhr. Notwendig, aber nicht mehr.

Tagsüber bleiben die Zellentüren häufig geöffnet. Es ist erlaubt, auf dem Gang herumzuspazieren. Man bekommt Besuch, dem man Kaffee anbietet. Du bereitest den Kaffee vor, da schließt sich euch ein Zellengenosse an, der bereits bei seinem dritten angelangt ist. Du nimmst die Espressokanne für drei, aber während du noch das Oberteil aufdrehst, kommen noch zwei Leute vorbei und so holst du den Einsatz wieder heraus, leerst ihn und füllst die Kanne für sechs. Ich habe im Gefängnis nie zu zweit Kaffee getrunken, andererseits habe ich es auch nie über mich gebracht, gleich mit der Sechserkanne zu beginnen.

Mit dem Salat war es genau das Gleiche. »He, Leute, soll ich uns ein bisschen Salat machen? Was meint ihr?« Ein paar wollen, die anderen nicht. Also fängst du an, die Blätter zu waschen, ganz langsam, als müsstest du sie von geheimnisvollen radioaktiven Verunreinigungen säubern. Du trocknest sie und legst sie aufs Schneidebrett. Du hältst das grüne Bündel mit einer Hand fest und schneidest es mit einem Kindermesser ohne Spitze. Du schaust das Ganze an, drehst es um und schneidest es noch mal feiner. Ich habe Stunden mit Salatschneiden zugebracht. Und wenn du dann endlich mit dem Ergebnis zufrieden bist, kommt ein Freund vorbei: »Ach, ihr macht Salat? Kann ich auch was haben?« Also nimmst du noch ein paar Blätter, wäschst sie genauso gründlich wie die anderen. Könnte ja sein, dass die auch verseucht sind. Dann schlägt ein Zellengenosse vor, Kaffee zu machen, und so hat auch er in der nächsten halben Stunde etwas zu tun.

Wenn du ein Buch lesen möchtest und dich hinsetzt, bereit, dich in seine Seiten zu vertiefen, kommt unweigerlich einer vorbei, gibt dir einen kameradschaftlichen Nackenschlag und meint: »Na, Superhirn? Was treibst du? Guckst du dir Bildchen an?« Die nächsten zehn Minuten flachsen wir uns gegenseitig an. »Nerv mich nicht. Tu mir einen Gefallen und lass mich in Ruhe lesen.« Endlich kehrt wieder Ruhe ein, ich lese ein paar Zeilen.

Plötzlich ertönt vom Flur her ein vernehmlicher Furz, der die Luft in der Zelle verpestet. Du blickst auf und der andere feixt: »Was hast du denn? Ich helfe dir doch nur umblättern.«

»Du hast gerade den Helden erledigt, eiskalt vergast.« Ein Schuh fliegt, ein Kissen fliegt zurück, man schubst sich, der Stuhl fällt um. So viel zu Ruhe und Muße, die man im Gefängnis zum Lesen hat. Von mönchischer Einsamkeit keine Spur, so viel ist sicher.

Das Mittagessen im »Restaurant«, wie alle den Speisesaal nennen, beginnt mit der Schlange, in die man sich einreiht. Man nimmt das Tablett und schiebt es über die Theke: zweimal Vorspeise, zweimal Hauptgericht, zweimal Beilagen. Obst. Das Hilton ist deprimierend, was die Qualität des Essens angeht, aber wenigstens entkommt man der Zelle und den schäbigen Kochplatten. Um eins stellt man sich an. Doch werden Magen und Gehirn keineswegs von den Geschmacksknospen angeregt und auf das Kommende eingestimmt. Ganz im Gegenteil, die Geschmacksknospen werden eingezogen, eine Art Verteidigungsmechanismus des Körpers, damit die Seele keinen Schaden nimmt. Man isst, weil man muss, ohne Genuss, Mahlzeit für Mahlzeit.

Nach dem Mittagessen kann man in den Hof gehen, um eine Stunde lang Frischluft zu schnuppern. Ein Hof von vierhundert Metern Länge und Breite. Der von St. Quentin war größer. Er hatte am Rand einen umlaufenden Tribünengang, wo die Häftlinge sich nach Hautfarbe getrennt aufhalten konnten, um Konflikten zwischen den Ethnien vorzubeugen. Es gab sogar Hanteln, damit man sich in Form halten konnte. Diese amerikanische Fitness-Manie.

In Barcelona waren die Gangs jedenfalls gewalttätiger. Da waren die Trigheros, etwa fünfzehn Dominicaner. Dann gab es die Theanos, die immer die gleichnamigen Jeans trugen. Ein paar Angeber aus Ecuador.

David war der Boss der Trigheros. Sein Vater war Amerikaner, seine Mutter stammte aus Santo Domingo. Er war ein kleiner, hellwacher Typ mit blitzschnellem Reaktionsvermögen. David hätte ein echter Boss werden können, wenn er in seine Gang nicht nur Leute aus Santo Domingo aufgenommen hätte. Doch diesen Fehler machen fast alle Bosse. Anfangs ist die ethnische Zusammengehörigkeit ein echter Vorteil, aber wenn die eigene Gang plötzlich nur noch aus Landsleuten besteht, dann wird sie damit automatisch zum Feindbild für alle Nicht-Landsleute. Eine gesunde Ökumene ist der Schlüssel zum Erfolg: Man tut sich zusammen, weil es nötig ist und weil man ähnliche Interessen hat. Alles andere ist Bockmist. Meine Gang hatte am Ende etwa neunzig Mitglieder.

In Barcelona wird man während des Hofgangs ständig angerempelt oder -gestoßen, weil irgendeiner immer Streit sucht. Man droht und wird bedroht. Es kommt zu wahren Blickduellen. Ein paar spielen Fußball. Alle rauchen und reden. Wenn die Luft im

Hof die Farbe der momentanen Stimmung annehmen würde, wäre man während der sechzig Minuten ständig entweder in Zornesrot und Grollviolett getaucht.

Bei mir schaute tagsüber oft der eine oder andere Wächter herein, um zu plaudern, zum Teil über höchst vertrauliche Dinge. Nun ja, schließlich brachten sie mit uns mehr Zeit zu als mit ihren Ehefrauen. Als ich anfing, mich mit Psychologie zu beschäftigen, dachten sie ohnehin, ich wäre die ideale Anlaufstelle zur Lösung ihrer persönlichen Probleme. »Pablo, was sagst du zum Thema ›Hörner‹?« Er sprach mich mit meinem früheren Decknamen an.

»Hörner? Das sehe ich wie die Toreros. Wenn sie dir aufgesetzt werden, tut es weh. Besser, man weicht ihnen aus, oder nicht?«

»Und wenn du der Stier bist?«

»Dann ist es auch nicht einfacher. Du rennst dem roten Tuch der Eifersucht nach, bis du deinerseits aufgespießt wirst. Und je dicker deine Eier sind, umso mehr galoppierst du dem blutroten Tuch hinterher.«

»Pablo, du bist wirklich Berufspessimist. Die Liebe ist doch kein Stierkampf!«

»Nun, wenn das Erste, was dir dabei in den Sinn kommt, die Hörner sind, dann schon, oder?«, sagte ich seufzend.

Dann war da noch Ernesto, ein netter, aber auch ein etwas vulgärer Typ um die fünfzig, der zu mir kam, weil er nicht begriff, was mit seiner Teenagertochter falsch lief. Ich war allerdings damals noch nicht Vater und auch höchstens halb so alt wie er. »Sie sagt, dass das Gefängnis auf mich abfärbt. Dabei will ich bloß nicht, dass sie ausgeht, ohne mir zu sagen, mit wem und wohin. Natürlich will ich nicht auch noch zu Hause den Aufpasser spielen, aber ich bin doch schließlich ihr Vater, was meinst du?«

»Deine Tochter weiß immer, wo du bist und mit wem du zusammen bist: mit uns. Versuch doch mal, sie ein bisschen zu überraschen.«

»Und wie? Diese Kids sind nicht so wie wir. Wir waren richtig naive Muttersöhnchen dagegen. Sie wirft mir vor, dass ich sie zu Hause einsperre.«

Mir kommt immer das Grausen, wenn jemand mir sagt, dass die Kids heutzutage total abgebrüht sind und nicht solche Babys wie wir damals. Wir?

»Lass sie doch einfach mal auf Kaution frei. Sozusagen auf Bewährung. Wenn sie dein Vertrauen missbraucht, kommt sie wieder in Gewahrsam. Aber vereinbart genaue Regeln.«

»Ich will, dass sie mir sagt, wohin sie geht und mit wem. Nur das, Pablo.«

»Nur das?«

»Puuh, nein, ich möchte, dass ...«

»Halt! Und wo bleibt das Vertrauen? Sie ist schließlich auf Kaution frei. Wenn sie einen Fehler macht, Schluss mit dem Moped. Um nur ein Beispiel zu nennen. Aber du musst Vertrauen zu ihr haben, sonst behält sie nämlich recht und du spielst auch draußen den Gefängniswärter.«

Der Geruch von Beton und Schweiß verlässt dich nie. Du dankst dem Herrn auf Knien, dass du nur zwei Nasenlöcher hast. Dabei hast du vorher dein Schicksal verflucht, weil du das Koks immer nur mit einem Nasenloch schnupfen konntest. Bei dieser Gelegenheit hätte ich am liebsten zehn gehabt. Ein Gesicht mit zehn Nasen. Meine Leute lachten immer über diesen Spruch und meinten: »Ach, Pablo, da ist es doch besser, zehn Schwänze zu haben.« Mir aber, ob ich nun Ilan war oder Pablo, reichte mein Schwanz, und wie. Alles, was ich wollte, war grenzenlose Energie, und was ich mit dieser anfangen wollte, war mir klar.

Im Gefängnis kokst keiner. Da wird man viel zu aufgedreht. Hier probiert man eher, sich aus dem Ganzen mit Heroin auszuklinken. Aber als Dealer meidest du Heroin. Oft habe ich versucht, einen Freund davon abzubringen, sich die Nadel zu geben, weil es einen alle macht. Man lässt sich gehen, und das ist das Ende. Einige hörten auf mich und leisteten dem Treibsand der Bewusstlosigkeit Widerstand. Andere gaben einfach nach. Meiner Ansicht nach ist es kein Zufall, dass man im Gefängnis leicht an Heroin herankommt, an Koks aber nicht. Durch Heroin sind die Häftlinge leichter zu handhaben.

Jeder Neuankömmling muss die Zelle putzen und hat nichts zu melden, was das Fernsehprogramm angeht. Wenn er kann, verzieht er sich in den Gemeinschaftsraum in der Hoffnung, trotz des herrschenden Stimmengewirrs vielleicht doch noch zu sehen, was er will. In der Zelle entscheiden die Alteingesessenen. Mit dem Recht des Stärkeren natürlich.

Außerdem hatte ich begonnen, mich mit Jura zu beschäftigen, um die Fehler meiner Anwälte bei meiner Verteidigung auszubügeln. Doch als alle anfingen, mich um Rat in Prozessfragen zu bitten, verging mir die Lust daran. Viele Gefangene haben von Rechtsfragen mehr Ahnung als ihre Anwälte, das ist eine Tatsache. In der Schule hatte ich die Lernerei bald sein lassen. In Cuatro Caminos hingegen habe ich zu lernen begonnen und habe sogar das Abitur nachgeholt. Ich lernte gerne, aber das viele Herumsitzen behagte mir nicht besonders. Ich brauche Bewegung, muss immer etwas tun. Das Herumblättern in den Büchern hielt ich immer nur für ein paar Stunden aus.

Wir brachten ganze Tage mit Reden zu. Meist wurde über Sex geredet, ob tatsächlich erlebt oder nur eingebildet. Anscheinend waren wir alle echte Casanovas, ohne Ausnahme. Es gibt Geschichten, die im Gefängnis bewahrt werden, auch wenn der, der sie erzählt hat, längst draußen ist. Dann erbt sie ein Zellengenosse und erzählt sie, als wäre es seine eigene gewesen. Manche Gefängnisgeschichten werden jahrzehntelang weitererzählt. In St. Quentin habe ich eine Geschichte von Sex und Gewalt gehört, die garantiert in die Tage der Prohibition zurückreicht, auch wenn sie durch ein paar kleine Kunstgriffe in die heutige Zeit versetzt wird. Nackte, sich räkelnde, gebräunte Frauenkörper beleben die schwüle Atmosphäre der Zellen, Fata Morganas, die vielleicht nie existiert haben.

Ich konnte mit meinem Erfahrungsschatz ganz gut mitreden. Orgien mit bis zu zehn Frauen, wunderschöne Slawinnen und so manche Amerikanerin mit so vollkommenem Körper, dass man sich fragte, wieso sie nicht auf den Seiten des *Playboy* posierten. Kurvenreiche Kroatinnen, geschmeidig wie Katzen, die sich ohne jeden Grund plötzlich aufs Kratzen verlegen, weil sie unfähig sind, die Reaktionen eines mit Drogen abgefüllten und bewaffneten Dealers abzuschätzen. Auch ich bin nicht immer in der Lage, meine Reaktion vorherzusehen. Das ist bis heute so. Doch nach einem Jahr im Gefängnis gehen dir deine Heldentaten in Liebesdingen allmählich selbst auf die Nerven. Du kommst dir vor wie der allerletzte Idiot. Da warst du zwischen den Schenkeln Hunderter toller Frauen zu Gast, und jetzt hockst du hier und prahlst damit vor anderen Häftlingen, die dir womöglich noch nicht einmal glauben. Die beiden Welten trennt ein Abgrund, so tief, dass es dir die Sprache verschlägt.

Ich habe keine dieser Frauen je geliebt. Vielleicht habe ich nur einfach überhaupt nicht geliebt. Ich gönnte mir diese hohen, festen Ärsche, diese großen, prallen Titten. Lippen, die dir zur Diensten waren, wie und wann du es wolltest. Wo ich auch war, ich konnte mir jederzeit eines dieser Mädchen kommen lassen, damit es mir schnell einen blies, auch wenn ich gerade am Telefon war. Oder ich lotete ihre Unterwürfigkeit aus, indem ich sie meinen Gorillas überließ. Ich verachtete diese Frauen, die sich mir unterwarfen, wie ich mich selbst verachtete, weil ich sie für Geld und Koks hörig machte. Gerade für Koks hätten diese Mädchen alles getan, buchstäblich alles. Wenn ich dann im Gefängnis erzählte, wie es war, es mit einer Negerin, einer Weißen und einer Asiatin gleichzeitig zu treiben, fiel mir wieder Iris ein.

Niemand erzählt je wirklich von seinem ersten Mal. Vielleicht, weil es vermutlich das unbeholfenste und am wenigsten spannende Erlebnis ist. Dabei ist das anfängliche Erstaunen wirklich einzigartig. Beinahe jedenfalls. Ich habe es vor einigen Jahren wieder erlebt, als ich mich zum ersten Mal richtig verliebte. Es war mein zweites »erstes Mal«. Nicht nur irrer Sex, sondern auch Schmetterlinge im Bauch, ein Gefühl, das mir bis dahin unbekannt war.

Aber zurück zu meinem richtigen ersten Mal: Iris war vierzehn, ich zwölf. Sie war genauso jungfräulich wie ich. Wir trafen uns hin und wieder, und dann kam uns beide die Lust an, es doch zu versuchen. Für sie war es schmerzhaft, ich war wie gelähmt. Und doch: so viel Zärtlichkeit. Für mich sollten es die letzten Liebkosungen für mehr als zwanzig Jahre sein.

Die Mädchen, mit denen ich in Barcelona zusammen war, hatten verlernt, was Zärtlichkeit war, wie ich im Übrigen auch. Koks bringt keine Liebkosungen, sondern die pure Raserei. Mit noch weißen Nasenlöchern ist es einfacher, sich auf einen schönen, muskulösen Hintern zu stürzen, als über eine Wange zu streichen. Ich kann mich nicht einmal mehr an die Namen dieser Superbräute erinnern. Ich erinnere mich an die Farben ihrer Scham, an die Form ihrer Titten und an das unbändige Lachen der einen oder anderen. Vielleicht habe ich ja auch nichts anderes gesucht. Denn Pablito, meine rechte Hand, verliebte sich Hals über Kopf in alle. Nutten, die so groß waren, dass er hochspringen musste, um sie zu küssen. Unendlich lange Beine. Pablito betete ihre übernatürliche Schönheit an. Er war unfähig, die Liebe vom Vergnügen des Sehens und Berührens zu unterscheiden. Die Eleganz eines von einem dünnen Schleier bedeckten Hinterteils machte ihn sprachlos. Da half auch das Überangebot nichts. Bevor er mich in einer Diskothek in Barcelona, dem *El Guajito*, kennenlernte, hatte er eine ganz normale Frau, aber das erfuhr ich erst Jahre später, wie so vieles andere auch. Dieser ganze Sex, der so reichlich und jederzeit zur Verfügung stand, stieg ihm zu Kopf. Aber er war zärtlich, und die Mädchen waren lieb zu ihm. Natürlich vögelten sie, was das Zeug hielt, aber es war immer ein Hauch von Sanftheit dabei. Ich begriff nie, wie er das in diesem Hurenstall zuwege brachte.

Zärtlichkeit. Natürlich und lebensnotwendig wie Luft. Wenn ich von einer dieser wundervollen pornografischen Statuen ein Kind bekommen hätte, hätte ich vielleicht gelernt, was Zärtlichkeit ist. Für Kinder sind Zärtlichkeiten selbstverständlich, sie denken nicht lange darüber nach. Von den Frauen aber wollte ich Sex und Unterwerfung. Pablito hingegen suchte die Erotik, ein unverschämter Blick, ein freches Grinsen auf den Lippen. Ein Zwinkern zur Begrüßung, während die Frau es gleichzeitig mehreren Männern macht. Mir hat nie eine zugezwinkert, schon gar nicht, wenn sie einem anderen einen blies.

Dann verliebte Pablito sich in Samy, eine Texanerin, so vollgepumpt mit Koks wie ein Polstersessel mit Schaumstoff. Die beiden hatten sich gesucht und gefunden, und sie schien seine Gefühle ernsthafter Fürsorge und Wertschätzung zu erwidern. Mir kam Pablito damals total verrückt vor. Eine durchreisende Nutte, die sich in einen Dealer verknallt. Ich fand, den beiden fehle es an sämtlichen Voraussetzungen, um ein Paar zu sein. Ich hatte mit so was nichts am Hut. Ich und meine Begleiterinnen waren kein Paar, wir waren höchstens zu zweit. In Gesellschaft, nicht gebunden. Doch zu dritt gefiel es mir besser, dabei konnte wenigstens keine Nähe entstehen.

Heute spiele ich immer den Abgebrühten, aber wenn eine Frau abgebrühter ist als ich, und zwar tatsächlich und nicht aus Schau, werde ich schüchtern und bekomme sogar einen roten Kopf. Wenn im Gespräch jemand das Thema »Erotik« anschneidet, aufrichtig und ohne Hintergedanken, dann weiß ich nicht mehr, was ich sagen soll. Wenn ich bei einer Frau Verlangen und Sehnsucht nach menschlicher Wärme spüre, dann bin ich wieder zwölf Jahre alt, wie damals mit Iris. Ich war noch unbefleckt, und hatte von all dem Blut, das mich bald und lange Zeit umgeben würde, noch keine Ahnung. Mit sportlichen Frauen fühle ich mich schon wohler. Feminin, aber tough, solidarisch, aber trotzdem wettbewerbsbetont, anmutig, aber muskulös, träge, aber sprungbereit wie Katzen. Ich mag diese Vampirinnen nicht, die sich von deiner Energie nähren.

Im Gefängnis allerdings wäre dir das egal. Da würdest du alles tun für eine, die dir das Leben aussaugt, die dir den letzten Blutstropfen raubt, wenn sie dir dafür nur ein winziges bisschen Lust schenkt, ein wenig menschliche Wärme. Oder zumindest ein wenig Aufmerksamkeit, denn eigentlich sind Vampire ja ziemlich kalt.

Wenn du im Gefängnis einen Neuzugang siehst, der noch nicht aussieht wie alle anderen Blödmänner, dann siehst du einen Männerkörper, der vermutlich noch vor Kurzem in den Armen einer Frau gelegen hat. Du siehst ihn an und hoffst, dich mit ein bisschen Fantasie an diesen liebenden Schwingungen wärmen zu können, die sie auf ihm hinterlassen hat. Du hast dich seit Jahren keinem Frauenkörper mehr genähert, er hingegen hat vielleicht noch vor wenigen Tagen einen berührt, als freier Mann. Das ist wie bei alten Menschen, die die Jugend eben um ihrer Hoffnung auf die Zukunft willen beneiden, die sie selbst nie mehr haben werden. Einen Augenblick lang fühlst du dich gut. Vor dir steht der lebende Beweis, dass es ein Leben jenseits der Gefängnismauern gibt, dann aber schlägt dieses Gefühl um. Im nächsten Moment wünschst du dir, aus den Gesichtern der Neuankömmlinge diese Ausstrahlung löschen zu können, und wenn es mit Fußtritten sein muss. Auch aus diesem Grund werden die neu Eingewiesenen verprügelt, aus diesem unbewussten Neid heraus, der als Groll missverstanden wird. Danach siehst du dir deine bleichen Knöchel und die Blutergüsse im Gesicht deines Gegenübers an und hast das Gefühl, gevögelt zu haben. Und so findet die quälend offene Frage in deinem Innern für kurze Zeit Antwort.

Mein Großvater Jack, der ein großer Verführer war, als dies noch mit Eleganz zu bewerkstelligen war, meinte einmal, für einen Mann sei es schlimmer, einsam zu sein, als verraten und betrogen zu werden. »Es ist besser, mehrere Frauen zu haben und die Hörner, die sie dir vermutlich aufsetzen werden, mit Würde zu tragen. Eine einzige Frau bleibt dir vielleicht treu, aber gerade deshalb verlässt sie dich eher.«

Im Gefängnis stellte ich mir vor, wie es wäre, um irgendwelcher imaginärer Liebschaften willen wie verrückt eifersüchtig zu sein. Dann wieder linderte ich die künstlich hervorgerufene Niedergeschlagenheit, indem ich mir sagte, dass es da draußen ja niemanden gab, dessen Herz für mich schlug. Luftschlösser, um die tiefen Gräben des Daseins zu überwinden. Danach lachte ich über mich und verbot mir diese kindischen Fluchten. Ich zwang mich, klar zu denken, als ob Geist und Körper meinem Willen noch Folge leisten könnten. Ein Kampf jeder gegen jeden oder vielmehr ein Kampf mit ganzer Seele gegen einzelne Teile dieser Seele.

Ich dachte an Zärtlichkeiten, wenn die Wächter zu fünft über mich herfielen. Natürlich schützt man den Kopf, daher schwellen danach die Hände an. Die Schuhe zielen auf deine Augen, brechen dir das Nasenbein. Der Speiseröhrendeckel blockiert die Atmung, bald hörst du nichts mehr, weder die Stimmen noch die Sohlen auf dem Fußboden. Die Knüppelhiebe, die eine Unendlichkeit auf dich niederzugehen scheinen, klingen gedämpft wie der Atem der Schläger. Du hörst nur ein Summen wie von Bienen, Windstöße, etwas Warmes wie tropischer Regen füllt dir den Mund, nur hat es einen seltsamen Eisengeschmack. Der Kopf scheint zu explodieren, du nimmst Gerüche, Töne und Geschmacksempfindungen wahr, die du längst vergessen glaubtest. Das Schmalzgebäck vom Sonntag, die faserigen Flussfische mit ihrem Beigeschmack von Schlamm und nasser Watte. Der beißende Geruch der Abgase am Busbahnhof, nachdem du eine halbe Stunde auf dem Fahrrad durch die Stadt gerast bist, um zuzusehen, wie die Busse ankommen und abfahren – an Orte, die du vermutlich nie wieder zu Gesicht bekommen wirst. Der saure Apfel, den du auf der Bank im Pausenhof verspeist und der dir das Wasser im Mund zusammenlaufen lässt wie die Lehrerin mit den feuerroten Haaren, die mit gedankenverlorenem Blick am Fenster lehnt. Den Geruch nach frischer Seife, der deine Mitschülerin umgibt. Dieser makellose Hals, den der blaue Kragen umschließt wie die Blütenblätter den Stempel. Die Zärtlichkeit, die sie dir zuteilwerden lässt, weil sie mit dir spricht, während du stumm versunken in den Anblick ihres Nackens bist, ihres Ohrs, ihres Schlüsselbeins, dann natürlich wagst du es nicht, den Blick zu heben und ihr ins Gesicht zu sehen. Wie gerne würdest du jetzt deine Zähne in diesen Hals versenken, und sie weiß es. Dann das Gefühl, an Erbrochenem zu ersticken, wenn ein wohlgezielter Schlag mit dem Knüppel dich in die Finsternis schickt. Und dieser Schlag ist keineswegs der letzte.

Meine Mutter hat mir einmal erzählt, dass Großvater Jack sie immer mit dem Handrücken streichelte – haarig, knotig und mit nikotinbraunen Fingernägeln: »Die Innenseite der Hand ist nicht rein genug für dich.« Meine Hände haben Waffen gehalten, und wenn sie das nicht taten, ballten sie sich zu Fäusten. Mit den Knöcheln schlug ich so hart zu, dass dem anderen die Knochen brachen. Daher fällt es mir leichter, mit Blicken zu liebkosen als mit Gesten.

Jemand gab mir zu bedenken, dass ich in der Mitte des Lebens stehe und dass dies gewöhnlich eine Zeit der Veränderung ist. Ich hatte mir nie vorgestellt, dass ich einmal alt werden könnte. Daher bedeutet es mir nichts, dass ich quasi »in der Mitte des Lebens« angelangt bin. Ich blicke auf mein Leben zurück, und es scheint mir ein Wunder, dass ich überhaupt so weit gekommen bin. Wenn wirklich noch eine weitere Hälfte vor mir liegt, dann möchte ich sie ohne Schwielen an den Händen, ohne Schatten auf der Seele verbringen. Oder – wie meine heranwachsende Tochter sagt – ohne dass Zärtlichkeiten wirken wie ein unendlich langsamer Schlag.

6

Großvater Jack hatte noch einen Wahlspruch: »Wer die Zügel zu sehr anzieht, muss sie am Ende durchschneiden.« Ich war längst die Nummer eins in Europa. Dabei war ich erst achtzehn. Dass so ein junger Kerl wie ich achtzig Prozent des Kokainhandels auf dem alten Kontinent kontrollieren konnte, war an sich völlig absurd, aber mir sollte es recht sein, solange es währte. Ich wusste sehr gut, dass sogar meine Männer mich für ein Unikum hielten. Daher musste ich sie ständig mit neuen außergewöhnlichen Ideen und Geschäften bei der Stange halten. Und ich musste mit der Waffe in der Hand beweisen, dass ich vor der größeren Beschlagenheit meiner älteren Konkurrenten nicht den Schwanz einzog. Wenn jemand mir bei Geschäften in die Quere kam, hatte er zwei Optionen: Entweder er ließ sich auf einen militärisch geführten Kampf ein, oder er arbeitete mit mir zusammen. Gewöhnlich fiel die Wahl auf Letzteres. Diese taktische kluge Einbindung der Konkurrenz war der Grund, dass mein Geschäft sich immer mehr ausweitete. Statt jemanden einzusetzen, der eine Stadt für mich übernahm, schickte ich einen vertrauenswürdigen Mittelsmann, der dem Konkurrenten eine klassische Botschaft überbrachte: »Entweder mit mir oder gegen mich.«

Ich handelte mit der reinsten Ware, die je im Umlauf war. Die kolumbianischen Labors, die mir die Ware lieferten, hatten Strategien zur Qualitätskontrolle entwickelt, die heute niemand mehr anwendet. Schon allein der Reinheitsgrad meiner Ware sorgte dafür, dass ich immer die Nase vorn hatte. Wenn Sie heute ein Gramm Koks auf einen Teelöffel mit destilliertem Wasser geben, um die

Mischung verdampfen zu lassen, was kommt dann am Ende heraus? Meskalin, Amphetamine oder Mannit – und höchstens ein Viertelgramm des Produktes. Bei mir blieb am Ende dieser Prozedur immer noch ein Gramm übrig. Verschnitten wurde erst nach dem Verkauf. Wer mit Pablo Geschäfte machte, wusste, dass er nicht hereingelegt wurde und dass niemand sonst die gleiche Qualität bot.

Einmal im Monat flog ich nach Bogotá, wobei ich mehrmals die Maschine wechselte. Von dort aus machte ich mich nach Cali auf, um sicherzustellen, dass die etwa zwanzig Vertrauensmänner dort nach meinen Anweisungen arbeiteten. Dann organisierte ich die Lieferung. Von Cartagena aus gingen meine Schiffe ab. Ich verlud fünfhundert Kilogramm Stoff, manchmal auch eine ganze Tonne, und machte mich auf den Rückweg nach Europa, wobei ich wieder mehrfach das Transportmittel wechselte, um nicht erwischt zu werden. Darüber hinaus schlüpfte ich während der Reise mehrfach in eine andere Identität. Niemand, weder die Drogenfahndung noch Interpol, hätte meine Spur verfolgen können. Nur ich wusste, wohin ich wollte, ich hätte mich also nur selbst verraten können. Ich vereinbarte immer mehrere Treffen für Tage, an denen ich längst schon auf dem Rückweg sein würde. Und sobald ich aufgebrochen war, erfuhr niemand, wohin ich wollte und woher ich kam. Sogar meine Leute dachten, ich läge noch im Bett, dabei war ich schon meilenweit weg. Später hörte ich, dass Fidel Castro sich derselben Methode bedient. Er setzt immer drei Termine gleichzeitig an. Da er nicht an drei Orten zugleich sein kann, platzen zwei der vereinbarten Treffen – nur welche?

Das Schiff, das von Cartagena nach Lissabon auslief, war sauber. Es transportierte wirklich nur das, was in den Frachtpapieren stand, nichts sonst. Gleichzeitig ging ein anderes Schiff vom selben Hafen ab, das dem ersten glich. Meine Ware lagerte zwischen Kartoffeln im Frachtraum. Die beiden Schiffe führten denselben Namen und die Dokumente, die auf der Kommandobrücke hinterlegt waren, waren absolut identisch. Ein Klon sozusagen, ein Gespensterschiff. Der einzige Unterschied – von der Ware einmal abgesehen – war, dass das zweite Schiff leistungsfähige Abhörinstrumente besaß, mit denen der Funk der Küstenwache belauscht wurde. Wenn die Nachfrage in Europa besonders hoch war, stachen drei oder vier identische Schiffe zugleich in See. Ganze Flotten von Geisterschiffen fuhren über die Meere. Natürlich musste man höllisch aufpassen, damit nicht zwei identische Schiffe im selben Hafen anlegten. Legte die *Maria del mar* von Lissabon ab, durfte die zweite *Maria del mar* beispielsweise nicht auf hoher See sein. Das erste Schiff und seine Klone mussten zwar mit einem gewissen Sicherheitsabstand navigieren, durften aber nie zu weit voneinander entfernt sein. Eine simple Kontrolle hätte sonst ergeben, dass *Maria del mar I.* gerade von Lissabon ablegte, während *Maria del mar II.* noch in Cartagena lag oder vor der afrikanischen Küste. Der Schatten kann sich nicht allzu weit von dem Körper entfernen, der ihn wirft, auch auf See. Heute wird jeder Container mit einem Transponder ausgestattet, mit dessen Hilfe er via Satellit jederzeit geortet werden kann, als liege er an der Leine. Und doch weiß ich mit absoluter Sicherheit, dass es Leute gibt, die dieses System schon geknackt haben.

Ich hatte immer irgendwelche Schiffe auf See, und ich wusste stets Bescheid, wo sich meine Schiffe und ihre Klone befanden. Winter wie Sommer nutzte ich den Seeweg für meine Geschäfte. Der Bug des Schiffes pflügte durch die Wellen des Atlantik, während in seinem Metallbauch ein weißes Pulver auf die Nasen der Konsumenten im alten Europa wartete, die in ihren geheizten Autos und Häusern saßen. Im Sommer stellte ich mir vor, wie heiß es jetzt auf der Brücke war, wie die Motoren brummten, weil das Meer platt war wie ein Bügelbrett. Ich lag währenddessen mit zwei hübschen Mädchen im Bett, ganz besoffen vom Erfolg meiner Geschäfte. Wann immer ich im Sommer eine meiner Kontrollen machte, empfing mich ein Geräusch wie Walgesang, weil das Metall sich leicht erhitzt. Mit diesem Klang begrüßen die Schiffe in den Tropen jeden Reeder. Ich inspizierte alle Schiffe etwa einmal im Monat, und da das Auge des Besitzers immer größer ist als der Magen, steigerte ich regelmäßig Produktion und Export.

Die Kartoffeln oder was auch immer meiner Ware als Tarnung diente waren Eigentum von Firmen, die tatsächlich nur ganz legal im Im- und Export tätig waren. Ich stellte Schiffe und Crew. Der Auftraggeber erhielt günstigere Preise, damit auch er auf seine Kosten kam, wenn er Klonschiffe benutzte. In Europa hat, glaube ich, niemand je eine Tonne Ware reinster Beschaffenheit gesehen. Wenn es zu Beschlagnahmungen kam, war dies immer bei bereits verschnittener Ware. Eine Tonne reiner Stoff ist ein unglaublicher Anblick, und für so manchen Drogenfahnder wäre es die Krönung seiner Laufbahn gewesen, die Hand darauf legen zu können. Tatsächlich handelt es sich dabei um ein Mirakel, einen modernen Mythos. Man glaubt immer, dass es nicht möglich ist, eine Tonne reines Koks von Kontinent zu Kontinent zu bringen, daher macht die Polizei erst gar nicht Jagd auf Lieferungen in solchen Größenordnungen. Aber ich hatte das einzigartige Privileg, diesen Anblick Monat für Monat genießen zu können. Umwerfend, sage ich Ihnen, absolut umwerfend. Mehr noch, ein Wunder.

Manchmal dachte ich noch voll Wehmut an die Segelboote zurück, die damals meine Ware nach Miami brachten. Doch bald schon benutzte ich nicht mehr den Bootskiel als Versteck. Besser war es, den Großbaum eines Segelbootes zu benutzen. Bis dahin reichte die Nase der Hunde nicht. Ein Segelbaum aus Aluminium ist der perfekte Ort, um Ware zu verstecken. Doch als der Markt anzog, konnten solch kleine Wasserfahrzeuge den Bedarf natürlich nicht mehr decken. Europa ist weit weg von Kolumbien, und der Wind ist nicht gerade ein verlässlicher Geschäftspartner. Nun waren Frachter und Flugzeuge gefragt.

Einmal versuchte man, mich zu schnappen. Sie hielten eine Sendung auf, die per Flugzeug von Bogotá kam. Es war ein, sagen wir mal, etwas umfangreicheres Paket. Eine Eilzustellung, die buchstäblich »flugs« auf den Weg gebracht werden sollte. Zielort war Madrid. Es war Winter und arschkalt. Sie machten den Fehler, am Flughafen zu auffällig zu agieren. Sofort gab mein Mann mir Bescheid. Ich hatte es für klüger gehalten, den Piloten bereits in Bogotá eine kleine Gehaltsaufbesserung zu spendieren. Die Fracht war doch zu verführerisch, und in letzter Zeit war es immer wieder zu Unregelmäßigkeiten gekommen, die nicht mehr nur zufallsbedingt sein konnten.

Während das Flugzeug über Barcelona schwebte, fanden wir eine Möglichkeit, mit dem Cockpit Verbindung aufzunehmen. Wir ließen durchgeben, dass Schwierigkeiten anstünden. Die Piloten begriffen sofort: Das Flugzeug musste in Barcelona wegen technischer Probleme eine Zwischenlandung einlegen, lange genug, um unsere Ware auszuladen. Dann setzte es seine Reise fort. Als das Flugzeug in Madrid landete, war nichts mehr faul an der Ladung. Die Falle war nicht zugeschnappt.

Jeder Transport kann schiefgehen, daher hatte ich immer einen Notfallplan parat. Ich stützte mich dabei auf die zahlreichen Verbindungen, die dieses Geschäft so mit sich bringt. Zöllner und Polizisten, Piloten und Hafenarbeiter, Ärzte und Anwälte, Banker und Finanzleute. Jedes Rädchen dieser gut geölten Maschinerie konnte sich jederzeit in Bewegung setzen, wenn es nötig war. Diese Vorgehensweise machte meine Handelsbeziehungen so erfolgreich. Ich überließ nichts dem Zufall. Nicht einmal mögliche Vergeltungsaktionen für die übergriffige Konkurrenz. Natürlich durften wir keine Spuren hinterlassen.

Da die Männer in meiner unmittelbaren Umgebung ständig ausgewechselt wurden, hatte die Polizei in den verschiedenen Ländern nicht viel in der Hand, wenn sie doch einmal einen fasste. Sie erfuhr nur Bruchstücke, mit deren Hilfe sie vor Gericht höchstens eine kurze Gefängnisstrafe erstreiten konnten – allerdings ganz sicher nicht für mich.

Meine Männer wussten normalerweise nicht, für wen sie arbeiteten. Es gab so manchen, der davon träumte, in der Organisation meinen Platz einzunehmen, weil er dem Chef nützlicher sein konnte als ich, der ich ihnen diesen Chef ständig vor die Nase hielt wie eine imaginäre Karotte. Ich sagte Sachen wie: »Mach alles wie besprochen, dann wird sich jemand ganz bestimmt erkenntlich zeigen.« Der Jemand war ich. Natürlich gab es über mir niemanden, aber es gab viele, die sich das nicht vorstellen konnten.

Die Ware, die in Lissabon ankam, nahm ihren Weg weiter über Land. Dies ist der Transportweg, auf dem sich die meisten Hindernisse auftun. Beim Grenzübertritt nach Spanien tarnten wir unsere Ware vorzugsweise mit Kork, weil dieser ein wohlriechendes Harz enthält. Und in Portugal gibt es vor allem zwei Dinge im Überfluss: Kork und Langeweile. Der zweite Punkt erleichtert jede Art von Bestechungsversuch enorm. Das warme und gastfreundliche Innere einer nackten Frau macht schwach und blind. Zumindest die Zöllner, die auf diese Weise entlohnt wurden. Geld war da gar nicht nötig. Für viele portugiesische Zöllner waren die Frauen weit interessanter. Ein Mann in mittleren Jahren, der sich – wie alle in diesem melancholischen Land – zu Tode langweilt, kann einer ordentlichen Dosis wildem Sex mit einem Weib, das möglicherweise auch noch so aussieht wie die Pin-ups, die er an die Metalltür seines Spinds im Büro geklebt hat, absolut nicht widerstehen. Pralle Titten, ein bürstig geschnittenes Pelzchen zwischen den Schenkeln, dicke, feuchte Lippen und eine Frau, die dir in jeder Körperöffnung Unterschlupf gewährt. Warum sollte ein Mann seinen Blick da nicht von zwei Lastwagen abwenden, die Kork geladen haben, wenn er dafür eine weitere Nacht mit jenem Mädchen bekommt, das am Abend zuvor so bereitwillig mitgespielt hat – sozusagen als Vorschuss?

Die Ladung kam in Barcelona an und wurde von dort aus über den restlichen Kontinent verteilt. Milchlaster mit deutscher, französischer, dänischer, italienischer Milch durchquerten Europa mit einem Päckchen Schnee im dunklen Bauch. Dazu musste das spezifische Gewicht der Ware berechnet werden, damit man sie in einer Luftkammer transportieren konnte, die weder zum Boden der Milchkammer absank, noch an der Oberfläche der Milch trieb. Das Paket musste in etwa auf halber Höhe schwimmen, so konnte man es weder finden, wenn man den Boden abtastete, noch wenn man die Oberfläche der Milch überprüfte.

Die Reifen waren so präpariert, dass sie kleine Mengen in gefährliche Gegenden bringen konnten. Höchstens ein paar Kilo pro Rad. Natürlich ohne dass sich die äußerlichen Merkmale der Bereifung veränderten.

Im Zug verschickten wir immer große Mengen, ohne je Probleme zu bekommen. Natürlich können Hunde Drogen erschnüffeln, aber wenn dieser Geruch von einem stärkeren überlagert wird, verwirrt das den Hund. So ähnlich wie der Duft der Muschis die portugiesischen Zöllner verwirrte. Die besten Kuriere sind schöne Nonnen. Jede noch so gründliche Kontrolle wird umgangen durch die Feststellung, welche weiche und unschuldige Fülle unter dem Gewand der Nonnen doch verschwendet wird. Und atemberaubend schöne Mädchen hatte ich noch mehr an der Hand als Zaster. Ein guter Trick ist auch, eine schöne Nonne neben einen typischen Gorilla mit Verbrechervisage zu setzen, der sofort allen Verdacht auf sich zieht. Doch nach eingehender Überprüfung erweist er sich als sauber, und das Pflichtgefühl der Polizisten ist befriedigt, sodass sie erst gar nicht auf die Idee kommen, nach verbotenen Geheimnissen unter den Röcken der schönen Klosterinsassinnen zu suchen, die im selben Abteil sitzen.

Auch Thunfischdosen zu zwanzig Kilo für die Gastronomie eignen sich hervorragend. Ein ganzer Lastwagen voll von solchen Konserven, von denen nur etwa ein Dutzend verdächtige Ware enthalten, ließe sich sogar in Scotland Yard einschmuggeln.

Es gibt praktische Hilfsmittel, mit denen man das weiße Pulver zu Knetmasse machen kann. Diese formt man dann so um, das sie genauso aussieht wie die Spielsachen, mit denen das Zeug transportiert werden soll. Der Lack, mit dem die Knetfiguren dann überzogen werden, lenkt die Hunde ab.

Pferde für den Schlachthof werden mit grausamsten Tiertransporten durch ganz Europa geschickt. Diese Transporter haben häufig ein Gitter, auf dem die Tiere stehen, damit sie sich so wenig wie möglich bewegen können. Das ist ein ganz wunderbares Versteck, weil die Pferdeäpfel als Geruchsschutz dienen.

Letztlich kann man alles, was sich irgendwie verfrachten lässt, zum trojanischen Pferd umfunktionieren, das in seinem Bauch etwas anderes transportiert. Wobei es meist am besten ist, das Transportmittel zum Pferd zu machen, nicht die transportierte Ware selbst.

Pablito, meine rechte Hand, hat solche Tricks immer erst begriffen, wenn ich mir längst einen neuen ausgedacht hatte. Von den Schiffen wussten nur ich und ein paar Leute, die ich zum Abwickeln des Transports brauchte. Auf dem Kontinent wiederum wussten nur sehr wenige meiner Männer, dass Lissabon das Einfallstor für Waffen und Koks war. Für die meisten meiner Leute kam das Kokain wie durch Zauberei in meine Hände. Und Pablito gehörte zu den Zuschauern, die sich willig dem Blendwerk ergaben.

Neue Transportwege zu ersinnen war meine Leidenschaft. Einer meiner Lieblings-Trojaner waren Statuen der Schäferin von Lourdes, der die Jungfrau Maria erschienen ist. Statuen aus Marmormehl von einem halben Meter Höhe, die sich weder in Aussehen noch in Gewicht von denen aus kolumbianischem Schnee unterschieden. Wie viele fromme Pilger bestellen so eine Statue nach ihrer Reise! Etwa fünf Prozent dieser Bestellungen waren von mir veranlasst und bescherten meinen Kunden Freude. Nur dass meine mehr Verzückung schenkten als die Marmordinger. Da bin ich heute noch sicher.

Zudem sind dann da noch die Konsularbeamten in den Botschaften, die auf ihre Beförderung warten und sich in der Zwischenzeit arrangieren müssen. So ein Diplomatenköfferchen kann so viel Koks transportieren, wie man nur hineinbringt. Deutlich mehr jedenfalls, als die Polizei annimmt. Zehn Kilo Koks warfen locker so viel ab, dass für den einen oder anderen, der nicht zu meiner Organisation gehörte, ein fettes Trinkgeld übrig blieb. Man müsste nur den Lebensstil einzelner Beamter bei Zoll und Polizei einmal einer Überprüfung unterziehen, dann würde man schnell feststellen, dass sie am Drogenhandel mindestens ebenso viel Anteil haben wie die Banken. Das Prinzip der Wirtschaftlichkeit ist es, das den Drogenhandel überhaupt erst möglich macht, weil er einfach ein ungeheuer profitables Geschäft ist. Alle Teilnehmer des Wirtschaftskreislaufs streben nach Profit. Je lukrativer der Tauschhandel, desto reizvoller. Paradoxerweise sorgen eine rigide Gesetzgebung und deren eiserne Durchsetzung erst dafür, dass sich im System Lücken auftun. Je schwieriger der Handel wird, desto höher steigt der Wert des gehandelten Gutes – und desto stärker wird auch die Gier bei jenen Leuten, die diesem Handel entgegentreten sollen.

Um den Drogenhandel zu unterbinden, müsste man den Handel im Allgemeinen verbieten. Das ist ähnlich wie beim Geld: Wenn es Menschen korrumpiert, liegt es nicht am Geld, sondern an den Menschen, die sich korrumpieren lassen. Wenn dem nicht so wäre, wäre der Tauschhandel die Lösung aller Probleme. Doch ich kann Ihnen aus Erfahrung sagen, dass Tauschhandel viel schlimmer ist als Geld. Denn beim Tauschhandel gibt es viel mehr Anreize zur Gewalt. Ich hatte schon mit Kunden zu tun, die kein Geld hatten, um die Ware zu bezahlen, und so boten sie mir als Bezahlung die Ware an, die sie in Umlauf brachten. Von jeder Art und jedem Kaliber. Von der Kalaschnikow aus chinesischer Fertigung bis zum amerikanischen M16, das unhandlich und häufig fehlerhaft ist. Bazookas, Granaten, Anti-Personenminen und was die Kriegsmaschinerie dieser Welt so hervorbringt. Ich gebe dir das kolumbianische Agrarprodukt schlechthin, und mit dem verdienten Geld könnte ich das schöne Leben genießen, du aber bezahlst deine Schulden mit Waffen, die ich dann wiederum dort verkaufen muss, wo der höchste Preis bezahlt wird: in Ländern, die einem Waffenembargo unterliegen, oder an kriminelle Organisationen. Mein Handel hat also weitere Handelsaktivitäten zur Folge, die wiederum die »Nebenwirkungen« dieses Geschäfts verstärken. Das ist Tauschhandel.

Manchmal tauschten wir große Mengen chinesischer Maschinenpistolen gegen wenige russische AK-47. Die AK-47 ist zwar bloß ein normales Gewehr, aber sie ist hundertprozentig zuverlässig. Diese Gewehre wurden uns dann von der Crème de la Crème der Waffenhändler abgekauft. Eine AK-47 ist für einen Kenner etwa so wie ein Montalcino Biondi Santi eines exzellenten Jahrgangs für einen Sommelier: Man achtet nicht auf den Preis, sondern kauft das, was die eigene Vorstellungskraft einem vorgaukelt. Ich mag Waffen nicht, Weine sind mir lieber. Doch im Tauschhandel hat man mir nie auch nur eine Flasche kostbaren Wein angeboten, nicht mal versehentlich. Auch keine Anteile an Weinauktionen oder vielleicht die Beute eines Raubzuges im Keller eines berühmten Weinguts. Ich bin mir sicher, die hätte ich in vollen Zügen genossen.

Es kam auch vor, dass ich per Schiff außer meiner Ware noch Waffen transportierte. Diese musste ich irgendwo abgeben wie Kleingeld, ein Trinkgeld für so manchen verlässlichen Kunden. Zweihundert Kilo reinster Schnee und fünfzig Maschinenpistolen. Bestimmte Kunden lockte ich mit diesem »Gimmick«. Genauso wie es mir heute passiert, dass ich nach harten Verhandlungen als Modedesigner meinem Gesprächspartner auf die Schulter klopfe und sage: »Jetzt komm schon. Ich schenke dir auch T-Shirts aus der nächsten Kollektion und ein paar Hüte mit dem Markenzeichen von DPM.« Und der Typ, der noch vor einer Minute keinen Cent von seinen Preisvorstellungen abging, ist für ein paar T-Shirts bereit, Herz und Brieftasche zu öffnen. Ich bin da nicht anders. Ich lade jemanden gern zu einem großzügigen Abendessen ein, aber auch nur einen Cent Rabatt zu geben fällt mir nicht ein.

Das Geschäft lief unglaublich gut, und wenn irgendjemand Ärger machte, wurde er ohne Federlesens aus dem Weg geräumt. Mit den Ramirez in Amsterdam ließ es sich auskommen, ein Dorn im

Auge waren sie mir trotzdem. Hin und wieder musste ich einen Mann schicken, der in ihrer Stadt etwas verdealte, nur damit sie meinen Atem im Nacken spürten. Solange ich in Holland Geschäfte machte, kamen sie wenigstens nicht nach Spanien. Sie hatten genug damit zu tun, ihr Territorium sauber zu halten. Als sie versuchten, auf dem Markt in Barcelona Fuß zu fassen, verloren sie ihre Ware ebenso wie ihre Leute. Nur dass es neben Spanien und Holland noch andere Länder gab, in denen man sich gegenseitig auf die Zehen treten musste. Einer unserer Männer, der ein ausgezeichneter Schütze war, traf einmal daneben, und schon machten die Ramirez ihn alle. Sie hatten herausgefunden, wer hinter dem Zielfernrohr steckte, und das war eine unglaubliche Dummheit unseres Mannes, viel schlimmer, als einmal vorbeigeschossen zu haben. Jedenfalls sorgten wir dafür, dass das Konto bald wieder auf gleich stand. Man sollte nie eine Arbeit halb fertig liegen lassen. Großvater Jack meinte jedenfalls, dass ein guter Anfang schon die halbe Miete sei, ein schlechter Anfang aber das Ende.

Kurz nachdem ich nach Barcelona gekommen war, hatte ich mich mit einem Italiener angefreundet, den ich in einer Diskothek kennengelernt hatte. Ich war mit meinen Bodyguards aus und fühlte mich in dieser neuen Stadt immer noch ein wenig fremd. Achtzehn Jahre sind nicht viel, wenn es darum geht, viele Menschen zu führen. Man sagte mir nach, dass meine Geschäftsbeziehungen über das rein Geschäftliche hinausgingen. Ständig umgeben von Bewaffneten und enthemmten Nutten kam ich mir meistens vor wie im Zirkus. Unter den blitzenden Stroboskoplichtern und dem wahnsinnigen Dröhnen der Lautsprecher stieß ich unvermittelt einen Jungen an, der sich als Daniele vorstellte. Er lächelte mir zu, und weil er Spanisch sprach, fingen wir an, uns zu unterhalten.

Wir brüllten uns gegenseitig irgendwelchen Blödsinn ins Ohr. Daniele war völlig fertig, weil die Mädels, die ich mit mir herumschleifte, Titten hatten wie Melonen. Ich bot ihm an, eine davon im Klo zu ficken, doch er wurde nur rot und entschuldigte sich bei der Kleinen, die ich ihm hinschob. Diese lachte nur und hakte den Verschluss ihres roten Kleidchens auf. Eine Brust quoll heraus und Daniele direkt ins Gesicht. Wir lachten über seine Verlegenheit. Ich war schon völlig betrunken und stoned, daher weiß ich nicht mehr, ob er sie später irgendwo gepackt hat, aber nach diesem Erlebnis ging ich das Risiko ein und verabredete mich mit ihm für den nächsten Abend in einer anderen Diskothek. Er war zwar mit seinen Freunden im Urlaub hier, aber diese ließ er einfach sausen und schloss sich uns an, einfach weil er sich amüsieren wollte. Das war mir noch nie passiert. Als ich ihn zum zweiten Mal traf, hatten wir beide das Gefühl, uns seit Urzeiten zu kennen. Er hatte noch nie Drogen probiert und trank wenig. Allerdings vögelte er gerne, und für ein halbnacktes Mädchen verlor er völlig den Kopf. Meine Nutten waren für ihn lauter Kastilierinnen, die er rauben und retten musste, natürlich, um sie hinterher in aller Ruhe im Bett zu genießen.

Innerhalb weniger Tage hatte er sie durch: die schöne Äthiopierin, die kleine Kolumbianerin mit den fleischigen Lippen, ein paar schlanke, hochgewachsene Spanierinnen und Amerikanerinnen, die gerne laut lachten. Er war ein paar Jahre älter als ich, aber trotzdem hatte man den Eindruck, er käme frisch von der Schule. Ich fühlte mich wohl mit ihm. Ich weihte ihn in die Geheimnisse Barcelonas ein, sein kindliches Staunen machte mir Spaß. Er war wirklich einzigartig, meine Männer waren irgendwie eifersüchtig auf ihn. Als er nach Italien abreiste, war ich traurig, ohne dass ich mir den Grund eingestehen wollte. Mit Daniele fühlte ich mich wie zu Hause. Gemeinsam amüsierten wir uns wie die Könige. Ich hörte auf, ständig auf der Hut zu sein, vergaß, dass ich ja mein Image als Boss aufrechterhalten musste. Mit ihm konnte ich Blödsinn machen, ohne das Gesicht zu verlieren. Eben aus diesem Grund wollte ich ihn zum Freund haben. Er versprach mir, zurückzukommen, aber damit rechnete ich nicht. Ich hatte ja seit Jahren nur Leute um mich, die für mich arbeiteten, oder Menschen, die Geld oder Koks oder beides von mir wollten. Auch die Mädchen waren nur aus diesem Grund da und wurden für meine Umgebung dann wieder zum Grund, mit mir Kontakt zu suchen. Sex und schöne weibliche Körper sorgten für männliche Begleitung, die einzige, die ich ertrug. Frauen waren eine Notwendigkeit, und damit Schluss.

Daniele war anders. Ihn interessierte das alles nicht. Auch bei den Mädchen kehrte er den Gentleman heraus und brachte sie so völlig aus dem Konzept. Er wusste, wie er sie zum Lachen bringen konnte, ohne dass sein Witz vulgär oder falsch herüberkam. Einige Tage lang brütete ich vor mich hin. Ich hatte Probleme, mir einzugestehen, dass Geld, Erfolg und Macht mir zum Wohlergehen nicht reichten. Doch eine Woche später hatte ich alles vergessen – den neuen Freund, das gemeinsame Lachen, die verrückten Rennen im Ferrari. Er fuhr die Kiste all'italiana – aggressiv, aber mit Stil. Er ließ den Motor nie im Leerlauf auf vollen Touren drehen. Die Geschwindigkeit spiegelte den exakten Druck wider, den er mit dem Fuß aufs Gaspedal ausübte. Italienisch eben.

Ich habe sogar einen Kurs in Maranello, am Stammsitz des Hauses Ferrari, gemacht, um zu lernen, wie man das Geschoss optimal fährt. Wann man auf die Bremse tritt und wann man dem eleganten Grimm der Kolben freien Lauf lässt. Sportwagen gibt es in Hülle und Fülle. Alle sind schnell, alle haben einen super Sound. Ein Ferrari aber braucht einen Fahrer, der zu seinem Charakter passt. Ein schüchterner Mensch kann einen Porsche fahren, ohne dass dieser seine Schüchternheit verrät. Beim Ferrari ist es anders: Entweder du erweist dich des Wagens als würdig oder du versagst am Steuer. Daniele zeigte mir, wie ich mit Schwung an der Ampel vorfahren und so stoppen konnte, als ob die Zeit und nicht der Platz mir den Halt aufzwänge. Wie ich jederzeit den richtigen Ton treffen konnte, ohne auch nur eine falsche Note. Man merkt, dass man elegant fährt, wenn der Sound des Wagens die Fußgänger nicht stört, sondern sie vielmehr erobert. Du siehst klar und deutlich, dass es nicht die Lautstärke der Motoren ist, welche die Zuschauer dazu bewegt, sich bewundernd umzudrehen, sondern eine kultivierte Melodie, die die Eleganz der Karosserie ankündigt. Diese vergnügliche Harmonie stellt sich nur bei einem gut gefahrenen Ferrari ein. Und Daniele konnte einem das vermitteln. Es war, als hätte er mit seinen magischen Händen dem Lenkrad Leben eingehaucht, sodass auch ich künftig diese Einheit von Mensch und Wagen spüren konnte.

Eines Abend kam einer meiner Männer zu mir und erzählte mir, dass ein Typ in Barcelona sei, der überall nach mir fragte. Ein Italiener. Ich lächelte und schüttelte den Kopf, aber ums Herz wurde mir warm.

Ich gab Befehl, ihn zu suchen, und nach einer Stunde brachten sie ihn zu mir. Wir lächelten uns an, umarmten uns. Er hatte seinen Job aufgegeben, um das Angebot anzunehmen, das ich ihm scheinbar während einer wilden Autofahrt gemacht hatte. Ich erinnerte mich nicht daran und fragte: »Was für ein Angebot meinst du?« Er sagte: »Für dich zu arbeiten.« Einen Augenblick schwieg ich. Ich fragte mich, ob die Arglosigkeit, die er bei Mädchen an den Tag legte, sich auch auf die Arbeit bezog. »Bist du sicher, dass du weißt, worauf du dich einlässt, Daniele?« Erstaunt hörte ich, dass er sehr wohl kapiert hatte, worum es in meinem Geschäft ging. Nun, ich hatte auch kein großes Geheimnis daraus gemacht. Er wusste, dass ich die Nummer eins war. »Und wie bist du darauf gekommen?«

»Du bist achtzehn und hast einen Haufen Leute unter deinem Kommando. Dann die Ware, die du mir gezeigt hast. Dein Lebensstil. Du hast mir erzählt, dass du hier das Sagen hast, und ich habe gesehen, dass das stimmt. Das war's schon. Es ist keine große Kunst herauszufinden, dass du hier nicht nur den dicken Max mimst. Ich weiß, wer du bist.«

Und so wurde Daniele mein Berater und mein Freund. Viel zu tun hatte er ja nicht. Ich hätte ihm nie gefährliche Aufgaben zu erledigen gegeben. Schließlich bestand immer die Gefahr, dass ich ihn verlieren würde oder ihn zumindest aus meiner Nähe entfernen musste. Wer Waffen verwendete, hatte in meiner Nähe gewöhnlich nur ein befristetes Bleiberecht. Sobald eine bestimmte Aufgabe erledigt war, wurde er aus meinem Umfeld entfernt. Er bekam das Geld und tschüs. Kugeln verkürzen das Leben meist ganz enorm. Und an Daniele hing ich sehr.

Nun, da er in meiner Nähe war, war ich besser gelaunt und kümmerte mich nicht mehr nur um neue Vertriebswege. Jetzt hielten sich Geschäft und Vergnügen die Waage. Meine Männer gaben ihm den Namen Pablito, »kleiner Pablo«. Anfangs schwang darin wohl ein wenig Verachtung mit, aber uns gefiel der Name, und so blieb es bei »Pablito«.

Ich bin nicht religiös. Vielmehr glaube ich, dass Vertrauen etwas ist, das man möglichst sparsam dosieren sollte. Normalerweise vertraue ich nur auf mich selbst. Man kann sich schon auf seine Pistole kaum verlassen, wie viel weniger dann noch auf den Glauben. Pablito war alles Mögliche, nur nicht religiös, trotzdem redete er immer wieder von Gut und Böse.

Wir Drogenhändler, meinte er im Brustton der Überzeugung, stünden keineswegs auf der Seite des Bösen. Böse werde unser Tun nur, wenn daraus etwas Böses erwachse. Doch wenn wir aus dem Verbrechen etwas Gutes machten, dann stünden wir doch wohl auf der Seite des Guten. Auf der Welt gebe es viele Menschen, die Gutes tun, auch wenn dies schlimme Auswirkungen habe. Hier führte Pablito meist ein paar an den Haaren herbeigezogene Beispiele an. So sprach er vom Iran, wo sogenannte Heilige Kinder aufhängten und Frauen steinigten. Wir würden vielleicht nie dasselbe Ansehen genießen wie die Typen der italienischen und russischen Mafia, aber andererseits würden wir auch nie Kinder aufhängen und Frauen steinigen. Ergo? Bis dahin kam ich ja noch mit. Aber was taten wir denn Gutes oder Nützliches? Bei dieser Frage setzte Pablito zum Höhenflug an: »Früher oder später wirst du das schon noch selbst herausfinden. Ich weiß, dass ich als Drogenhändler nichts Böses im Sinn habe. Und früher oder später wird sich noch zeigen, wie das alles zusammenhängt. Du wirst sehen, dass es dir genauso ergehen wird. Darauf kannst du Gift nehmen.«

Seit damals trage ich diesen Zweifel mit mir herum. Wozu tun wir, was wir tun? Großvater Jack hätte auf den Boden gespuckt, seine Zigarre ausgedrückt (ich bin mir sicher, dass immer eine zwischen seinen Lippen klebte) und geknurrt: »Mir sind die Begriffe ›gut‹ und ›schlecht‹ lieber. Wenn mir etwas gefällt, kann es nicht schlecht sein, auch wenn ich damit nicht ›Gutes‹ tue.« Er war ein praktischer Typ, kein Gefühlsmensch. Wie ich eben.

7

Das Leben hält mitunter Überraschungen bereit, die sogar dem Tod ein Schnippchen schlagen. Als man mich zu den anderen Häftlingen ließ, nach der Zeit der Isolationshaft und der Verhöre, begegnete ich dort Juan Ramón, quicklebendig und ohne Einschusslöcher, die auf den Zeitungsfotos noch deutlich zu sehen gewesen waren. Er wartete darauf, seinen Deal mit dem Gesetz machen zu können, diesem »eine Hand wäscht die andere«, zu dem man auch mich mit Zuckerbrot und Peitsche zu bekehren versucht hatte. Alle waren damals der Ansicht, dass er die Maschinengewehrsalven, die er sich an jener Straßensperre in der Nähe von Madrid vor drei Monaten eingefangen hatte, voll und ganz verdient habe. Er war grausam. Seine Männer fürchteten ihn, ohne ihn zu respektieren, und als die Nachricht von seinem schlimmen Ende bekannt wurde, waren sie die Ersten, die darauf anstießen, weil sie endlich zu einer anderen Gang wechseln konnten. Die Euphorie indes währte nicht lange. Innerhalb weniger Nächte saßen alle im Bau. Der üble Ruf ihres Bosses verfolgte sie sogar jetzt, wo er doch im Leichenschauhaus lag.

Mörder aus Leidenschaft, Drogenhändler aus Gewinnsucht, Verräter aus Veranlagung. Und nun stand er da vor mir, und ich traute meinen Augen nicht: Juan Ramón in weißem T-Shirt und mit diesem mokanten Grinsen. Offensichtlich ein Gespenst. Ich fragte mich, ob ich nicht auch schon tot war, ob diese Zelle nicht in Wirklichkeit mein Platz in der Hölle war, eine Zelle, die ich mit dem schlimmsten aller Dreckskerle teilen musste, die mir je über den Weg gelaufen waren, und das waren nicht wenige gewesen.

Vielleicht hatte ich ja den Löffel abgegeben, ohne es zu merken. War ich vielleicht in meinem Auto erschossen worden und all das waren nur die Halluzinationen eines Gespensts?

Doch Juan Ramón hatte mit meiner Reaktion gerechnet. Schließlich war er im Gefängnis schon auf mehrere alte Bekannte gestoßen. Jetzt, wo seine Familie irgendwo in Sicherheit war, konnten sie ihn uns ja unbesorgt präsentieren, das Werkzeug ihrer höheren Gerechtigkeit. Sie hatten ihn in Brüssel geschnappt und dann hierhergebracht, um dieses kleine Schauspiel für die Journalisten zu inszenieren. In Spanien hatte er nur wenige Leute sitzen, die sich hauptsächlich um logistische Probleme kümmerten. Doch was Waffen anging, so war er genau der Richtige. Er hatte bekanntermaßen gute Kontakte zur NATO. Er konnte enorme Stückzahlen von Maschinengewehren und Munition von jedem Ort der Welt an jeden anderen transferieren, als wäre er selbst ein Fünf-Sterne-General. Man bestellte, und er lieferte; praktisch ein Kurierdienst mit Zustellungsgarantie.

Das Lustige war, dass sein angeblich gewaltsames Ende zwar das Aus für seine Organisation brachte und ihn einige »private« Klienten gekostet hatte, doch seine Kontakte zur NATO waren davon unberührt geblieben. Nachdem er sich für die Zusammenarbeit mit der Polizei entschieden hatte, war kein einziger Militärbefehlshaber ins Gefängnis gewandert. Nicht in Brüssel, nicht in Europa, nicht anderswo. Kein einziger Militär war angeklagt worden oder hatte seinen Posten verloren. Das Ganze wurde einfach unter den Teppich gekehrt.

Juan Ramón hatte quasi den Auftrag, mir zu demonstrieren, dass man sogar den Tod austricksen konnte, wenn man sich zeitnah für die Kooperation mit den Behörden entschied. Man konnte sich in der Zelle aufhängen, unter der Dusche erstochen werden und dann in einem schönen Badeort wieder zur Welt kommen.

Man erhob sich wie Lazarus von den Toten, nur dass man in Sonnenöl badete und von halbnackten Frauen umgeben war statt von stinkenden Zellengenossen. Es war dies alles eine Frage dessen, für welche Seite man sich entschied. Von welcher Seite redete er bloß? Verbrechen gegen Gesetz? Wenn die Gleichung so simpel war, warum saßen dann nur seine Leute im Zuchthaus, während die Herrschaften in Uniform unangetastet blieben? Oder meinte er eher den Konflikt zwischen Gut und Böse? Es hätte mich interessiert, wo er sich diesbezüglich einordnete. War er vielleicht die Ausnahme, die die Regel bestätigt? Das Gesetz schützte einen sadistischen Mörder, weil er sich als Denunziant sozial nützlich machte? Er, das personifizierte Böse, beging die Sünde des Verrats und wurde damit zum makellosen Angehörigen der himmlischen Heerscharen. Wollte er das damit sagen?

Doch wie er es auch drehen und wenden mochte, es war nicht zu übersehen, dass nur sein persönliches Kalkül und das jener Leute, die ihn zu ihrem Handlanger gemacht hatten, für das Wunder seiner Wiederauferstehung verantwortlich waren. Mit »gut« hatte das auf jeden Fall nichts zu tun – und mit dem Gesetz auch nicht. Das Gesetz ist nicht für alle gleich. Es wird von Menschen gemacht und angewandt, die persönliche Interessen verfolgen, Karrieren, Illusionen, Sehnsüchte, die manchmal nicht zu stillen waren. Und ich, in wessen Hände war ich gefallen? Zu welcher Fraktion gehörten meine Ermittlungsbeamten? Diese Frage hat Juan Ramón sich sicher nicht gestellt. Ihm genügte es, auf einem Foto die Villa in Costa Rica zu bewundern, die ihn in ein paar Monaten erwartete. Er war sich so sicher, in seiner neuen Villa, in der er sein Leben lang lebendig begraben sein würde, nicht mit einem Kugelhagel empfangen zu werden, dass es mich zum Lachen brachte. Bei Juan Ramón gingen Grausamkeit und Naivität Hand in Hand. Er tat mir leid. Was nach der Denunziation folgt, weiß niemand, schon gar nicht diejenigen, die, nachdem sie ihre Rolle gespielt haben, noch mehr unangenehme Geheimnisse ausplaudern könnten. Gerade sie sind wie samtig schmiegsame Fassungen, die nur auf das Juwel aus Blei zu warten scheinen, um es in ihrem Fleisch aufzunehmen. Münder, die auf Kommando reden, um irgendwann für immer zu schweigen.

Juan Ramón rastete aus. Er verlor vollkommen die Kontrolle, sodass sie ihn wegbringen mussten. Er kam auf die Krankenstation, wo man ihn wieder zu dem lammfrommen Werkzeug machte, das er vorher war. Wenn ich je einen Menschen wie Espenlaub habe zittern sehen, dann ihn.

Ich habe mich oft gefragt, ob unsere Begegnung letztlich seinen Tod besiegelte. Ich kann mir vorstellen, dass er sich aus seiner misslichen Lage befreien wollte, Drohungen nach allen Seiten ausstieß und sich nicht mehr zum nützlichen Werkzeug zurückverwandeln lassen wollte. Das Drehbuch hatte für ihn die Rolle dessen vorgesehen, der mit gutem Beispiel vorangeht und den es deshalb nachzuahmen gilt. Er repräsentierte den attraktiven und sicheren Ausweg für jeden Boss, der Beziehungen zu höchsten, dem Verbrechen nahestehenden Kreisen unterhielt. Denn je länger wir sitzen, umso eher entwickeln wir uns zur Bedrohung für das System. Da war es doch besser, neue Allianzen zu schmieden. Juan stand für den Weg, den wir Bosse tunlichst einschlagen sollten. Doch von jenem Tag an ward Juan Ramón nie mehr gesehen.

Jeder Boss, sei er nun Gangster oder Geschäftsmann, glaubt von sich, einer der großen Player zu sein. Die simple Tatsache, dass er über Wohl und Wehe seiner Untergebenen entscheiden kann, lässt ihn glauben, er selbst sei nicht manipulierbar. Dabei ist doch jeder Spieler selbst nur Bauer in der Hand anderer Spieler. Er hängt in der Luft, während der andere überlegt, wo er ihn auf dem Schachbrett des Lebens denn am besten platziert. Und so geht es weiter und immer weiter. Jeder ist Spielstein und Spieler zugleich. Diese Erkenntnis macht dich sprachlos, gleichzeitig lähmt sie dich.

Wenn du dich nicht auf das Spiel einlässt, kannst du auch nicht zum Bauern werden. Diese Illusion ist anfangs, im Augenblick der Verhaftung und später, wenn dann die Verhöre folgen, dein einziger Rettungsanker. Du beschließt, einfach du selbst zu sein, der, der du immer warst, durch und durch, und bei dieser Entscheidung bleibst du. So kannst du möglicherweise verhindern, denen in die Hände zu arbeiten, die dich nach ihren Vorstellungen manipulieren wollen.

Ich habe mich oft gefragt, wo die Hierarchie der Macht ihr Ende hat. Du stehst an der Spitze und bist doch nie wirklich der Allerhöchste. Alle um dich herum versuchen, dich zu Fall zu bringen. Sie richten den Blick auf jemanden, der längst über dir und vor allem über ihnen steht. Jede Nummer zwei ist die härteste Konkurrenz für die Nummer eins. Auch aus diesem Grund sagt man, über dem König stehe der Vizekönig. Meine Macht endet bei meinen verlässlichsten Mitarbeitern, ohne dass diese davon wissen. Welchen Befehl ich auch gebe, er trägt die Handschrift des Mannes, der ihn ausführt. Wenn ich Schwarz sage, sucht er den Ton aus, der ihm am besten gefällt, je nach seinen Zielen und unbewussten Sehnsüchten. Das Schwarz, das ich im Sinn habe, ist immer ein anderes als das, das meine Mitarbeiter mir zeigen.

Eine Kraft wird immer von Gegenkräften in Frage gestellt, aber eben nicht nur von diesen, sondern auch von den Elementen, aus denen sie eigentlich ihre Energie zieht. Als ich allein in der Zelle zurückblieb, kam ein galizischer Wärter vorbei, der mir schon unter die Nase gerieben hatte, dass er sie am liebsten alle aufknüpfen würde, diese Drogenbosse. Er machte mir Komplimente: »Bravo. Diesen Juan Ramón hast du ja schön von seinem hohen Ross heruntergeholt. Ich habe schon geglaubt, dass deine Verhaftung auch so eine Show gewesen ist wie seine. Ein ganzer Platz mitten im Zentrum abgesperrt. Polizei aus halb Europa und sogar ein Hubschrauber, der dich zerquetscht wie eine Laus. Und dass man dich einen Tag vor Karfreitag verhaftet hat, sodass am nächsten Tag keine Zeitungen erschienen sind. Für mich hat das alles nach Betrug gestunken. Ich war überzeugt, das wäre alles reine Augenwischerei. Ein paar Stunden Verhör, der Typ spuckt aus, was er weiß, und fährt in seinem Ferrari davon. Aber du bist wirklich ein harter Brocken, alle Achtung! Weißt du, irgendwie gefällst du mir! Wenn du etwas brauchst, sag's mir, dann sehe ich zu, wie ich es besorgen kann. Soll ich jemandem Bescheid geben, wo du bist?«

Da versuchte der Dummkopf, aus mir eine Telefonnummer herauszukitzeln! Der kleine Bauer wollte also auch zu den großen Playern gehören. Zwei Seelen wohnten, ach, in seiner Brust: die des gesetzestreuen Gefängniswärters und die des Mächtigen, der seine Macht auskostet, sie auch missbrauchte. Ein Gefallen hier, ein anderer dort, ein Hasardspiel jenseits von Recht und Ordnung.

Wenn das Gesetz für alle gleich wäre, gäbe es im Gefängnis nicht diesen schwunghaften Tauschhandel mit allen möglichen Extras. Denn jedes Rädchen der Repressionsmaschinerie dreht sich ja nicht nur um des großen Ganzen willen, sondern auch um seine eigenen Bedürfnisse als einzelnes Rädchen zu erfüllen. Die Wächter lassen Gefängnisdirektor und Staatsanwalt außen vor. Diese ihrerseits entscheiden, welche Gesetze und Vorschriften sie anwenden oder nicht. Sogar die Polizei macht es so, wenn sie darüber entscheidet, welcher Anweisung des Innenministeriums Folge geleistet wird und welcher nicht. Sogar der Minister selbst weicht von den politischen Ideen ab, die ihn als jungen Mann begeisterten, weil er einen Tag für Milde und Resozialisierung eintritt, am nächsten aber Todesstrafe und Folter gutheißt.

In Kolumbien wird dieser Kampf Tag für Tag ausgefochten. Wenn du irgendeinen Hungerleider umbringst, zieht dich kein Mensch zur Rechenschaft. Wenn du aber eine bekannte Persönlichkeit erledigst, dann gnade dir Gott. Irgendwie musst du dann dafür sorgen, dass nicht seine Freunde das Ruder übernehmen, sonst bist du geliefert. Die Justiz ist die Machete, die Vergehen und Vergeltung auseinanderdividiert. Eine Division, die bewirkt, dass die Strafe nicht proportional zur Schuld ausfällt. Das ist Aufgabe der Justiz, sonst wären nämlich die Mächtigen als Erste dran.

Was mich anging, so hatten die Behörden nur ein verschwommenes Bild. Für wen ich wohl arbeitete? War ich vielleicht der mächtige Vize irgendeiner riesigen Organisation? Mit wem mussten sie also verhandeln: mit mir oder mit meinem Phantom-Boss?

Es gibt nur einen Ort, an dem ich mein Leben ganz im Blick habe, als sähe ich aus der Vogelperspektive darauf herab. Ich buche dieses Hotelzimmer jedes Jahr am 21. März, auch wenn man hier schon weiß, dass ich komme, und meinen Lieblingswein für mich bereithält. Wer weiß, ob hier noch jemand arbeitet, der sich an mich und meine Verhaftung erinnert? Ich habe mich in der Zwischenzeit sehr verändert. Vielleicht sieht man mich auch nur als großzügigen Stammkunden. Auch Barcelona hat sich in den letzten Jahren enorm verändert. Ich lebe zwar im Ausland, habe aber in der Stadt Geschäfte, die mittlerweile alle legal sind. Trotzdem steige ich während der restlichen 364 Tage des Jahres nie hier ab. Ich vergesse sogar, dass es dieses Hotel gibt. Und mit ihnen die Gefühle, die sich unweigerlich einstellen, sobald ich hier im Whirlpool liege. Anders könnte ich nicht leben.

Heute, wo ich die Rechnung beglichen habe, die die Justiz mir aufgemacht hat, wo ich versuche, alles, wofür ich noch nicht bezahlt habe, durch ein wenig unbeholfenes soziales Engagement wiedergutzumachen, weiß ich, dass Dankbarkeit eine schwere Aufgabe ist. Ich hatte einige Erfolge zu verzeichnen und bin heute glücklicher, als ich je zu hoffen gewagt hätte. Doch in dieser Badewanne ergreift mich die Melancholie angesichts dessen, was das Leben mir im Guten wie im Bösen zu knabbern gegeben hat.

Großvater Jack liebte das Wasser, auch wenn er nicht schwimmen konnte. »Der Mensch besteht zum größten Teil aus Wasser. Da ist es doch kein Wunder, dass wir das Nass lieben, auch wenn wir uns nur mit Mühe über Wasser halten können.« Ich habe nicht verstanden, was er damit sagen wollte, bis das Wasser in mir begann, regelmäßig einmal im Jahr über die Ränder meiner Augen zu treten, und vergeblich versuchte, die Vergangenheit wegzuspülen.

Es gibt Verschiedenes, was ich ändern möchte. Ich möchte aus der Stadt weg, in der ich den Großteil der Woche arbeite: Rom. Mir geht das Tohuwabohu auf die Nerven, diese ewige Angeberei. Ich habe die Typen satt, die dir immer eine Visitenkarte in die Hand drücken müssen, auf der unterhalb des Namens irgendeine wohlklingende Beschäftigung aufgeführt ist: Public Relations Manager, Teamleiter Human Ressources, Image- & Marketingabteilung, Senior Producer, Junior Operator und so weiter. Gewöhnlich handelt es sich dabei um irgendwelche Würstchen, denen man eine banale Aufgabe übertragen hat, die man mit einem wichtigtuerischen Titel aufmotzt – als Trostpflaster sozusagen. Ich, der ich eine Modelinie für Jugendliche aus dem Boden gestampft habe und leite, habe keine Visitenkarte. Wenn du wirklich eine bedeutende Funktion ausübst, brauchst du kein Etikett wie ein Tiefkühlhähnchen, auf dem steht, was du tust und wer du bist. Wenn du dich anstrengst und wirklich etwas auf die Beine stellst, erfahren es die anderen ohnehin. Je banaler dein Job ist, desto protziger der

Titel. Ich habe eine Angestellte, auf deren Visitenkarte – als sie noch bei ihrem früheren Arbeitgeber war – stand: Public Image Stylist. Sie gestaltete die Schaufenster in einem großen Kaufhaus. Sie war also Schaufensterdekorateurin. Einer unserer Lastwagenfahrer hat eine Visitenkarte, auf der steht: Mobility Operator. Ich möchte schwören, dass die Italiener in dieser Hinsicht noch erfinderischer sind als ihre Nachbarn.

Mein Schriftstellerfreund hat mir eine Visitenkarte drucken lassen, auf der unterhalb meines Namens steht: *Alias*. Ich verstand nicht, was er damit sagen wollte. Auf meine Frage meinte er: »Ilan, wer bist du wirklich? Ich habe das Gefühl, dass in dir mindestens ein Dutzend Ilans stecken.«

Das ist eben eines der Dinge, die ich unbedingt ändern möchte. Ich möchte mich nicht mehr länger als Klammer fühlen, die viele Persönlichkeiten umfasst. Wer mir zum ersten Mal begegnet, ohne mich wirklich kennenlernen zu wollen, sieht sich bereits zwei verschiedenen Ilan-Bildern gegenüber: dem des früheren Drogenbosses und dem des heutigen Modemachers. Ich sehe meist an seinen Augen, wie sein Gehirn sich mit Vorurteilen herumplagt. Ist die in der Mode recycelte Vergangenheit nur Maske oder ... an diesem Punkt bleibt das Gehirn meist hängen. Wenn mein Gegenüber entscheidet, dass dies nicht der Fall ist, dann hat er es wirklich nur mit dem erfolgreichen Designer zu tun. Dann aber kommt ein anderer Zweifel auf: »Ob er wohl immer noch schnupft? Vielleicht bietet er mir sogar was an.« Die Vorstellung, mit einem Ex-Dealer zu schnupfen, macht sie so an, dass nicht selten sie mir eine Line anbieten. Scherzhaft natürlich, zum Sondieren des Terrains. Schließlich müssen sie ja sehen, ob ich mitspiele. Vielleicht reizt es sie ja auch, Komplizen zu werden, und so stellen sie mich auf die Probe. Aber ich habe nun mal schon genug geschnupft. Wenn ich das sage, ist die Enttäuschung groß: Welchen Reiz hat es schon, mit einem ehemaligen Drogenboss zu sprechen, wenn er eben das nicht mehr ist?

Mit den Models und den anderen merkwürdigen Gestalten aus dem Modegeschäft läuft es anders. Die schnupfen ständig und zwar heftig. Sie hätten es gern, dass ich mich vom falschen Glamour ihrer Welt blenden lasse. Als Ex-Knacki, der zum Designer »aufgestiegen« ist, denken sie, müsste ich scharf darauf sein, auch auf das bombastische Karussell aufzuspringen, das sie herumwirbelt. Sobald sie enttäuscht herausfinden, dass mich das nicht interessiert, glauben sie, ich sei einfach zu vulgär, um ihre Einladungen zu Festen, Edeldiners und glamourösen Events richtig schätzen zu können.

Als der Erfolg sich endlich einstellte, hätte ich all das noch verstärken können, wenn ich nach Mailand, in die selbst ernannte Hauptstadt der Mode, gezogen wäre. Ich brachte viel Zeit auf Partys in Diskotheken oder im Hause irgendwelcher VIPs zu. Ich lebte nachts, und die meisten Nächte verbrachte ich im Norden. Models, Schauspielerinnen, Werbefilmer, Geschäftsleute, Investoren, Journalisten, Paparazzi – alle brauchen Bestätigung, die sie darin finden, dass jemand anderer danach lechzt, ein ähnliches Leben zu führen wie sie. Fast hätte ich's getan. Dann sagte ich mir: »Da hätte ich auch Dealer bleiben können.« Und so blieb ich in Rom. Dort weiß wenigstens jeder, dass es um die Show geht und basta. Niemand – fast niemand – glaubt in Rom wirklich daran, das zu sein, was er vorgibt. Und alle wissen, dass es idiotisch ist, sich selbst so ernst zu nehmen.

In Mailand ist das anders. Die wollen unbedingt dran glauben, aus ganzer Seele oder zumindest aus dem, was davon noch übrig ist. Dieses Problem habe ich nicht. Ich arbeite viel, weil ich meine Arbeit gern mache und immer das Beste herausholen will. Ich brauche keine Bestätigung von außen. Ich ziehe es vor, das zu haben, was Pablito den ultimativen Erfolgsbeweis nannte: Geld. Wenn ich gut verdiene, fühle ich mich im Einklang mit mir selbst. Jedenfalls mit dem Teil meiner selbst, der sich an Reichtum erfreut. Was dummerweise der kleinere Teil meiner selbst zu sein scheint, sonst würde ich längst einfach nur meinen Reichtum genießen, stattdessen schaffe ich mir selbst immer mehr Arbeit. Das ist noch so etwas, das ich gerne ändern würde: Es wäre schön, einfach nichts tun zu können. Ich bin dazu nicht fähig. Dieses kostbare Talent besitze ich nicht.

Außerdem sollte ich besser mit den inneren Kämpfen zurechtkommen, die sich unweigerlich bei mir einstellen, wenn ich mich mit der Schwerkraft der Verhältnisse konfrontiert sehe. Aber von wegen! Da packt mich die Wut, und ich verliere die Kontrolle. Dies mündet häufig in Gewaltausbrüchen, die ich mehr und mehr als absolute Verschwendung sehe, als unglaublich dumme Art, sich regelmäßig in Schwierigkeiten zu bringen. Aber mir knallt immer wieder die Sicherung durch, wenn ich es mit einem Polizisten zu tun bekomme, der mir nicht nur wegen Falschparkens einen Strafzettel verpasst, sondern auch noch erwartet, dass ich wegen seiner Eisverkauferuniform vor ihm den Bückling mache. Wie bewahrt man in so einem Fall Gelassenheit? Selbstbeherrschung ist gar nicht so einfach, wenn man Autofahrer ist. Dann vergesse ich gerne, dass ich es ja auch mit einem Menschen zu tun habe. Ich sehe nur noch die Uniform. Dann wird der Typ laut und lästig. Und ich handgreiflich. Hinterher tut es mir dann leid. Natürlich. Aber immer erst hinterher. Das ist das Problem.

Ich muss neue Ventile für die Energie finden, die in mir brodelt. Immer noch den Bösewicht zu spielen, eine Rolle, die mir längst nicht mehr passt, ist frustrierend. Ein Beispiel: Sie haben versucht, mich bei den Zahlungen zu bescheißen, und jetzt wollen Sie abhauen, weil Sie ja wissen, dass ich meinen Ruf nicht von ungefähr habe? Darauf falle ich jedes Mal herein: Ich mache Jagd auf Sie, und wenn ich Sie erwische, dann zeige ich's Ihnen. Das ist ein Pawlowscher Reflex, sagt mein Schriftstellerfreund, ein Pawlowscher Reflex. Großvater Jack sagte dazu: »Um ein Auge herauszureißen, braucht es einen Finger, aber auch ein Auge. Der Finger allein ist es nicht.« Ich habe das immer so verstanden, dass der, der ein Auge verliert, auch einen Teil der Schuld trägt. Die Rolle dessen zu spielen, der einsteckt, weil er es verdient hat, ist genauso anstrengend wie den wilden Mann zu markieren, der den anderen Respekt einbläuen muss. Es wäre schön, wenn ich es in einigermaßen naher Zukunft schaffen würde, mich nicht ständig in solche Situationen verwickeln zu lassen, die immer gleich ablaufen. Genauer gesagt nervt es mich, dass meine Aggressivität noch immer so stark ist, dass ich ihr Maulkorb und Leine anlegen muss. Vielleicht sollte ich ja Sport treiben, um meine Wut abzubauen. Zum Beispiel Gleitschirmfliegen.

Ein Mensch, den ich während meiner Aktivitäten in Miami kennengelernt hatte, hat mich tief enttäuscht, und das, obwohl ich versucht habe, ihn aus der Scheiße zu ziehen. Damit ich ihn nicht mit Fäusten malträtiere, gebe ich ihm Geld, damit er verschwindet, aber er will einfach nicht Vernunft annehmen. Er versucht, mich zu erpressen, in der Hoffnung, dass irgendjemand schon ein offenes Ohr für seine Andeutungen haben wird. Bei meiner Vorgeschichte kann mir das Ärger einbringen. Was er von mir weiß, hat keinerlei strafrechtliche Relevanz mehr, aber es findet sich ja immer ein argwöhnischer Polizist, der mit falschen Anschuldigungen hausieren geht und dir irgendeine falsche Anklage anhängen will. Diese mangelnde Loyalität hat mich so tief getroffen, dass ich automatisch anfing zu überlegen, wie ich ihn aus dem Weg schaffen könnte. Bei der Geldübergabe Strychnin in den Whisky. Dreißigtausend Euro auf den Tisch, ein Handschlag, ein paar banale Bemerkungen über alte Zeiten, die übliche Frage, was er denn nun mit dem Geld anfangen wolle und dann ein Prösterchen auf das Nimmerwiedersehen. Wissend, dass er höchstens ein paar Monate brauchen wird, nach dem (für ihn) so glücklichen Ausgang einen zweiten Versuch zu riskieren. Auch aus diesem Grund wünsche ich mir eine definitive Lösung. Ich habe wirklich keine Lust, mir wieder seine leeren Drohungen anzuhören. Und auch keine Lust, dass in meinem Kopf wieder dieser Film abläuft, in dem er tot ist, weil er so unklug war, mich weiter zu erpressen. Den Kofferraum des Kombi offen, eine Decke über den steifen Körper, eine kurze Fahrt in den Pinienwald von Castel Porziano, ein Spaten ... nein, besser eine scharfe Machete, hinein mit dem Geschnetzelten in zwei Plastiksäcke und ab damit, die Straßenköter von Fregene brauchen ja auch etwas zu fressen.

Manchmal habe ich den bösen Verdacht, dass die dunkle Seite in mir das tatsächlich fertigbrächte. Aber ich weiß, dass ich heute ein anderer bin als der junge Bursche, der durch die Straßen von Cali stromerte. Und wieder hat mein Schriftstellerfreund dazu einen passenden Spruch auf Lager: »Du solltest deinen Schutzengel nicht zu sehr auf die Probe stellen. Vielleicht hat er dann die Nase voll von dir und überlässt dich deinem Schicksal. Ich glaube, für dein inneres Gleichgewicht wäre es tödlich, wenn du dich in so etwas Absurdes verwickeln lassen würdest.«

»Aber wer soll den Blödmann schon suchen kommen?«, gab ich zurück. Mein Gegenüber schüttelte resigniert den Kopf und lud sich ein weiteres Stück Tiramisu mit Waldfrüchten auf den Teller. »So was Gutes habe ich noch nie gegessen, dabei bin ich verrückt nach Tiramisu.« Wenn ich mich an die Polizei wenden würde, erkläre ich ihm, wäre das übles Denunziantentum. Da könnte ich mir selbst nicht mehr in die Augen sehen. »Aber ist es nicht schlimmer, jemanden zu filetieren, als ihn bei der Polizei anzuzeigen, Ilan? Entschuldige die Frage.« Was soll man auf so eine naive Frage antworten? Einen Idioten bei der nächsten Polizeidienststelle anzuzeigen ist vielleicht besser für die Gesundheit des Idioten, aber es hinterlässt einen untilgbaren Fleck auf der Seele des Denunzianten. Außerdem, wenn ich zwischen der Gesundheit des Idioten und der meiner Seele wählen muss, dann entscheide ich mich für meine Seele. Und heißt es nicht immer, dass, wenn es um das Heil des Körpers oder der Seele geht, das der Seele schwerer wiegt?

Doch allein dieses Spekulieren über eine gangbare Lösung zeigt, dass ich ein anderer geworden bin. In meinem früheren Leben hätte ich gar nicht erst lange gefackelt. Ich hätte festgestellt, dass es Schwierigkeiten gibt, und schon hätte ich mich aufgemacht, um sie zu lösen. Heute überlege ich hin und her, was ich tun soll. Früher habe ich schon vorher nicht nachgedacht, hinterher noch weniger. Ob das die Weisheit des Alters ist, von der Großvater Jack immer wieder sprach? Er meinte, wenn man eine Dummheit mache, ohne darüber nachzudenken, sei man noch jung. Wenn du dir davor und danach Gedanken machst, bist du ein alter Sack geworden. Dann fügte er meist noch hinzu, dass die Jugend die Zeit des Verzichts sei, das Alter aber die Zeit der Reue. Da mir nicht vieles leid tut, bin ich vielleicht gar nicht so alt, wie ich immer denke. Vielleicht.

Ich überlege immer wieder, worauf ich in meiner Jugend verzichten musste, aber es fällt mir nichts ein. Mit achtzehn Jahren hatte ich alles. Weit mehr, als ich mir je wünschen konnte. Die Last der Verzichts habe ich erst jetzt kennengelernt. Ich handle nicht mehr instinktiv, wie es mir gerade in den Sinn kommt. Damals wie heute kann ich mir jeden Luxus erlauben, den meine Gewinne mir einbringen. Punkt. Doch anders als vor zwanzig Jahren haben meine Arbeit und mein Geld jetzt einen Wert an sich. Alles hat seinen Preis, der sich daran bemisst, welche Anstrengung man unternehmen muss, um es zu erlangen.

Als ich noch Drogenboss war, war das Geld Symbol der von mir ausgeübten Macht. Der zu zahlende Preis war das Leben, das eigene oder das der Konkurrenz. Wenn ich einen Ferrari sah, fragte ich mich nicht, was er kostete, sondern welchen Eindruck er auf meine Männer machen würde. Heute achte ich darauf, dass mein Ferrari keinen Kratzer bekommt. Früher war es eine Sache des Prestiges, einen solchen Wagen betrunken zu Schrott zu fahren. Die Autos, die man auf diese Weise kaputt gemacht hatte, waren wie Medaillen, die bezeugten, wie unendlich viel Geld man hatte. Verschwendung ist mehr wert als Großzügigkeit, weit mehr sogar, denn Verschwendung erzeugt keine Dankbarkeit in den Augen des Zuschauers, sondern nur Bewunderung. Die Verschwendung von Luxusgütern schüchtert Menschen ein, die nur mit Augen oder Ohren daran teilhaben können.

Die Verschwendung von Zeit hingegen ist wirklich unverzeihlich. Ich habe mehr als neun Jahre verloren. Natürlich kann ich mich damit trösten, dass ich erst im Gefängnis zu dem Menschen wurde, der ich heute bin, doch das ist im Grunde Unsinn, denn dann stellt sich im hintersten Winkel meiner Seele doch die Frage: Bin ich denn wirklich ein anderer geworden? Ich habe mich im Gefängnis gerne mit Psychologie beschäftigt, aber es hat mich genervt, Dozenten gegenüberzusitzen, die sich ihr Geld damit verdienten, dass sie uns Häftlinge zum Schwitzen brachten. Ich habe auch verschiedene interessante Dinge gelesen, doch die meisten Leute, die mich kennen, vergleichen meine Psyche mit der einer

Großkatze mit scharfen Krallen. Und ich habe – vielleicht aus geistiger Bequemlichkeit – dieses Bild übernommen.

Nachdem ich die Psychologie aufgegeben hatte, bei der ich mich immer wie unter der Lupe fühlte, gleichsam der Kranke, der sich selbst studiert, wandte ich mich der Juristerei zu. Es ist ja bekannt, dass fast jeder Häftling mehr über die Rechtslage Bescheid weiß als sein Anwalt. Trotzdem ist es wichtiger, sich im Sprachgebrauch der Juristen zu üben, als einzelne Gesetze zu kennen. Im Gefängnis gehört dies zu den erleseneren Vergnügungen. Einen Anwalt im selben pikierten Ton zu korrigieren, den er benutzt, um dich auf deinen Platz zu verweisen, ist einfach unbezahlbar. Das Gesicht vor allem.

Ich hatte mir ein Buch mit einer Sammlung von Plädoyers kommen lassen, die direkt aus einem jener Anwalts- und Gerichtsfilme importiert schienen, in denen es vor Phrasen wie »Einspruch, Euer Ehren« nur so wimmelt. Gelegentlich ließ ich dann einen dieser Sprüche los. Sie gingen am dunklen Himmel des Gefängnisses auf wie Feuerwerksraketen und hinterließen einen unauslöschlichen Eindruck.

Ich hatte einen alten Freund namens Amos, den ich in Barcelona kennengelernt hatte. Amos hatte als Geldwäscher gearbeitet. Er trug stets einen weißen Anzug und eine Sonnenbrille und nervte bei jedem Treffen mit Erklärungen zu irgendwelchen Dreiecksgeschäften mit Hongkong und London. (Denn früher oder später taucht das gewaschene Geld fast immer an einem dieser Orte auf.) Am Ende knallte er dir unweigerlich ein lateinisches Zitat vor den Latz. Feierlich, fast salbungsvoll vorgetragene Sentenzen, die außer ihm kein Mensch verstand. Man war immer auf seine Großmut angewiesen. Er entschied, ob er seine Auslassungen übersetzte oder nicht. Natürlich suchte er geradezu nach Gelegenheiten, sein Latein zur Geltung zu bringen. Wenn er gar nichts Passendes auf Lager hatte, schloss er mit: »Und die alten Römer waren schließlich auch keine Dummköpfe.«

Irgendwann fing ich an, ihm mit gleicher Münze herauszugeben. Ich brachte lauter Indio-Sprüche, ebenso abstrus und unverständlich. Man muss nur einmal versuchen, dem etwas angestaubten Latein die düstere Sprache der besiegten Indios entgegenzuhalten. Die ich jedenfalls besser spreche als die Zwerge, die Mel Gibson als Darsteller für *Apocalypto* verpflichtet hat. Als der Film ins Kino kam, machte ich mir einen Spaß daraus, vor meinen Freunden damit anzugeben, dass ich die teilweise absurd zusammengestopselten Dialoge korrigierte. Es war unglaublich lange her, dass ich diese dunklen Töne vernommen habe. In dieser Sprache zu sprechen weckte in mir längst vergessen geglaubte Emotionen.

Es gibt unglaublich viele Dialekte, aber wenn man einen davon gelernt hat, kann man sich bei der indigenen Bevölkerung von Mexiko bis Bolivien verständlich machen. Wenn man Kultur dazu benutzen kann, andere einzuschüchtern, dann kann man genauso gut die Einschüchterung kultivieren. Wie gut das funktionieren kann, zeigte mir Amos' verstörtes Gesicht.

Auch die Indios in den Bergen Kolumbiens bekamen Angst, wenn sie merkten, dass ich ihre Sprache beherrschte. Später lernten sie, mir zu vertrauen. Sie begriffen, dass keiner, weder sie noch ich, sich mit Missverständnissen herausreden konnte. Wenn ich etwas sagte, wurden zwei Dinge vollkommen klar: was ich wollte und dass ich es ernst meinte. Was ich wollte, war schon an meinem Ton zu merken. Denn es ist letztlich der Ton, der die Musik macht, in jeder Sprache und jedem Dialekt.

Mein massiger, mittlerweile ein wenig dicklicher Körper wird durch das Badewasser gesäubert. Alles andere ist nicht so leicht reinzuwaschen. Leider gibt es keine Sprache, in der man die Vergangenheit erzählen und sie gleichzeitig ändern könnte.

8

Mit achtzehn war ich bereits so groß wie jetzt, aber weniger korpulent. Eher drahtig. Pablito dagegen sah mit seinen einundzwanzig noch aus wie ein Teenager. Sein Gang hatte etwas Eiliges, Hektisches wie bei einem Frettchen. Ich habe den Namen Pablito sofort übernommen, sobald meine Leute ihn aufgebracht hatten. Wir waren vom ersten Augenblick an Brüder. Als hätte das Schicksal uns zusammengeführt. Ich sagte ihm, dass er meine rechte Hand sei. Eine rechte Hand, die nicht so recht zur linken passte. Und doch wollte ich auf ihn nicht verzichten.

In diesem Geschäft läuft es so: Wenn du ein großes Ding organisierst, streichst du deinen Gewinn ein, und ab durch die Mitte. Jeder Job, den du erledigst, ist dein erster: Eine zweite Chance gibt es nicht, denn der Auftraggeber riskiert eine hohe Gefängnisstrafe, wenn du auffliegst. Für bestimmte Aufgaben werden israelische Söldner angeheuert, die in einer Spezialeinheit gedient haben. Dort werden solche Leute quasi in Serie produziert. Sie sind fähig, zu jeder Zeit und an jedem Ort zuzuschlagen, ohne Spuren zu hinterlassen. Professionelle Killer im Dienste eines Staates, der sich mittlerweile seit mehr als fünfzig Jahren im Krieg befindet. Wenn sie aus dem Dienst ausscheiden, stehen sie dem freien Weltmarkt als Söldner zur Verfügung. Manche sind Killer und Ausbilder zugleich, andere nur Killer. Meist sind sie nur so lang im Geschäft, bis sie genügend Geld zusammenhaben, um in Neuseeland Wein anzubauen oder in Patagonien Rinder zu züchten. Viele von ihnen haben eine romantische Ader.

Ein Problem beseitigt: hunderttausend Dollar Prämie und weg, um anderswo einen neuen Job zu erledigen. Acht hielt ich mir in Festanstellung, als unfehlbare Bodyguards. Gelegentlich erledigte einer von ihnen einen Sonderauftrag, strich sein Geld ein und quittierte den Dienst. Als Leibwächter kassierten sie saubere fünfzehntausend Dollar im Monat. Es war kein allzu schwieriger Job, denn als Team sicherten sie ja nicht nur ihren Auftraggeber ab, sondern auch sich selbst. Bei Sonderaufträgen bestand ihr einziges tödliches Risiko darin, das Zielobjekt zu verfehlen.

Nur sie selbst und ihr Auftraggeber wissen über den Job Bescheid. Machen sie einen Fehler, dann ist das ihr letzter. Denn das verfehlte Zielobjekt wird alles daransetzen, herauszufinden, wer hinter der Sache steckt, weil er sonst Leben und Prestige riskiert. Und so landet der Pechvogel, der seinen Auftrag verpatzt hat, mit einem Mal zwischen zwei Fronten: hier der Auftraggeber, dort der Gejagte, der zum Jäger geworden ist. Angesichts des gescheiterten Anschlags ist zwischen diesen beiden ein tödlicher Wettkampf entbrannt: Wer trifft als Erster? Auf diesem Siegertreppchen ist kein Platz für einen Zweiten. Niemand riskiert es, dem Berufskiller in diesem Wettlauf um sein Leben beizustehen. Mutterseelenallein muss er gegen die gesamte Organisation des Zielobjekts antreten. Es ist schlimm, wenn man mit ansehen muss, wie ein einstmals unbewegliches Gesicht diesen wächsernen Ausdruck annimmt, wenn der Mann, zu dem es gehört, sich plötzlich selbst im Fadenkreuz der Zielfernrohre wiederfindet. Da ist nicht nur Angst im Spiel, sondern weit mehr. Ein Scharnier, das stets tadellos funktioniert hat, beginnt plötzlich zu quietschen, und dieses Quietschen lässt sich nicht mehr abstellen.

Gelegentlich findet der Betroffene einen Ausweg, aber diese Fälle sind eher selten. Zuvor konnte er verdeckt operieren, jetzt liegt das Überraschungsmoment auf Seiten der anderen. Weglaufen hätte auch keinen Sinn, er wäre sehr bald ein toter Mann. Wer immer ihn angeheuert hat, kann sich nicht erlauben, ihn laufen zu lassen. Wer seinetwegen um seine Haut fürchten muss, wird sich beeilen, ihn zur Strecke zu bringen, denn der zweite Versuch könnte erfolgreich sein. Einmal kamen sogar Leute aus Holland, um einen meiner Männer auszuschalten. Da ist man machtlos. Man kann nur zusehen, wie dessen Schicksal sich erfüllt. Und jemand anderen beauftragen. Wir blieben Sieger, weil wir entschlossen waren, die Partie zu beenden, und uns die Tatsache zunutze machten, dass unser ursprüngliches Zielobjekt mit der Jagd auf den erfolglosen Killer beschäftigt war. Das ist so, als würde man den Rudelführer einer Horde tollwütiger Hunde zur Strecke bringen, die einem bemitleidenswerten Fuchs hinterherjagt. Der beste Augenblick, das Zielobjekt zu erledigen, ist, wenn die Horde über den Fuchs herfällt.

Das war Pablos Methode, und so machten es auch all seine Konkurrenten. In Situationen wie dieser kann ein ganzer Kontinent zu klein werden. Ohne sichere Orte, an denen man untertauchen kann. Zwei gegnerische Fadenkreuze sondieren das Gelände nach der günstigsten Stelle für die Kugel, die Europa seine geografische Weite zurückgibt, die die Wände, die sich klaustrophobisch eng auftürmten, wieder zurückweichen lässt. Damals waren es drei Fadenkreuze, und am Ende blieb nur eines übrig.

Ich hatte Mühe, Pablitos Spur wiederzufinden. Zehn Jahre, in denen man sich nicht sieht, sind doch eine lange Zeit. Doch ich zog alle Fäden, und nach gut zwei Jahren erhielt ich den richtigen Tipp: Rom.

Ich war seit ungefähr zwanzig Monaten wieder draußen und versuchte, zwischen Italien und Spanien meine Geschäfte wieder aufzuziehen, ohne großen Erfolg. Die Vorstellung, Pablito wiederzubegegnen, machte mich nervös. Was er wohl sagen würde, wenn ich plötzlich vor ihm stand? Und ich? Würde ich zögern? Aber neun Jahre Gefängnis reichen, um sich das Zögern abzugewöhnen. Ich war bei Freunden untergeschlüpft und hatte Zeit, mir alles in Ruhe zu überlegen. Ich wusste, wie sein Tagesablauf aussah, aber ich wollte ihn nicht beschatten, weil ich befürchtete, er würde es merken. Außerdem traute ich meiner Impulsivität nicht über den Weg. Wenn ich ihm erst gegenüberstünde, würde ich ihn sofort zur Rede stellen. Ich würde mich nicht im Griff haben und alles vermasseln. Also setzte ich einen bestimmten Tag fest. An diesem Tag ging ich, sozusagen nur »leicht getarnt«, ein paar Meter hinter ihm. Ohne lange zu überlegen, rief ich ihn an. Er blieb abrupt stehen, drehte sich um und beschwor mich: »Nicht vor meinem Sohn!«

Erst da bemerkte ich den zehnjährigen Jungen, der neben ihm stand. Ich hatte mich, während ich ihm mit wenigen Schritten Abstand folgte, so sehr auf seinen Nacken konzentriert, auf den Kragen aus dunkelbraunem Leder, dass ich alles andere übersehen hatte. Da standen wir uns nun stumm gegenüber, den Jungen zwischen uns. Pablito hatte ihm die rechte Hand auf die Schulter gelegt und fixierte mich schweigend, das Gesicht weiß wie ein Laken. Der Junge sah zu uns hoch, zuerst zu ihm, dann zu mir. Ich war steif wie eine Statue und behielt die Hände in den Taschen.

»Komm, jetzt lass mich meinen Sohn begleiten, dann reden wir.« Sein etwas nasales Spanisch weckte in mir längst begrabene Erinnerungen, was mir nicht behagte. Ich nickte. Dann brachten wir den Jungen an ein großes Tor. Dort drückte Pablito ihm einen Kuss auf die Backe, strich ihm über den Kopf und schob ihn hinein. »Nicht hier, Pablo.« Wir marschierten auf die nächste Kreuzung zu. Dort blieben wir stehen. Nuschelnd stieß er seine Bitte hervor. »Lass mich dir noch etwas erklären!«

»Was?«

»Ich habe dich nicht verpfiffen. Ich habe nur meinen Job gemacht.«

»Was du nicht sagst. Wenn das dein Job war, was waren dann meine neun Jahre im Bau? Etwa Urlaub?«

»Es war mein Job.«

»Du wiederholst dich.«

»Es war meine Arbeit. Du hattest die deine, ich die meine.«

»Den Bullen zu spielen, das nennst du Arbeit? Wie viel haben sie dir dafür bezahlt? Ich habe dich mit Geld überschüttet, mit Unmengen Geld, Monat für Monat.«

»Das habe ich an meine Vorgesetzten weitergeleitet.«

»Du Arsch! Allein dafür hättest du eine Kugel verdient.«

»Diese drei Jahre haben mich ruiniert. Meine Frau hat mich verlassen, und ich konnte mich an keine andere mehr gewöhnen.«

»Die zweite Kugel. Ich habe dir Mösen in Scharen rangeschafft. Absolute Superweiber, und jetzt sagst du mir, dass du verheiratet warst? Du bist wirklich ein Arschloch.«

»Es war mein Job. Und ich war dir gegenüber sehr wohl loyal. Ich hätte es arrangieren können, dass man dich bei deiner Verhaftung erschießt. Ich hatte dich in der Hand, und diese Lösung wäre für alle sehr bequem gewesen. Dann stünden wir uns heute nicht gegenüber.«

»Ich war unbewaffnet.«

»Du weißt genau, dass das den Spaniern egal ist. Sie wollten dich tot. Du hattest zu viele von ihnen auf deiner Lohnliste stehen. Du warst eine Bedrohung für alle, und ich habe dir das Leben gerettet.«

»Ah ja? Und wie willst du das angestellt haben?«

»Ich habe Drogenfahndung und Interpol überzeugt, dass du mit ihnen kooperieren würdest.«

»Was ich nicht getan habe.«

»Ja. Ich wusste, dass du dir eher die Zunge abbeißen würdest, aber ich habe für dich gelogen. Ich habe sie überzeugt, dass du reden würdest. Außerdem habe ich geschworen, dass du keine Waffen trägst. Einer von der harmlosen Sorte. Du weißt doch, dass ich der Einzige war, der wusste, dass du keine Waffe trägst, oder nicht?«

»Und? Was willst du jetzt? Eine Belobigung für Tapferkeit vor dem Feind?«

»Ich habe dich nicht verpfiffen. Und ich habe nicht zugelassen, dass man dich tötet.«

»Bravo! Und das hast du nun davon. Ich bin da, um mich für deine Gefälligkeit zu revanchieren. Die dritte Dummheit, die du begangen hast. Du hättest mich meinem Schicksal überlassen sollen. Stattdessen hast du dich eingemischt, und deshalb stehen wir jetzt beide hier. Bist du bereit?«

»Ich habe Kinder.«

»Ist das vielleicht meine Schuld?«

»Ich würde sie gern aufwachsen sehen.«

»Das zieht bei mir nicht. Ich bin Waise, und das hat mir nicht geschadet.«

Meine Hand umklammerte die Pistole in der Tasche. Mindestens zwanzigmal wollte ich sie herausholen und den Abzug drücken. Und mindestens zwanzigmal blieb meine Hand ruhig, und die Lust, diese Rechnung nach so vielen Jahren zu begleichen, erlosch wieder.

Wir ließen uns gegenseitig nicht aus den Augen. Zehn Minuten lang standen wir uns gegenüber und redeten, obwohl wir beide wussten, dass es sinnlos war. Doch wir hatten uns drei Jahre lang wie die Irren amüsiert, und ich war jetzt ein freier Mann. Das brachte meinen Entschluss ins Wanken. Pablito war mir gegenüber ja tatsächlich loyal gewesen – auf seine Weise. Wir hatten fast alles geteilt. Irgendwo hatte ich auch bemerkt, dass bei ihm etwas anders war. Aber ich hatte die Augen davor verschlossen. Meine Männer hatten mich vor ihm gewarnt. Anfangs hatten sie den Verdacht, dass er nur deshalb immer danebenschoss, um sich die Hände nicht schmutzig machen zu müssen. Sie hatten verlangt, dass ich ihn auf die Probe stellen solle. Aber ich wollte ihn eben nicht allzu sehr ins operative Geschäft verstricken. Vielleicht aber hatte mir auch nur mein Instinkt gesagt, dass es sonst Ärger geben würde. Wer weiß das schon? Er wusste, dass es Lieferungen gab, aber nie, wann und wo sie genau ankommen würden. Auch die anderen Männer, die enger mit mir zusammenarbeiteten, kannten ja nur die allernötigsten Details. Was ich tatsächlich alles machte, wusste niemand. Es interessierte sie auch nicht. Das war der eigentliche Grund, warum ich nur neun Jahre saß und nicht zweiundzwanzig. Meine Leibwächter wiederum sprachen Hebräisch mit mir, sodass kein unbefugtes Ohr je von ihren unvermeidlichen Sonderaufgaben erfuhr.

Pablito hatte es tatsächlich geschafft, mich bei meinen Treffen mit anderen »Geschäftsleuten« zu filmen, aber er hat nie herausbekommen, nicht einmal nach meiner Verhaftung, was bei diesen Treffen besprochen wurde.

Eines Abends saßen wir wieder einmal völlig abgefüllt und stoned in einem von mir gemieteten Lokal, während die Mädchen uns unter dem Tisch einen bliesen. Das war unser bevorzugter Zeitvertreib. Plötzlich stand einer meiner Männer auf und zog ein Messer. Er stellte sich hinter uns und setzte Pablito die Klinge an die Kehle. Dem traten die Augen aus den Höhlen, während die kleine Hure aufsah und verängstigt zwischen seinen Schenkeln hocken blieb. Ich vergrub meine Hand in der Mähne der Kleinen zwischen meinen Beinen, zog ihren Kopf zurück und leerte abwartend mein Glas. Da war die Klinge, direkt an seinem Hals. Halb erwartete ich, gleich Blut fließen zu sehen. Dann würde ich dem Idioten mit dem Messer ohne zu zögern in den Kopf schießen. Er wusste das auch. »Pablo, dieser Typ ist ein Bulle. Ich brauche nur eine Sekunde, und du bist ihn los.«

»Du kannst es ja mal probieren.«

»Was zum Teufel ist mit dir los? Pablo, der Kerl lässt uns noch alle auffliegen.«

»Probier's.«

Ich hatte keine Lust, einen Freund zu verlieren, der so anders war als all diese großkotzigen Sprücheklopfer. Ich glaubte einfach nicht, dass er von der Polizei eingeschleust worden war. Unzuverlässig vielleicht, aber kein Bulle. Ich hatte wenig Zweifel, dass er mich bei passender Gelegenheit verraten würde, aber dagegen hatte ich meine Vorkehrungen getroffen. Sogar wenn er eine Tonne Stoff mit eigenen Augen gesehen hätte, würde er nichts beweisen können. Tatsächlich erfuhr ich später von den Zweifeln seiner Vorgesetzten, ob Pablito überhaupt ermessen konnte, was eine Tonne Stoff bedeutete. Die unglaublichen Mengen, die wir bewegten, waren eher ein Mythos, der sich nie zum begründeten Verdacht erhärtete. Außerdem war es ziemlich egal, ob man dich mit einem Doppelzentner oder einer Tonne Stoff erwischte. Das Strafmaß richtete sich schließlich nicht nach Gewicht der Ware.

Als der Typ das Messer wieder wegsteckte, grinste Pablito und meinte: »Der Arsch hat es geschafft, dass er mir zusammenfällt.« Wir lachten, und das blasse Mädchen machte sich wieder an seinen Job im Untergeschoss. Meine Kleine allerdings zog sich erst mal eine Line rein.

Die Monate vergingen, und es gab immer mehr Leute, die Pablito gerne um die Ecke gebracht hätten. Ich fand es aufregend, ihn immer wieder davor zu beschützen. Es war eine Art russisches Roulette, zuzusehen und abzuwarten, ob er mich verraten würde. Danach, als ich ihn an der Kreuzung in Rom zum ich weiß nicht wievielten Mal davonkommen ließ, erzählte er mir Dinge, denen ich damals keine Bedeutung beigemessen hatte. Während unserer abgedrehten Feten war es beispielsweise vorgekommen, dass sich ein Typ frech ins Lokal schlich, obwohl die Kellner und meine Männer alle Eingänge überwachten. Ein flüchtiger Blick auf uns, die wir uns zum Wummern der Musik volldröhnten. Interpol. Sie wollten sich selbst überzeugen, ob Pablito auch keinen Scheiß erzählte. Denn es gibt Agenten, die verdeckt arbeiten, und eine Menge unsinniges Zeug zusammenfantasieren, um einen Beweis für die Bedeutung ihrer Arbeit zu erbringen und sich unentbehrlich zu fühlen. Pablito hätte ja von dieser Sorte sein können. Für seine Vorgesetzten war es einfach unvorstellbar, dass ein Zwanzigjähriger Europa mit Schnee überschwemmen konnte, als wäre das gar nichts, und das noch ohne Einmischung der kolumbianischen Kartelle. Natürlich war da das Geld, das ihr Undercover-Agent Monat für Monat ablieferte – das Entgelt für seine kriminelle Nebenbeschäftigung sozusagen. Aber war es denn möglich, dass nie jemand von mir gehört hatte? Dass ich sozusagen ein Gespenst war? Escobar, der von der Polizei in aller Welt verfolgt wurde, war wenigstens dreißig und nicht zwanzig Jahre alt. Die Drogenhändler der Kartelle blieben ohnehin lieber in den sicheren Grenzen Kolumbiens. Sie bereisten nicht vier Kontinente, wie dieser Pablo Sowieso es tat. Wer war dieser Knabe und wie schaffte er es, sich unsichtbar zu machen? Ein bisschen vielleicht wie die Kids, die sich daheim an ihrem Computer in die Sicherheitssysteme des Pentagon hacken. Den Mitgliedern der amerikanischen Regierung sträuben sich sämtliche Nackenhaare vor Schreck, während die den USA feindlich gesonnenen Regierungen sich am liebsten in den Hintern beißen würden, wenn sie herausfinden, wie einfach es gewesen wäre.

Pablito erzählte mir, dass seine Vorgesetzten erst dann wirklich glaubten, dass er die Wahrheit sagte und tatsächlich die rechte Hand des mächtigsten Drogenbarons in Europa geworden war, als ein anderer Agent Zeuge eines dieser Feste wurde. Eigentlich war er ja gekommen, um Pablito als Lügner zu entlarven. Voller Neid zog er wieder ab. Wir hatten etwas zu feiern, als der Bulle zum Spionieren kam. Ein großes Geschäft oder die erfolgreiche Umgestaltung der Landkarte der Macht. Ich zielte gerade mit der Pistole auf eine Pyramide Weinflaschen, die ich aus dem Keller hatte heraufschaffen lassen, durchweg gute Tropfen. Das Knallen der Pistolenschüsse vermischte sich mit der dröhnenden Musik der DJs. Der Schnüffler berichtete, dass der ganze Boden in Rotwein schwamm, zwischendrin die Splitter der Flaschen. Wunderschöne nackte Frauen krochen auf allen vieren durch den Raum und apportierten Steaks, die wir in die Luft warfen. Da sie sich dabei an den Scherben schnitten, waren manche blutüberströmt. Es sagt einiges aus über das Chaos auf diesem Fest, dass er einen Blick auf diese Szene werfen konnte, ohne dass jemand ihn sich vornahm. Erregung lässt die Pupillen weit werden, das vermehrte Adrenalin sorgt dafür, dass man auch das kleinste Detail registriert.

Sobald er die Nase zur Tür hereinstreckte, sah er unsere Pistolen auf sich gerichtet. Die Nase verschwand wieder. Dieses Fest überzeugte Interpol, einen französischen Agenten zu schicken, der Pablito Beistand leisten sollte. Nach der Massenverhaftung kümmerten sich andere um ihn und sorgten dafür, dass er bekam, was er verdiente. Ich ordnete an, dass man Pablito mir überlassen sollte. Natürlich konnte es sein, dass ich im Gefängnis meinen Biss verlieren würde, doch ich brauchte dieses Ziel, um im Gefängnis durchzuhalten. Ich würde ihn aufspüren und dann fertigmachen. Ich hegte keinerlei Zweifel, dass ich dazu imstande wäre. Und obwohl er nach zehn Jahren immer noch ständig den Wohnort wechselte, standen wir uns nun gegenüber.

Es muss hart gewesen sein, drei Jahre wie ein Kaiser im alten Rom zu leben und zu wissen, eines Tages wieder in dieses triste und eintönige Leben als Polizist zurückkehren zu müssen. Von den Unmengen Geld, mit denen ich ihn überschüttet hatte, war ihm nicht eine Pesete geblieben. Fünfzigtausend Dollar im Monat, drei Jahre lang. Wer sie wohl eingesackt hat, diese ganzen Scheine? Wenn ich den Namen hätte, würde ich hingehen und abkassieren. Soweit ich weiß, ist von der Beute nichts übrig geblieben, sie hat sich einfach in Luft aufgelöst. Ebenso wie die Millionen, die wir im Untergeschoss unseres Hauptquartiers in Cali gebunkert hatten. Mein Minderheitsgesellschafter wurde geschnappt, während er den Berg Geld hochkletterte, die Nasenlöcher voller Koks. In den Verhörprotokollen wurde nicht ein Dollar erwähnt. Fünfzig Millionen Dollar füllen mehrere Lastwagen. Peanuts sind das nicht gerade. Ebenso Koks, das wir zentnerweise gelagert hatten. Es wurden die üblichen Fotos gemacht, dann verschwand es wie durch Zauberhand. Aus diesem Grund geht der Markt nicht in die Knie, auch wenn die Polizei größere Mengen beschlagnahmt. Die Menge, die von den einzelnen Drogen auf dem Markt ist, wird nicht geringer, ganz egal, wie viel beschlagnahmt wurde, ganz egal, wie groß die Organisation ist, die aufgeflogen ist. Aber niemand fragt sich, wieso. Ich aber fragte Pablito und behielt dabei den Finger am Abzug: »Und wer hat am Ende davon profitiert, dass meine Organisation zerschlagen wurde? Das Gesetz oder die Gesetzeshüter, die daran beteiligt waren?«

»Ich habe nur meine Pflicht getan. Und du kannst sicher sein, dass ich mich heute auf so etwas nicht mehr einlassen würde. Wenn jemand Gewinn daraus gezogen hat, interessiert mich das nicht, Pablo. Man tut doch nie, was getan werden muss, wenn man ständig über alles nachgrübelt, was einem so durch den Kopf geht.«

»Ich habe mich genauso vor den Karren gespannt, Pablito. Auch ich habe letztlich nur meinen Job gemacht. Aber ich habe mich dabei nicht hinter der Justiz versteckt. Ich wollte etwas tun. Und ich habe mir ein schönes Leben gemacht.«

»Wenn wir nicht so sehr die Sau rausgelassen hätten, hätten meine Vorgesetzten mir nie geglaubt. Dann hätten sie dich nie erwischt.«

»Was für ein Scheißleben!«

»Aber du warst es doch, der darüber entschied, wie wir Geld und Zeit verschwenden. Du warst der Boss. Vielleicht haben alle großen Verbrecher ein Scheißleben. Wie die Mafiosi, die sich jahrelang in einen Stall einsperren. Vielleicht werden sie auch Politiker, ich habe keine Ahnung. Falls du dich entschließen solltest, irgendwann ein anderes Leben zu führen, sag mir Bescheid, wie es dir gefällt.«

»Dann hätte ich dich auch beim nächsten Mal wieder an der Backe.«

»Wäre doch super!«

Und so ist er davongekommen. Mit seinem leisen Spanisch, mit seinen Händen, die beim Reden wie Spatzen um sein markantes Gesicht flattern. Unbeholfen, genauso wie ich ihn in Erinnerung hatte. Er erzählte mir, dass er Depressionen bekommen hatte, als er seine kokainsüchtige amerikanische Nutte aus den Augen verlor, in die er sich verliebt hatte. Monatelang sei er nur auf dem Bett herumgelegen. Schon beim Prozess, der hinter verschlossenen Türen stattfand, damit die in meine Geschäfte verwickelten Polizei- und Justizbeamten keinen Ärger bekamen, hielten sie Pablito weitgehend draußen. Auch zu den Filmen und Fotos hatte er keinen Zugang mehr. Nicht einmal seine eigenen Berichte durfte er lesen. Alles geheim. Man hat ihn benutzt, ausgepresst wie eine Zitrone, ihn am Ende lediglich zum Inspektor befördert und dann im Zeugenschutzprogramm versenkt.

Als er wieder auf die Beine kam und wieder zu leben versuchte, stellte er fest, dass seine Frau und alle anderen Frauen ihn einfach kaltließen. Er konnte nur noch mit Models mit perfektem Körper vögeln, die ein befreundeter Fotograf ihm für hundert Euro pro Fick besorgte. Bei seinem Hungerlohn kam er selten zum Schuss, aber er ruinierte sich trotzdem. Wir sehen uns in letzter Zeit eher selten, aber er scheint mir doch ziemlich ausgebrannt. Er bekommt die Orgien mit den wunderbaren Mädchen nicht aus dem Kopf, die immer um uns herumschwirrten. Uns beiden fehlt das Gefühl der unbegrenzten Macht, des Ständig-in-Bewegung-Seins, des puren Adrenalins, des unglaublichen Trubels. Nur dass ich eine vernünftige Frau habe, die – vielleicht unbewusst – gelernt hat, wie sie mich im Zaum halten kann. Sie hat zwei enorme Uferbefestigungen errichtet, zwischen denen mein Leben nun so dahinfließt, wie es sein soll. Diese Dämme verhindern, dass die funkelnden Erinnerungsbilder zum übermächtigen Wunsch werden, dieses Leben wiederaufzunehmen. Bei Pablito ist es seine naive, dumme Ehrlichkeit, die ihm Zügel anlegt. Er bekommt nur ein niedriges Gehalt, aber nie würde er auch nur einen Euro von mir annehmen, auch wenn er weiß, dass ich das Geld mittlerweile mit meinem Talent als Modemacher und Unternehmer verdiene. Er ist so naiv wie ein Kind. Ein Kind, das nicht in Cali geboren wurde.

Manchmal sage ich zu ihm: »Früher oder spätere knall ich dich ab. Du hast mir neun Jahre meines Lebens geklaut.« Und er dann: »Man schießt nicht auf seinen Schutzengel.« Es stimmt. Ohne ihn wäre ich nicht mehr am Leben. Sie hätten einfach durch die Tür meines Ferrari geballert, hätte Pablito nicht seine Finger im Spiel gehabt. Oder ich hätte – der Statistik getreu – vor dem fünfunddreißigsten Geburtstag den Löffel abgegeben wie alle Drogenbarone, die ihre Heimatstadt verlassen. Und in Cali hätte ich weder leben noch sterben wollen.

Pablito meinte, wenn die zwanzig Männer, die ich immer um mich hatte, auch nur halb so intelligent und begabt gewesen wären wie ich, hätte die europäische Polizei endgültig einpacken können. Was soll ich dazu sagen? Ich denke, wenn Pablito treu an meiner Seite geblieben wäre, wären wir immer noch im Geschäft und wir wären die absoluten Oberbosse. Ich wäre nie auf die verrückte Idee gekommen, mich politisch zu betätigen wie Escobar. Ich bin auch nicht so größenwahnsinnig wie diese Typen, die sich im Garten ihrer geschmacklosen Villa einen Zoo voller wilder Tiere halten. Natürlich habe auch ich mich für Gott gehalten, aber für einen heidnischen Gott, dessen Hauptvergnügen es war, das Leben zu genießen. Escobar hingegen hielt sich für einen christlichen Gott, der Gerechtigkeit brachte – und ähnlichen Bockmist. Pablito jedenfalls besteht darauf, dass ich nur seinetwegen noch lebe.

Im Gefängnis ging ich oft früh ins Bett. Wer weiß, wie die Dinge gelaufen wären, hätte ich diese Gewohnheit schon als Drogenboss gehabt. Dann nämlich hätte Pablito nicht beweisen können, wie heftig unsere nächtlichen Ausschweifungen waren. Aber wenn ein Verbrecher lebt wie ein Mönch, was hat er dann noch vom Leben? Er würde sich bald zu Tode langweilen und früher oder später das Metier wechseln. Vielleicht Regierungschef werden. Das hat doch was: eine Hand gibt der Mafia, die andere der Kirche.

Wie Großvater Jack angeblich immer gesagt hat: »Das Spermafädchen, das schließlich auf das Ei trifft, ist ein Held. Es hat Tausende von Konkurrenten geschlagen. Dann kommt es auf die Welt und von da an rückt es dem Tod Tag für Tag näher. Aber die größte Leistung hat es schon vollbracht: das Ei zu befruchten.« Mein Großvater war ein Macho, daher hat er sich erst gar nicht gefragt, welche Aufgabe das Ei hat. Ich brauche nur einen Blick auf meine Töchter zu werfen, und es fällt mir wie Schuppen von den Augen. Sie geben das Leben weiter. Die weibliche Seite der Welt. Wahrscheinlich war sie in mir am Werk, als ich an jenem Tag Pablito wiedersah. Dass ich nicht auf den Abzug gedrückt habe, war für uns beide eine Wiedergeburt. Wozu das gut war, wird sich noch zeigen. Jedenfalls verraucht allmählich meine Wut. Irgendwann wird sie ganz verschwunden sein. Er tut seine Arbeit. Er bereut es, seine Jugend und seine geistige Gesundheit für eine schäbige Beförderung geopfert zu haben, während andere Karriere gemacht haben, ohne sich vom Schreibtisch zu erheben. Ich lebe mein Leben und weiß, dass die Arbeit genauso viel Befriedigung schenken kann wie Geld an und für sich. Natürlich war das verrückte Leben in Barcelona der schiere Wahnsinn. Mein ganzes Dasein war der Wahnsinn. Für Pablito aber war es nur sein Job. Er hatte sich auf meine Spur gesetzt, eine Spur, die ich hinterließ.

Mein Schriftstellerfreund spielt heute einmal Großvater Jack: »Weißt du, Ilan, was der chinesische Weise Lu Xun sagt? Wer den Spuren eines anderen folgt, hinterlässt keine Abdrücke.«

Lustig, diese Chinesen. Sie kopieren einfach alles. Sogar die Sprüche meines Großvaters.

9

Das Mädchen ist geschieden und hat einen kleinen Sohn. Ihr schmaler Körper ist tiefbraun. Man sieht zwischen ihren Schenkeln durch, weil diese so mager sind, nicht weil sie komisch gebaut wäre. Sie zieht die Jeans und das Hemd aus, bleibt in einem winzigen schwarzen Slip und einem BH aus schwarzer Spitze stehen. Schuhe mit Absatz, Tattoos, die man wegzumachen versucht hat. »Ich war jung und wild drauf«, entschuldigt sie sich. Wann war sie jung? Sie ist ja heute erst dreiundzwanzig und arbeitet hier in Rom als Model, wo sie nicht die Möglichkeiten hat wie in Mailand. »Dort gibt es auch mehr Konkurrenz«, meint sie. Der Dicke, der sie für die nächste Show zu mir gebracht hat, zwinkert ihr vertraulich zu, gleichzeitig verschlingt er sie mit seinen glasigen Schweinsäuglein. Sie weiß, dass sie eher appetitlich als attraktiv wirkt, und wundert sich, weshalb ich sie nur mit einem Seitenblick streife.

Der Dicke drückt ihr einen Schmatz auf den Hintern. »Weißt du, wer das ist?«, fragt er sie und deutet auf mich, der ich in Jeans und schwarzem T-Shirt mit dem Aufdruck »Deputamadre69« da stehe. »Das ist Mister Deputamadre höchstpersönlich.«

»Ah ja?«, meint sie ungläubig und mustert mich, während ich vom Kleiderständer ein paar Sachen aus der neuen Kollektion hole. Ich lächle und halte ihr ein kurzes Kleid hin: »Quatsch, ich bin hier nur der Garderobier. Doch ich hätte nichts dagegen, wenn ich Mister Deputamadre wäre.«

Das Mädchen weiß nicht, ob es erleichtert sein soll, weil es schon befürchtet hat, den großen Boss nicht erkannt zu haben, oder enttäuscht, weil es nun doch keine Gelegenheit hat, sich seinem Arbeitgeber quasi nackt zu zeigen und bei ihm Eindruck zu schinden. Da könnte doch eins das andere ergeben. So im Tanga auf dem Oberdeck einer Yacht zu liegen und den Bauch in der Sonne braten zu lassen war eben noch in greifbarer Nähe. Greifbar für ihre Schenkel zumindest. Vielleicht denkt sie sich ja, dass sich solche Gelegenheiten schon in Mailand kaum mal ergeben, wie viel weniger erst in diesem trostlosen Rom.

Mein Schriftstellerfreund, der mir mittlerweile den ganzen Tag hinterherläuft, ist fasziniert von der pantherhaften Ausstrahlung dieses gebräunten Körpers. Mir wird dabei weder heiß noch kalt. Das Mädchen zieht Top, elastische Jeans-Shorts und eine Pelzweste an. Sie dreht sich, der Dicke meint: »Schöner Arsch, da kann man nichts sagen. Sieht fast aus, als habe Ilan die Shorts für dich entworfen. Was meinst du, Ilan? Ich habe doch recht. Die passen wie angegossen.« Das Mädel begreift, dass ich tatsächlich das bin, was auf meinem T-Shirt in goldenen Lettern steht, und so fängt sie an, mir bei jedem Teil, das ich ihr reiche, Komplimente zu machen. Es hat einen Grund, weshalb ihr die Sachen gut stehen: Ich produziere kleine Größen für Jugendliche und Heranwachsende. Meine Zielgruppe sind junge Leute zwischen sechzehn und fünfundzwanzig, Konfektionsgröße: 32 bis 36, allerhöchstens 38. Ich lasse das Mädchen ein Minikleid mit Kapuze aus weißer Baumwolle anziehen. Es klebt wie Lack an dem kurvenreichen Körper und reicht ihr kaum über die Leiste, aber ich wollte es ja ohnehin mit Jeans-Leggins kombinieren. Als ich das Gefühl habe, genug gesehen zu haben, reiche ich ihr eine Männerunterhose. Unterwürfig lächelnd fragt sie mich: »Soll ich meine ausziehen?« Beim Dicken und bei meinem Freund zeichnet sich Vorfreude auf den Gesichtern ab. Sie erwarten natürlich, dass ich Ja sage und damit den Vorhang lüften lasse, der den Blick auf diesen noch verhüllten

Bauch freigibt. Es macht mir Spaß zu sehen, wie enttäuscht sie sind: »Nein, nicht nötig.« Die Unterhose steht ihr gut. Sie hat eine gewölbte Scham, was der Männerslip besser unterstreicht als das glatte Ding, das sie trägt. Dann halte ich ihr Damenslips hin, auf denen Totenschädel und gekreuzte Knochen zu sehen sind: Piratenstoff! »Dazu muss ich meinen Slip aber ausziehen.« Die Jungs schnappen hörbar nach Luft. Freudige Erwartung macht sich breit. »Lass nur, die schenke ich dir.« Ich höre, wie die Herren enttäuscht seufzen. Sie zwitschert: »Von heute an trage ich nur noch die. Meine Freunde wird es umhauen.«

Der Plural ist der letzte Köder, den sie mir zuwirft. Sie wartet, ob ich anbeiße. Aber Frauen, die dermaßen aufs Ganze gehen, machen mich immer stumm wie einen Stockfisch, obwohl ich nun wirklich nicht gerade schüchtern bin. Doch ich mag es, wenn man mir die Initiative überlässt. Ich provoziere selbst gerne. Wie Großvater Jack meinte: »Je mehr du den Hengst raushängen lässt, desto höher ist die Wahrscheinlichkeit, dass eine dir Zügel anlegt und dich zureitet.«

Als der Dicke sie hinausführt, zieht mein Freund ein Gesicht: »Na, den Gefallen hättest du mir ja wohl tun können. Ich hätte zu gern gesehen, wie sie den Slip auszieht.«

Ich nehme ihn ein bisschen auf den Arm. »Wenn du willst, rufe ich sie zurück. Ich sage ihr, dass du für mich ein Jahrbuch machst. Für ein paar Hunderter hast du sie nackt im Arm. Willst du?«

»Schön wär's!«

»Wieso schön wär's? Zweihundert Euro, und du legst sie flach. Ich schwör's dir.«

Das war natürlich ein Scherz, obwohl daran durchaus etwas Wahres war. Models, die noch nicht auf der Straße des Erfolgs angekommen sind, schwanken mit einigen wenigen Ausnahmen stets hin und her zwischen der Notwendigkeit, Sex zu verkaufen – weil es ihr Lebensinhalt ist, aus ihrer Schönheit Kapital zu schlagen –, und der Kunst, diesen Körper nur als schönes Bild zu nutzen, um so viel Geld und Ruhm wie möglich herauszuschinden. Da ist es nur zu verständlich, dass sie mit jemandem ins Bett gehen in der Hoffnung, eine Modenschau oder eine Fotosession zu bekommen. Auch weil ihre Karriere im Normalfall nur kurz währt. Sex können sie auch mit achtzig haben, so viel sie nur wollen, aber für den Laufsteg ist man mit zwanzig schon ganz schön alt, und mit fünfundzwanzig, maximal achtundzwanzig, ist definitiv Schluss. Das ist brutal, aber so läuft es. Die Konsumentinnen legen Wert darauf, dass die Kleider, die sie kaufen, an perfekten Körpern präsentiert werden, denn nur so können sie sich vorstellen, darin selbst ebenso vollkommen zu wirken. Das ist ein bisschen masochistisch, aber genauso funktioniert es eben. Wenn ein Designer nicht ganz so magere Models einsetzt, richten seine möglichen Käuferinnen ihr Augenmerk vor allem auf die rundlicheren Formen, und da sie sich in den Models wiedersehen wollen, glauben sie, zu dick geworden zu sein. Wenn sie hingegen die wandelnden Salzstangen sehen, beißen sie sich auf die Lippen und denken: »Ich werde das Kleid ein bisschen mehr ausfüllen, aber letztlich sehe ich darin ganz genauso aus.« Das ist wie im Kino: Wir wollen uns mit dem schönen, faszinierenden Helden identifizieren, nicht mit der Komparsin oder dem Charakterdarsteller.

Zur Modenschau nehme ich meinen Schriftstellerfreund mit, weil er unbedingt die Russinnen und Moldawierinnen sehen will. Sie sind blass, hart und banal. Hohe Wangenknochen, unreifer Blick, kleine Brüste – nicht besonders reizvoll. Kein Vergleich mit der Italienerin, die einen auf naiv machte. Die Russinnen sind von meiner lockeren Art eingeschüchtert. Ich rufe sie auf Russisch, und die

Mädchen ziehen einen Flunsch. Die Frau, die sie dirigiert, ist ein Ex-Model mit anorektischem Körper und riesigen blauen Augen. Sie fragt, ob ich wisse, was ich da sage. Natürlich, ich rufe »Mädchen« auf Russisch. »Nein, das stimmt nicht. Das Wort, das du verwendest, heißt Nutte.« *Bljad* – Nutte. Peinlich berührt entschuldige ich mich, und sie sagt lachend: »Mir musst du das nicht sagen. Entschuldige dich lieber bei den Mädchen.«

Ich sage nichts, nehme aber ein paar für die Show. Sie haben birnenförmige Brüste, schön, aber leider füllen sie die Kleider nicht aus, die ich für sie vorgesehen habe.

Mein Schriftstellerfreund öffnet schläfrig die Augen und meint wie der sprichwörtliche Fuchs, der nicht an die Trauben kommt: »Aber das sind doch Gänschen. Sie sehen aus wie Kinderprostituierte. Da steht ja gar nichts vor.«

»Genau. Sie sehen aus wie Teenies. Das wird das Provokante der Kollektion ein wenig mildern.«

Ich hasse Modenschauen, mich langweilt das. Aber man muss sie machen, weil die Einkäufer darauf bestehen. Wenn es an der Zeit ist, hole ich meine Europavertreter in einer Werkhalle zusammen, das sind etwa fünfzig Leute, die ihrerseits in den einzelnen Ländern die Wiederverkäufer beliefern. Holländer, Engländer, Spanier, Kroaten und so weiter. Natürlich organisiere ich auch im Rest der Welt solche Shows, aber dort zählt letztlich, was wir in Europa verkaufen.

Auf einer Seite des Laufstegs stehen zwei Stuhlreihen. Der DJ drückt das Durchschnittsalter des Publikums sichtlich mit seiner ohrenbetäubend lauten Musik. Nach etwa drei Modellen legt er einen neuen Titel auf. Warum das immer so laut sein muss, wird mir auf ewig ein Rätsel bleiben. Letztlich geht es bei dem Musikmix nur darum, dass die Jungs und Mädels dazu rhythmisch defilieren können. Die Jungs wirken wie Lastwagenfahrer, die man zum Stripper abgestellt hat. Meine Endabnehmer sind Leute mit Geld. Ich produziere keine Billigklamotten, beileibe nicht. Meine Käufer sind bürgerliche Typen, die sich gern einen Touch Kriminellenmilieu verpassen, auch wenn sie damit sonst nichts am Hut haben. Sie gehen mit T-Shirts, auf denen »Drogenhändler« steht, in ihre Clubs und wollen damit auffallen. Bei der weiblichen Kundschaft ziehen die Klischees, die die bleichen Russinnen und Moldawierinnen verkörpern, die männliche hingegen fühlt sich vom provokanten, aggressiven Auftreten der männlichen Models angesprochen. Während der Show legt einer der Jungs am Ende des Laufstegs ein paar Tanzschritte hin. Ein bisschen Breakdance, er will zeigen, dass er tanzen kann. Also ist er mehr als ein wandelnder Kleiderständer. Die Einkäufer sind von seiner Vorstellung angetan und sparen nicht mit Applaus. Bei der Unterwäschekollektion heben die Mädchen einfach nur die Kleider bis über den Po an und spazieren mit wiegenden Hüften über den Laufsteig, verführerisch, aber elegant. Die männlichen Models hingegen ziehen mit Gigolo-Gehabe die Hosen oder die T-Shirts aus und werfen sie gut gelaunt ins Publikum. Je länger ich ihnen zuschaue, desto klarer wird mir, dass sie nach der Show ihr Salär wahrscheinlich mit Soloauftritten in den Diskotheken Italiens aufbessern. Sie nehmen fast pornografische Posen ein und wackeln mit dem Hintern wie die Paviane. Allerdings macht das wirklich Eindruck.

Die abstrakte männliche Vorstellung von der idealen Geliebten hat sich auf die beiden anderen Käufergruppen übertragen: Frauen und Schwule. Die Mailänder Mode setzt auf magersüchtige Mädchen mit Augenringen wie Heroinsüchtige und auf ruhige Jungs, die ein bisschen aussehen wie schleifchengeschmückte Pudel. Doch obwohl jeder Markt seine eigenen Regeln hat, greifen alle immer wieder auf die kraftvolle Ästhetik von Randgruppen zurück, von denen sie sich eigentlich distanzieren wollen. Dies ist letztlich der Grund, weshalb ein Ex-Drogendealer als Modemacher für Jugendmode Erfolg hat. Er ist ja das Produkt jener Randgruppen und äfft sie nicht nur nach. Breakdance und Hiphop sind in den Ghettos entstanden, in einer Kultur der Dealer und Junkies. Erst später haben sie sich überallhin ausgebreitet, auch ins bürgerliche Lager.

Mein Schriftstellerfreund stimmt mir zu: »Wenn man es recht überlegt, war das mit dem Jazz schließlich genauso. Das war die Musik der schwarzen Sklaven und ihrer Nachkommen. Und der Tango? Stammt aus Bordellen, in denen man im Tanz das Spiel der Huren nachahmte.«

Ich war Drogenhändler und weiß heute, wie ich dieses Bedürfnis, die Regeln zu übertreten, sinnvoll nutzen kann. In Italien ließ sich dieser Mechanismus anhand der Pornografie beobachten. Früher von katholischer Seite mit Tabu belegt, wurde sie allmählich salonfähig, im Fernsehen und sogar im Parlament. Eine Pornodarstellerin machte Familiensendungen. Als sie starb, brachte man ihr eine fast heiligenmäßige Verehrung entgegen. Nun, Deputamadre69 setzt auf dasselbe Prinzip. Nach den ersten provokanten T-Shirts konnte ich die Kollektion verfeinern. Die Damenmode war früher provokant, heute ist sie verführerisch.

Im Voraus zu wissen, was die Kunden kaufen werden, ist zwar schwierig, aber doch machbar, selbst bei der Jugendmode, die letztlich immer noch der am wenigsten vorhersehbare Markt ist. Ein Drogenboss verkauft eine Ware, die stark nachgefragt wird und für den Kunden unverzichtbar ist: Drogen. Aber es gibt unendlich viele Drogen, und die Moden wechseln. Meine Wiederverkäufer damals waren Dealer und Pusher. Wenn einer der Zwischenhändler feststellte, dass seine Pusher kein Kokain mehr loswurden, weil in Neapel, London und Berlin mittlerweile synthetische Drogen gefragt waren, so machte er mir Mitteilung, und ich tauschte das Koks gegen eine andere, marktgängigere Droge aus. Genauso halten es die italienischen Textilhersteller. Sie sammeln die Umsatzzahlen des vergangenen Jahres und analysieren sie zusammen mit den Rückmeldungen der Händler vor Ort. Sie produzieren zunächst in einer neutralen Farbe, die später nach den Bestellungen der Einzelhändler farblich aufgepeppt wird. Es gibt also keine Lagerhaltung und keinen Rücklauf mehr. Man produziert nur das, was der Markt bereits geordert hat. Und natürlich versucht man, in der Kollektion etwas Neues unterzubringen, um den Kunden sozusagen das Stichwort vorzugeben. Man führt und wird geführt. Wie immer ist man gleichzeitig Spieler und Spielstein.

Bis jetzt habe ich ins Blaue hineinproduziert. Genauer gesagt habe ich meine Produktion noch nicht so angepasst, dass das Einzelstück erst dann gefertigt wird, wenn die Bestellung vorliegt. Ich stelle die Kollektion zusammen und präsentiere sie den Europavertretern, wenn die Fabriken schon auf Volldampf produzieren und sich an der Kollektion nicht mehr viel ändern lässt. Dabei wäre es wichtig, die Läden nur mit bereits verkaufter Ware zu beliefern. Da ich in der halben Welt produzieren lasse, ist es schwierig, hier Schritt zu halten. Ich muss stets Millionen von Artikeln im Voraus produzieren und hoffen, dass ich den Geschmack der Kunden treffe, wenn die Sachen in den Schaufenstern von Beirut, London, Caracas oder Tel Aviv ausliegen.

Die Rechnung ist bislang immer aufgegangen: Der Rücklauf ist minimal. Nach den Jahren des Wachstums geht es nun darum, sich an dieses wirtschaftliche Prinzip anzupassen. Das klingt zunächst nicht weiter tragisch, aber es ist wirklich enorm anstrengend. Aber früher, als Drogendealer, habe ich das ja auch geschafft, wenn ich eine Tonne des kolumbianischen Agrarproduktes auf den Markt bringen musste. Damals war ich mit genau dem gleichen Problem konfrontiert.

Dieses Jahr habe ich es nun endlich geschafft und bin früher dran. Die Musterkollektion ist schon draußen, obwohl noch kein einziges Stück tatsächlich produziert wurde. Es ist ungeheuer befriedigend, die Phase der Kreativität mit der industriellen Produktion abstimmen zu können. Der schwierigste Moment dabei ist, wenn die Idee zum Prototypen wird, also noch bevor sie in Serie gefertigt wird. Dann gibt es tausend lästige Fragen zu klären: Fehler beim Nähen, beim Material, bei der Farbe. Nach der Show erhält jeder der Vertreter eine Lieferung mit allen Modellen, die er unter die Leute bringen soll. Und hier tritt eine ganz entscheidende Persönlichkeit auf den Plan: der Regionalvertreter. Er ist es, der den Einzelhändlern den Katalog vorlegt und sie dazu bewegt, sich für Deputamadre69 zu entscheiden. Wenn wir damit nur eine oder zwei Wochen zu spät dran sind, müssen wir die ganze Maschinerie von Fabriken und Speditionen beschleunigen. Sonst kommen wir in gut dreißig Ländern mit unserer Kollektion zu spät auf den Markt – bezogen auf den Wechsel der Jahreszeiten. Das ist ein ständiges Glücksspiel. Ein mühseliger Kampf gegen tausend Hindernisse und vor allem gegen die Zeit. Aus diesem Grund jette ich so häufig von Land zu Land, um dort alles persönlich zu kontrollieren. Wie ich früher in den Dschungel zog, um die Ware zu testen und die Vereinbarungen mit den Indios zu treffen, so muss ich mich heute darum kümmern, dass Muster und Produktion rechtzeitig bereitstehen. Und so geht es allen Modemachern, überall, wo ein kreativer Kopf eine Modelinie gegründet hat.

Wie die Idee von Deputamadre69 entstand, ist heute bekannt. Nach den Bandenkriegen im Gefängnis von Barcelona und nach dem Aufenthalt in der Einzelzelle, wo Miguel und ich monatelang lebendig begraben waren, hatte die unmenschliche Situation uns beide ziemlich ausgelaugt. Miguels Mutter war gestorben, worüber er sehr traurig war. Vielleicht war diese Frau ja seine einzige Hoffnung, ein besserer Mensch zu werden, wenn er aus dem Gefängnis einmal freikäme. Vielleicht war sie auch nur die Einzige, die draußen auf ihn wartete. Ich hatte nicht einmal das. Vielleicht war Miguel auch nur deshalb so am Ende, weil der Tod der Mutter für jedes Kind schlimm ist, auch wenn sie dich verleugnet hat. Es gibt nur eines, was noch schlimmer ist: wenn Eltern ihre Kinder überleben.

Miguel ging es also wirklich schlecht. Ich wollte ihm zeigen, dass ich für ihn da war, und fragte ihn blöderweise, wie es ihm gehe. Miguel, erstaunt, dass ich etwas so Offenkundiges fragte, sah mich einen Augenblick lang an und zischte dann: »Deputamadre!« Was so viel heißt wie: »Echt geil!«

Ich nickte verlegen und ließ ihn mit seinem Schmerz allein. In der Zelle überlegte ich mir, wie ich diese Dummheit wiedergutmachen konnte. Ich nahm ein weißes T-Shirt und schrieb eben dieses Wort darauf, das mir später so viel Glück bringen sollte. Ich schenkte das T-Shirt Miguel, der darüber lachen musste. Auch seine Zellengenossen fanden es lustig. Also machte ich noch weitere und verteilte sie an meine Freunde. Die Schrift war schön. Man sah, dass sie mit fester Hand ausgeführt worden war. Der eine oder andere Aufseher mit Sinn für Humor brachte mir weitere T-Shirts und bat mich, sie doch mit meinem Schriftzug zu versehen – gegen Entgelt natürlich. Ich tat es, und schon nahm die Sache ihren Lauf. Mir fielen andere Slogans und Sätze ein. So schuf ich ein extra Aufseher-Shirt: »Ich bin im Gefängnis, weil die anderen schuld sind, aber verdient habe ich es trotzdem.« Seltsamerweise fuhren sie voll drauf ab.

Als ich Ende der Neunzigerjahre aus dem Gefängnis entlassen wurde, ging ich nach Formentera und versuchte, dort meine T-Shirts zu verkaufen. Anfangs ging das auch gut. Das Problem war nur, dass ich sie mittlerweile nicht mehr selbst mit Schriftzug verzierte, sondern drucken ließ. Es war gar nicht so einfach, damit Gewinn zu machen. Man musste die Zahl der bedruckten Shirts steigern. Dazu aber brauchte ich ein Vertriebsnetz am Strand, in passenden Geschäften. Ich wollte die T-Shirts nicht irgendwelchen fliegenden Händlern anvertrauen. Ich hatte Miguel versprochen, dass ich alles, was ich bis zu seiner Entlassung verdienen würde, fifty-fifty mit ihm teilen würde. Und dieser Tag rückt näher. Wenn er in der Zwischenzeit nichts angestellt hat. Wenn er fünfundzwanzig Jahre Knast überlebt, wird es ein Vermögen sein, was ihn erwartet. Der Gedanke an ihn, an diesen elend langen Gefängnisaufenthalt, hat mich weiter motiviert. Allein deshalb wollte ich aufs Ganze gehen.

Bei meinen Versuchen, mich während der Reisesaison durchzuschlagen, lernte ich zwei Italiener kennen, sephardische Juden aus Tripolis. Sie sagten, ich sei gut, und wenn ich es in der Nebensaison mal in Rom versuchen wolle, würden sie mir helfen. Sie waren seit Urzeiten im Textilgeschäft tätig.

Als der Herbst kam, verfiel Formentera in Winterschlaf. Also ging ich nach Rom, um mit Pablito abzurechnen. Als diese Sache geklärt war, versuchte ich, ein Geschäft aufzuziehen, zunächst einmal nur auf eigene Faust. Ich hängte mich an einen Typen, der drei Läden im Zentrum hatte, doch ich musste – auf meine Kosten – bald feststellen, dass dies eine Sackgasse war. Er war ein Durchschnittstyp, der mir nichts beibringen konnte. Ich wurde ein paar Mal übers Ohr gehauen, und so beschloss ich, mich an die beiden Jungs aus Tripolis zu wenden. Für ein paar Bündel Banknoten stellten sie mir ihr Branchen-Knowhow sozusagen als Sprungbrett zur Verfügung. Ich lernte ein paar Leute aus dem Showbusiness kennen, die mich baten, für ihre Partys in Mailand oder Rom T-Shirts für die Gäste zu machen. Doch auch dies erwies sich als nicht besonders erfolgreiche Strategie. Jede Party, jedes Fest war ein Kapitel für sich. Danach musste ich wieder von vorn anfangen. Außerdem braucht die Prominenz, sei sie nun A-, B- oder C-Level, ständig etwas Neues, sodass meine Shirts vermutlich bald ihren Reiz verloren hätten. Allerdings ging es schon längst nicht mehr um einfache T-Shirts. Ich hatte angefangen, den Shirts eigene Formen zu geben und unterschiedliche Materialien dafür auszusuchen: Baumwollstretch oder Segeltuch. Vom Schriftzug einmal abgesehen war das schon richtige Mode. Der Schriftzug wandelte sich langsam in ein Logo.

Ich ließ die Marke nicht registrieren, und Jahre später, als Deputamadre69 schon hohe Umsätze machte, kam auf einmal ein Typ an, der sich den von mir erfundenen Markennamen im Tessin hatte sichern lassen, und ich musste für teures Geld die Markenrechte kaufen. Ein echter Aderlass. Natürlich spielte ich mit dem Gedanken, zu drastischen Methoden zu greifen, aber ich wollte meine Zukunft nicht ruinieren. Ich fühlte mich ausgeplündert. Der Grund dafür, warum ich nicht die Geistesgegenwart besessen hatte, die Marke sofort registrieren zu lassen, war wohl auch eine Art Aberglaube: Ich wollte den launischen Gott des Erfolgs nicht herausfordern.

Zwischen den Jahren 2003 und 2004 trug eine TV-Persönlichkeit bei einer Sendung eines meiner T-Shirts. Das war ein unglaublicher Verkaufsschub. Innerhalb weniger Wochen kamen mehrere Zehntausend Bestellungen herein. Exklusive Läden, die meine Sachen bislang verschmäht hatten, standen plötzlich Schlange, um sie im Schaufenster präsentieren zu dürfen.

Mundpropaganda ist das Wichtigste überhaupt, vor allem in der Jugendmode. Da kannst du Werbekampagnen schalten, so viel du willst, aber wenn bei deinen potenziellen Kunden das Gefühl fehlt, ein bestimmtes Produkt mit den Freunden teilen zu können, ist das hinausgeworfenes Geld. Ganz im Gegenteil, häufig lässt eine aufwändige Werbekampagne beim gewieften Kunden sämtliche Alarmglocken schrillen. Dann hat er das Gefühl, dass nicht mehr er und seine Freunde die Trendsetter sind, sondern dass man ihm den Trend sozusagen überstülpen will. Wer lässt sich schon gerne von einer Fernsehwerbung ersetzen? Und schon hört er auf, das Produkt zu kaufen, das ihm vor kurzem noch geeignet schien, ihn in seiner Gruppenzugehörigkeit zu bestätigen. Eine Scheißkettenreaktion, aber so ist es nun mal.

Nachdem wir uns also erfolgreich auf dem Markt etabliert hatten, schlug ich meinen noch misstrauischen Teilhabern vor, massiv in die Marke zu investieren, die Produktpalette zu erweitern und mehrere Linien herauszubringen. Sie fanden meine Vorschläge vernünftig und realisierbar, und so konnte ich bald eine Herren- und eine Damenkollektion präsentieren. Jede mit siebzig Modellen. Vom Top zum Sweatshirt, von der Hose zum sexy Kleidchen. Der Schriftzug »Deputamadre69« wurde kleiner und unser Markenzeichen. Nun war es eher der allgemeine Stil der Marke, der zeigte, dass diese Sachen aus der Wut heraus entstanden sind. Vom Koksdealer zum Modedealer, sozusagen. Was zählt, ist der Geist, der dahintersteckt. Ganz egal, welche Finanztricks man anwenden mag, wenn hinter einem Geschäft keine gute Idee steht, wirft es nichts ab. In der Wirtschaft heißt es, Geld sei gleichzusetzen mit der Ware. Das bezweifle ich. Die Macht des Geldes zeigt sich vielmehr in der Droge. Diese erzeugt mehr Abhängigkeit als Mode, ist allerdings weniger dem Zeitgeschmack unterworfen. Bei der Mode ist das natürlich anders, aber letztlich sind die Mechanismen genau die gleichen: Mode ist nicht lebensnotwendig, aber man kommt auch nicht ohne sie aus.

Nun hatte ich zwar eine Tätigkeit gefunden, die mich ausfüllte, doch hatte ich immer noch keinen endgültigen Schlussstrich unter meine Vergangenheit gezogen. Ich war zwar kein Drogenboss mehr, aber immer noch ein Ex-Sträfling. Ich musste lernen, mich mit der Konkurrenz auf dem Feld der Arbeit zu messen, ohne den Umweg über das Blei zu nehmen, wie ich das in meinem früheren Leben gemacht hatte. Ich musste vor allem Geduld lernen. Ich mit meinem unsteten, impulsiven Wesen musste mir diesen Charakterzug mit eiserner Disziplin antrainieren. Geduld, wenn es darum ging, Enttäuschungen zu ertragen, verspätete Lieferungen, ausgebliebene Zahlungen, Beziehungen zu falschen Geschäftspartnern.

Mailand war für mich irgendwie nicht das Richtige. Ich hatte es satt, immer zwischen privaten Festen und Diskothek hin und her zu kullern. Ich kannte Leute jeder Couleur und traf immer wieder auf »Bewunderer«, die meinten, sie würden mir als aufgehendem Stern am Designerhimmel gern unter die Arme greifen. Alles Schaumschlägerei. Da ging am Abend Koks herum, Sex war schnell zu haben. Im Grunde das gleiche Leben, das ich als Drogenhändler geführt hatte, aber weniger aufregend und weniger lukrativ.

Wie immer half mir ein Spruch von Großvater Jack auf die Sprünge: »Wenn du das Gefühl hast, es riecht nach Mief, musst du dich waschen oder den Ort wechseln.« Da ich schon seit Jahren versuchte, meine Vergangenheit von mir abzuwaschen, entschied ich mich für eine Luftveränderung. Rom. Vielleicht hätte sich auch in Mailand irgendwann mal etwas Positives ergeben, doch vermutlich hätte ich lange vorher die Orientierung verloren. Meine Frau ist eine großartige Sportlerin. Von ihr habe ich gelernt, den Rausch der Frühe auszukosten. Man steht früh auf, isst etwas Gesundes zum Frühstück und setzt sich dann mit klarem Kopf an die Arbeit. Schluss mit den durchzechten Nächten in irgendwelchen dröhnenden Clubs. Schluss mit Gesprächen, die weder privaten noch geschäftlichen Charakter haben. Wenn ich heute Geschäfte mache, dann im Büro. Wenn ich mit jemandem ein freundschaftliches Gespräch führen will, dann tue ich das außerhalb meiner Geschäftsräume. Privates und Geschäftliches finden streng voneinander getrennt statt, damit meine Stimmung mir nicht den ganzen Tag versaut. Das war wohl der Machetenschlag, der meine Lebensgewohnheiten definitiv veränderte. Vorher aber hatte ich noch einiges einzustecken.

Großvater Jack feixte immer, dass die Kutte zwar nicht den Mönch mache, dass man aber andererseits auch noch nie einen Mönch ohne Kutte, ganz nackt also, gesehen habe. Um mein Geschäft richtig aufzuziehen, bevor ich meine aktuellen Teilhaber kennenlernte, hatte ich keinen Cent in der Tasche. So versuchte ich es mit einem Bluff, um dem Mönch in mir endlich seine neue Kutte überzuziehen: von Deputamadre69 natürlich. In Mailand organisiert man nicht nur edle Feste für die High Society, sondern auch heiße Partys fürs organisierte Verbrechen. Mir ging es beschissen, und so fand ich es nur normal, die Vorschläge, die man mir von dieser Seite unterbreitete, einer genaueren Prüfung zu unterziehen. Ich betrachtete das als akzeptable Lösung.

Aber was eine Machete einmal durchtrennt hat, lässt sich nicht wieder nahtlos zusammensetzen. Diese Tatsache rettete mich einmal mehr. Doch wie immer hat mein Schutzengel mit mir ein bisschen Katz und Maus gespielt. Er kam als Polizist verkleidet. Er weiß ja, wie sehr ich jede Art von Uniform hasse. Meine Geschichte ist nun einmal so, wie sie ist. Und doch wartet er immer wieder bis zur letzten Sekunde, um mich vom Abgrund zurückzuziehen. Und immer in der gleichen Verkleidung. Wo er wohl seine schönen Flügel hat?

10

Um die Jahrtausendwende meldeten sich in Italien einige Altterroristen zurück, die der neuen Generation nicht weichen wollten, da diese sich natürlich einbildete, sie würde schaffen, was ihren Vorgängern in dreißig Jahren nicht gelungen war. Ich war mit meinen T-Shirts zugange, und bald war ich in aller Munde – als Ex-Drogenboss, der mittlerweile die Branche gewechselt hatte. Irgendjemand erinnerte sich plötzlich, dass es da in Barcelona mal einen Pablo gegeben hatte, der den Kokshandel in Europa kontrolliert hatte. Dieser Jemand fragte sich, ob dies vielleicht dieselbe Person war, die heute Mode für die Jugend entwarf. Da dieser Pablo sich einfach in Nichts aufgelöst hatte und auch aus dem Waffenhandel verschwunden war, stellte dieser Jemand sich vor, Pablo sei vielleicht an Geschäften interessiert. Zumindest konnte man ja mal nachfragen, ob er die alten Brigaden nicht wieder ausrüsten wolle. Von Turin aus stellte man Nachforschungen an und erfuhr, dass Pablo tatsächlich der Typ war, der sich jetzt Ilan Fernandez nannte. Man wusste, dass ich nach meiner Verhaftung nicht mit der Polizei kooperiert hatte, und hoffte daher, ich sei an anderen Formen der Zusammenarbeit interessiert. Und so machte man sich vorsichtig an mich heran.

Auf der Geburtstagsfeier einer Fernsehschauspielerin, die für ihre üppigen, per Skalpell und Photoshop aufgepeppten Rundungen bekannt ist, die über die Ränder der Kalenderfotos treten, auf denen sie sich regelmäßig nackt zeigt, sprach mich ein magerer Typ an. Er war elegant gekleidet und rückte sich permanent die weinrote Krawatte zurecht. Ein nervöser Tick ließ die Stelle zwischen linkem Nasenloch und Mund ständig zucken. Dann zog er die Nase hoch und stülpte die Lippen vor, als müsse er eine unsichtbare Fliege verscheuchen. Er stellte sich mit irgendeinem Allerweltsnamen vor und fing an, mit mir über Geschäfte zu reden. Der DJ trug eines meiner T-Shirts, auf dem in flammendem Rot »Narcos« steht – Drogenboss –, und er dröhnte uns die Ohren voll, obwohl wir ohnehin schon halb taub waren. In diesem Höllenkrach sprach der Magere mich plötzlich auf einen bestimmten Typ »Ware« an, den ich früher einmal verkauft hätte. Am Ende dieses Satzes zog er wieder das linke Nasenloch hoch und ließ die Oberlippe folgen.

Ich sah ihn eine Zeit lang an, und als er die Grimasse wiederholte, dachte ich, er wolle aufs Koksschnupfen anspielen. Wie immer fragte ich mich, wieso alle Leute annehmen, ein Drogenboss trage das Zeug einfach in der Tasche mit sich herum wie ein Vertreter seinen Musterkoffer, und dass er es jedem Erstbesten zum Schnupfen anbiete. Was ich noch weniger verstehe, ist, wie man sich bei einer Anspielung auf diese Dinge an die Nase fassen kann. Das ist, als würden Sie einen Massenmörder, der gerade seine Strafe abgesessen hat, fragen, ob er nicht Ihre Schwiegermutter oder Ihren Nachbarn erledigen wolle, und dabei mit ausgestrecktem Zeigefinger so tun, als würden Sie auf ihn losballern.

Ich wollte mir den Typen gerade zur Brust nehmen, als er mir den Namen eines früheren Kunden ins Ohr flüsterte. Vor etwa fünfzehn Jahren hatte dieser in großem Stil Handfeuerwaffen gekauft. Was er wohl jetzt wollte? Also hielt ich inne und fragte, was mich das anginge. Der Knabe mit dem Tick, der nur ein Tick war, aber trotzdem den Wunsch erweckte, dem Kerl eine zu langen, erklärte, er suche eben speziell *meine* Ware.

Ich sah ihn perplex an: »Hör mal, ich bin Designer. Ich weiß nicht, ob du das schon mitbekommen hast, aber ich verkaufe junge Mode.«

Der Typ dachte offensichtlich, ich wolle mich nur zieren oder benutze einen Code: »Natürlich brauche ich kein altes Zeug. Wir handhaben unsere Probleme mit Stil, deshalb brauchen wir dich ja.«

So ging es ein paar Minuten lang dahin, während alte Bekannte mir freundlich auf die Schulter klopften oder mir ein Glas in die Hand drückten. Wir redeten aufs Schönste aneinander vorbei.

»Ich verkaufe nur an Großhändler, nicht an den Einzelhandel. Zu diesem Zweck musst du dich an meine Leute wenden.«

»Wir wollen schon was mit Glanz und Gloria, dazu brauchen wir starkes Zeug, das nicht nur Krach macht.«

Ich verstand wieder nur die Hälfte und fragte mich, wer zum Teufel diese Gloria war. Allmählich kapierte ich gar nichts mehr, daher gab ich skeptisch zur Antwort: »Zahlung bei Lieferung, Anzahlung bei Bestellung. Ansonsten wird nichts daraus.«

»In Ordnung, mein Hübscher.«

»Hör auf mit diesem Halbstarkengerede. Das mag ich nicht besonders.«

»Ich hab's schon kapiert. Hauptsache, du legst mich nicht rein. Alles klar?«

Dann stellte er mir einen stämmigen Jüngling vor, der sich zufällig hierher verirrt zu haben schien. »Also, kannst du die Waffen liefern oder nicht?«

Ich starrte ihn an, als hätte mich der Blitz getroffen, und dachte schon, ich sei einem dieser Vorsicht-Kamera-Typen aufgesessen. *Designer und Ex-Drogenboss kann sich von seiner Vergangenheit nicht lösen*, wäre doch eine schöne Schlagzeile. Nun ja, ich konnte das Ganze ja immer noch hinbiegen, wenn man mich in die Sendung einlud. Also tat ich, als sei ich dabei. Ich fragte den Jüngling sogar, welchen Typ Waffen er brauche, und versicherte ihm, ich würde mit derselben Umsicht zu Werke gehen wie ein Florist, der den gleichen Strauß Rosen zweimal liefern muss – an die Geliebte und die Ehefrau des Kunden. Die beiden waren höchst zufrieden. Offensichtlich hatten sie nur darauf gewartet, dass ich diesen aufgeblasenen Ton anschlug.

Sie verhandelten ein wenig untereinander, dann wandten sie sich wieder an mich: »Morgen um 17 Uhr 30 an der Centrale. Wir holen dich ab.«

»In welcher Zentrale?«

»Na, in der der Carabinieri natürlich«, meinte der Typ und versetzte mir einen Schlag auf die Schulter.

Das war die *Versteckte Kamera*, keine Frage. »Also verbleiben wir so: halb fünf, Centrale«, wiederholte der Stämmige. Ich sah mich um, er steckte mir eine Visitenkarte mit einer Handynummer zu. »Und sei pünktlich. Wenn nicht, rufst du an. Alles klar?«

Ich blieb bis zum Morgengrauen auf der Fete und ging nach Hause, um mich auszuschlafen. Die ganze Geschichte hatte ich schon vollkommen vergessen.

Als ich zum Frühstück aufstand, war es bereits zwei Uhr nachmittags. Ich überlegte noch, ob ich mich wieder hinlegen sollte, weil ich einen fürchterlichen Kater hatte, aber ich hatte einiges zu tun, und so hatte mich die Mailänder Geschäftigkeit bald wieder aufgesogen.

Am Abend eine neue Party, und siehe da, wer mir über den Weg lief: der Magere vom Tag zuvor mit seinem Freund! Er zischte: »Warum hast du nicht angerufen?«

Ich fiel aus allen Wolken, stellte mich aber blöd: »Wer sagt mir denn, dass ihr es ernst meint? Schließlich kennen wir uns überhaupt nicht.« Das war mehr so dahingesagt. Immer wenn ich nicht ganz verstehe, worum es in einer bestimmten Situation eigentlich geht, werde ich misstrauisch und versuche instinktiv, mehr über mein Gegenüber zu erfahren. Ich plauderte also munter weiter, weil ich wissen wollte, wieso dieser Typ, der behauptete, er kenne jemanden, mit dem ich in Barcelona Geschäfte gemacht hatte, mich unbedingt sprechen wollte. Als man mich zu einem Treffen in einer Wohnung in den Vororten von Mailand bat, wurde mir klar, dass das Ganze zum Himmel stank. Bald hatte ich heraus, dass diese Leute tatsächlich Waffen kaufen wollten, und mir wurde heiß und kalt. Was zum Teufel hatte ich mit diesem Mist überhaupt noch zu schaffen? Und wie sollte ich mich aus dieser Sache jetzt wieder herauswinden? Um Zeit zu gewinnen, sagte ich, das Zeug sei schließlich teuer. Schweigend sahen mich die beiden an und nickten. Ich erklärte, dass ich vorher überprüfen müsse, ob sie wirklich genügend Bargeld hätten. Erst dann würde ich die Verhandlungen aufnehmen. Das Geld hatten sie. Es waren wohl so um die hunderttausend Euro – in bar. Mehr aus Neugier fragte ich dann, was sie denn brauchten.

»Maschinenpistolen vom Typ Skorpio und vielleicht etwa zwanzig Uzis, dazu Sprengstoff, Zeitzünder, automatische Pistolen und so viel Munition wie möglich.«

Ich fragte mich, was sie mit dem Zeug anstellen wollten. Und für wen es bestimmt war. Ich erinnerte mich vage, dass mein früherer Kunde zu einer baskischen Organisation gehörte, die ganz offenkundig im letzten Jahrhundert stehen geblieben ist.

Ich tat, als würde ich ihnen ihre Geschichte abnehmen. Sie wollten ein neues Kapitel im bewaffneten Kampf aufschlagen, unter demselben Markenzeichen wie früher, dem fünfzackigen roten Stern. Und sie wollten den Kampf ins Herz des Staates hineintragen. Ich sah sie eher als einen Haufen tollwütiger Hunde. Sie versuchten, eine Gruppe zusammenzustellen, die ein paar wohlgezielte Schläge landen und dann nach Südamerika verschwinden sollte. Ein letztes Aufbäumen vor der Pension, sozusagen. Das, was sie mir an Bargeld gezeigt hatten, war für ihre Wunschliste bestenfalls eine Anzahlung. Ich sagte also, dass ich es mir überlegen und ihnen in einer Woche Bescheid geben würde. Wir verabredeten uns, dieses Mal klar und deutlich, am Hauptbahnhof, der Stazione Centrale. Das war zwar sehr umsichtig gedacht, aber wenig effizient. Ich hatte eher den Eindruck, als hätte ich es mit unerfahrenen Bankräubern zu tun und nicht mit einem reaktivierten Trupp der Roten Brigaden.

Nichtsdestotrotz ging ich hin. In der als Treffpunkt vereinbarten Wohnung roch es nach Katzenpisse. Dieses Mal zählten sie im Detail auf, was sie alles kaufen wollten. Ich hatte immer noch den Eindruck, hier handle es sich um einen gigantischen Witz, und daher spielte ich ihnen denselben Streich, der bei Waffenkäufern unterschiedlichster Provenienz immer funktioniert. Sie wollen eine Pistole, um damit etwas ganz Bestimmtes zu tun, und daher wollen sie auch nur diese Pistole, nur dieses Modell. Dann aber erhöht man den Einsatz und bietet ihnen ein Maschinengewehr an. Da werden sie dann ganz aufgeregt. Ja, ja, natürlich würden sie auch ein Maschinengewehr nehmen. Ein schönes Galil zum Beispiel, das ist nicht so verbreitet. Schließlich deutest du an, dass auch Bazookas zu haben sind, und sie fallen darauf herein. Eine Bazooka, warum denn nicht? Wo vorher eine Pistole ausreichte, da muss jetzt auf einmal eine Panzerabwehrwaffe her! Dann bietest du auch noch einen Granatwerfer aus israelischer Produktion an, klein und leicht, etwas für Kenner. Ein Granatwerfer? Wie funktioniert denn der und was könnten wir speziell damit anfangen? An diesem Punkt wirft man ein paar bescheuerte Bemerkungen ein wie etwa, dass ein Granatwerfer die Polizei von der richtigen Spur abbringen würde, ja, dass sie ganz sicher im Nahen Osten nach den Verantwortlichen für das Attentat suchen würden. Glänzenden Auges wird eifrig genickt. Aber dann schüttelst du den Kopf. Vielleicht wäre die Stinger, die dir kürzlich in die Finger fiel, noch besser? Sie ist jedenfalls in bestem Zustand. Eine Flugabwehrrakete? Wow! Aber wer hat in Europa schon eine Stinger? Niemand. Und so lässt du sie dahinfantasieren über ein Waffenarsenal, das nicht einmal der meistgesuchte Terrorist der Welt vorweisen könnte.

Diesen Trick wendet man auch bei Westentaschendiktatoren und Bossen des organisierten Verbrechens an, um sie ein bisschen zu rupfen. Man verkauft ihnen eine äthiopische MIG, ein Militärflugzeug, dabei haben sie nicht einmal eine passende Landefläche, wo das Ding runtergehen könnte. Doch das überreißen sie erst, wenn sie schon bezahlt haben. Sie werden beim Anflug von der Luftwaffe zum Landen gezwungen, und das ist auch gut so, weil ihnen mittlerweile der Treibstoff ausgegangen ist.

Wenn die Leute in Bezug auf die Feuerkraft den Hals nicht voll genug kriegen können, hat das meiner Ansicht nach einen sexuellen Hintergrund. Die ewige Suche nach dem Längsten, dem Stärksten, dem Potentesten. Bei der Kugel fängt es an, am Ende ist man beim Militärflugzeug. Ich habe von einem Kolumbianer gehört, der sich zum Schutz seiner Villa, die schon besser befestigt war als Fort Knox, ein paar Panzer kaufte.

In Mailand lief das offenbar ganz ähnlich. Unsere Terrorgruppe in spe sah sich schon als Macht im Staat. Die vereinbarte Rechnungssumme war zwanzigmal so hoch wie von ihnen ursprünglich geplant, aber ich glaube, sie hatten die irrige Vorstellungen, sie könnten die doppelt gelieferten Waffen en detail wieder verkaufen. Offensichtlich wussten sie, wie ich früher gearbeitet hatte, daher hegten sie keinerlei Zweifel, dass ich ihnen alles rechtzeitig, sozusagen mit Schleifchen, liefern würde. Ein bestimmter Ruf verpflichtet eben, auch wenn es ein schlechter ist.

Es vergingen einige Wochen, in denen – ich gebe es zu – irgendetwas in mir Klick machte. Eine Art professioneller Stolz vielleicht. Oder wie ein Reflex, von dem mein Freund mir erzählt hat: Man klopft mit dem Hämmerchen aufs Knie, und das Bein hebt sich. Ich hatte wirklich Lust, die Handelsgüter auf dieser verrückten Einkaufsliste zu besorgen. Ich wusste, dass ich dazu in der Lage war. Ich könnte eine schnelle Lieferung gewährleisten und würde unglaublich viel Geld verdienen. Die Herausforderung reizte mich. Da gehst du auf eine Party, und aus einem Missverständnis aufgrund allzu lauter Musik fängst du plötzlich an, wieder mit Waffen zu handeln. Ich spielte sogar mit dem Gedanken, das Geld einzukassieren und abzuhauen. Man könnte es in andere Aktivitäten investieren und dann mit Zinseszins zurückzahlen. Natürlich mit einer guten Entschuldigung und einer Empfehlung an einen ehemaligen Kollegen. Aber solche Scherze waren einfach nicht mein Stil. Außerdem hätte es mich Kopf und Kragen kosten können.

Als ich drauf und dran war, mich auf das Geschäft einzulassen, obwohl mein Instinkt mir dringend davon abriet, vereinbarten wir ein weiteres Treffen. Ich hatte keine Ahnung, ob ich tatsächlich mein früheres Leben hätte wiederaufnehmen können, ohne mich wie ein Trottel zu fühlen, da ergab sich plötzlich die Lösung.

Mein Schutzengel eilte im Sturzflug auf mich zu – Polizei und Carabinieri. Und um mir die Entscheidung zu erleichtern, ließ er mich ein paar Monate im Gefängnis schmoren. Vielleicht sollte ich meinen Schutzengel auch umtaufen. Er ist eher ein Engel, der mich in Schach hält. Und da hatte ich wieder, worauf ich offensichtlich nicht verzichten kann: den Gestank nach Beton und Pisse. Aufseher mit Knüppeln, denen es Freude macht, diesen auch einzusetzen. Immer dieselben, vom Leben enttäuschten Gesichter, die dich jeden Morgen anglotzen, sobald du auf deinem unbequemen Klappbett erwachst. Ich brachte diese Zeit damit zu, verzweifelt den Kopf zu schütteln, so als ob der Gefängnisaufenthalt mich nichts anginge.

Die Dummköpfe, die so gerne Terrorist gespielt hätten, waren längst auf dem Radar der Polizei. Man hatte sie verfolgt und abgehört. Nachtfalter auf der Suche nach einem Licht, das sie verbrennt. Ich war auf mich selber sauer. Die Typen taten mir leid. Sie waren hereingelegt worden, genau wie ich von Pablito. Das kann dem abgebrühtesten Gesetzesbrecher passieren. So wie sogar der abgebrühteste Ermittler geleimt werden kann. Das gehört eben zum Berufsrisiko, wenn man Räuber und Gendarm spielt.

Den Verhörbeamten erzählte ich dasselbe wie den Typen, die mich hineingeritten hatten. Die auf Tonband aufgenommene Wunschliste dieser Kerle war so unwahrscheinlich und grotesk gewesen, dass meine Anwälte keine Probleme hatten, die Wahrheit zu beweisen. Ich hatte mich der Aufschneiderei schuldig gemacht, mehr nicht. Trotzdem verbrachte ich einige Monate hinter Gittern und durfte dort über die ausgezeichneten Reflexe meines Schutzengels nachdenken. Vielleicht hätte meine Lust an der Herausforderung ja tatsächlich zur Folge gehabt, dass ich einen anderen Weg eingeschlagen hätte, als ich ursprünglich wollte. Ich wäre ein Lügner, wenn ich behauptete, dass das Ganze haarscharf war. Doch ebendieser Schock überzeugte mich ein für alle Mal, dass es ein Fehler wäre, mein altes Leben wiederaufzunehmen, vor allem, wenn ich es nur aus Mangel an Initiative tat. Ich musste es mit meinen Ideen in der Mode schaffen. Ohne Tricks, ohne Abkürzungen. Diese Erkenntnis dämmerte mir, als ich wieder einmal eingesperrt war.

Auch wenn ich mit meiner Einschätzung durchaus richtig lag, wie lange ich in etwa sitzen würde, empfand ich eine unglaubliche

Wut, weil ich wieder hereingefallen war. Ich hatte das Gefühl, mir selbst untreu geworden zu sein. Zwar wusste ich, dass ich nichts Unrechtes getan hatte, doch ich wusste eben auch, dass nicht viel gefehlt hatte. Und wie hatte Großvater Jack doch immer gesagt: »Wenn du Mist gebaut hast, dann sag nicht, dass ein anderer es gemacht hätte, wenn du es nicht getan hättest. Das ist Blödsinn. Tu einfach das, was nur du machen kannst und sonst niemand.« Ich gerate immer wieder in verzwickte Situationen. Doch mit diesem Prinzip im Hinterkopf schaffe ich es, trotz aller Schwierigkeiten nicht aufzugeben. Ich will mein Leben nicht vom Zufall bestimmen lassen!

Also beschloss ich ein für alle Mal, wo es langgehen sollte. Ich drosch ein paar Mal mit den Fäusten gegen die Wand und entschied, dass ich mich nie wieder auf solche ebenso idiotischen wie riskanten Spielchen einlassen würde. Ich würde in Situationen, die mich vor gewisse Herausforderungen stellten, nie mehr die Deckung dermaßen vernachlässigen. Nie wieder. Den anderen Mitwirkenden in diesem Schmierenstück erging es allerdings wirklich schlecht. Ich hatte nur das Maul zu weit aufgerissen, sie aber hatten eine terroristische Vereinigung gründen wollen, und dafür gab es gleich reihenweise Beweise.

Als sich das Tor von San Vittore auftat, wartete kein Schwein auf mich. Es war eiskalt, und ich wollte unbedingt nach Süden. Dort wollte ich meine Gedanken sortieren und die schwachen Verbindungen, die ich schon geknüpft hatte und die sich in den letzten Monaten gelöst hatten, wiederaufnehmen.

Als meine Arbeit tatsächlich Erfolg hatte und – Jahre später – Mailand wieder zu einem Zentrum meiner Aktivitäten wurde, stattete ich der Stadt einen Besuch ab. Ich spazierte an San Vittore vorbei mit seiner hohen Mauer und den Wachtürmen. Was für ein absurdes Leben der Wachmann dort oben doch führt, eingeschlossen auf einem Quadratmeter wie ein Huhn in der Legebatterie. Ich sah hinauf. Dort war er, hinter dem dicken Fensterglas. Ein Fisch im Aquarium hat mehr Platz. Mit der Maschinenpistole am Riemen musterte er mich eingehend. Wahrscheinlich fragte er sich, wieso ich das Gefängnis so lange ansah. Er hob die Waffe an, damit ich sie von der Straße aus sehen konnte. Ich hob die Hände über den Kopf, als wolle ich mich ergeben, dann zog ich eine imaginäre Pistole aus dem Gürtel und tat, als würde ich schießen. Da wurde er plötzlich ganz hektisch. Vielleicht sollte ich besser verschwinden.

Seit ein paar Monaten habe ich in Italien keine gesetzlichen Auflagen mehr. Ich muss gestehen, dass ich seitdem besser schlafe. Mein Schriftstellerfreund meint: »Jetzt bist du wieder ein vollwertiges Mitglied der Gesellschaft.«

»Wieso? War ich davon etwa ausgeschlossen?«

»Findest du nicht? Entschuldige, aber macht dich das nicht nervös, wenn man dir im Gefängnis quasi immer einen Platz frei hält? Mich würde es jedenfalls nerven. Das schiebt man doch nicht einfach weg. In irgendeiner Ecke des Kopfes ist das doch immer präsent, oder?«

Da hat er vielleicht sogar recht. Vor einem Monat jedenfalls hatte ich Ärger mit einem Blödmann, der mir viel Geld schuldete. Da ich das Geld nur dann bekommen würde, wenn ich ihm Angst machen konnte, schickte er mir zur Vorsicht eine Horde Polizisten ins Büro. Schon aus der Art, wie sie mich behandelten, wurde mir klar, was sie unter »vollwertiges Mitglied der Gesellschaft« verstanden. Der Volllidiot hatte nicht nur versucht, mich über den Tisch zu ziehen. Er hatte mich auch noch bei der Polizei angezeigt und behauptet, ich hätte ihm eine Rolex im Wert von achtzehntausend Euro und etwa ebenso viel Bargeld geklaut. Und sie waren sofort angerückt, um mich zu verhaften. Einer mit meinem Vorstrafenregister konnte ja gar nicht anders, als so etwas Bescheuertes zu tun. Die dicke Akte, die sie über mich hatten, ließ es geraten erscheinen, mindestens mit einem Dutzend Polizeibeamter bei mir aufzutauchen. Ich bewahrte ruhig Blut und ließ meinen Anwalt anrücken.

Es folgte eine gründliche Durchsuchung meines Unternehmens: Lager, Büros und sämtliche anderen Räume. Dazu brauchten sie insgesamt eineinhalb Tage. Nachdem sie weder die Pistole gefunden hatten, die ich nach Aussagen des Trottels angeblich besaß, noch Drogen oder Diebesbeute, kam es endlich zu einer klärenden Aussprache: »Glauben Sie tatsächlich, dass ich mit der Rolex, die ich trage, einer Daytona Paul Newman, ein billigeres Modell klaue? Und was die angebliche Diebesbeute angeht: Ich habe sechzig Angestellte und kann Ihnen meinen exakten Umsatz nicht einmal genau nennen. Ich verkaufe Mode in allen Teilen der Welt. Ein Summe, wie die von Ihnen genannte, bringe ich an einem Wochenende mit Freunden in Kroatien auf meiner Yacht durch. Ich will Ihnen nicht zu nahe treten, aber bei Ihrem Einkommen fühlt man sich von einer Summe dieser Größenordnung vielleicht versucht, bei meinem ganz sicher nicht.« Der Stress hatte mich wütend gemacht, ich haute ganz schön auf den Putz. Sie zogen ab.

Ein paar Tage später rief man mich an, um mir mitzuteilen, die Anzeige sei zurückgezogen worden, und wenn ich wolle, könne ich eine Gegenanzeige wegen Verleumdung erstatten. Aber mit so etwas mache ich mir die Hände nicht schmutzig. Ich weiß schon, wie ich mit Idioten umzugehen habe.

Eines wurde mir bei der Angelegenheit allerdings klar: Wenn ich nicht der Unternehmer wäre, der ich bin, und mir nicht all die Anwälte leisten könnte, dann hätte man mir damals vielleicht Handschellen angelegt, und ich hätte mehrere Wochen im Bau verbracht, bevor alles geklärt worden wäre. Nutzlose Tage hinter

Gittern, weit weg von meinem Schreibtisch. Dafür hätte es schon ausgereicht, wenn sie mich in einem weniger eindrucksvollen Büro, in einer eher schlichten Bleibe aufgespürt hätten. Doch als sie sich mit sechzig Angestellten konfrontiert sahen, die sich reichlich Mühe gaben, trotz der Störung weiterhin meine Anweisungen auszuführen, haben die Beamten mich ordentlich behandelt. Wenn man von einzelnen spannungsbedingten Ausrutschern mal absieht. Und so drängt sich mir der Eindruck auf, dass man mit der richtigen Menge Geld gute Chancen hat, ein vollwertiges Mitglied der Gesellschaft zu werden. Das Gesetz hat damit wenig zu tun. Es ist der Augenschein, der entscheidet. Auch der Verkehrspolizist grüßt dich eher, wenn du am Steuer eines Ferrari sitzt als hinter dem Lenkrad eines Kleinwagens. Es wäre blöd, diese Tatsache zu leugnen: So ist es nun mal. Arbeit und Erfolg ermöglichen es dir, dich sicher zu fühlen vor bestimmten Situationen, bestimmten Blicken, bestimmten Unannehmlichkeiten, die dir den kalten Schweiß auf die Stirn treiben, wenn du eine – sagen wir mal – fragwürdige Vergangenheit hast. Außerdem hasse ich Polizisten und den ganzen anderen Kram. Dafür kann ich nichts, schließlich komme ich aus Cali.

Großvater Jack, der Uniformen ebenfalls dicke hatte, sagte immer: »Lieber nackt und frierend als in Uniform. Nackt kannst du wenigstens zeigen, was du in der Hose hast, in Uniform aber sieht ein Ei aus wie das andere.« Diesen Satz stieß er in seinem abgehackten Spanisch hervor, das manchmal klang wie das Deutsch eines Russen – wie mit dem Dampfhammer akzentuiert.

Ich behalte immer im Hinterkopf, dass es weit schwieriger ist, mit kleinen Ganoven umzugehen als mit wirklichen Verbrechern. Daher lasse ich mir von jedem Käufer eine Bürgschaft geben. Ich halte die Nase in die Luft, nehme langsam und bedächtig Witterung auf. Und dann vollzieht sich die Wandlung. Ich werde zum

Wildschwein, das hinter sich das Hecheln der Hunde hört; ein Wildschwein allerdings, das weiß, dass es Hauer hat und sich im Notfall der Meute stellen kann, ihm dann aber immer noch genug Kraft bleibt, um in seinen Bau zurückzukehren. Das ist der Geist von Cali, der sich immer wieder bemerkbar macht. Ich habe versucht, ihn abzuschütteln und ein bisschen relaxter zu werden, aber von der Badewanne mal abgesehen ist mir das bislang nicht gelungen.

Als ich mit meiner Tochter im Park spazieren ging und den rosafarbenen Streifen am Horizont betrachtete, die Wolken, die ein leichter Frühlingswind über uns dahintrieb, wurde mir auf einmal übel. Ich musste mich setzen. Wenn ich den Wolken am Himmel zusehe, wird mir so schwindlig, dass ich mich fast übergeben muss. Nur auf dem Wasser vergesse ich, dass ich dieses Wildschwein bin, das immer noch gejagt wird. Wenn ich mit dem Boot durch die Wellen pflüge, wenn es bei Höchstgeschwindigkeit auf und ab tanzt, während mir die Gischt ins Gesicht spritzt, dann kann ich abschalten. Dann werde ich ruhig und gelassen und bin bereit, dem Leben zu vertrauen. Vielleicht gelingt es mir ja früher oder später, auch meinen Mitmenschen zu vertrauen. Heute aber stellen sich mir die Borsten auf, sobald ich mich der Mole nähere und mich zum Anlegen bereit mache. Ich setze den Fuß auf den Anlegesteg und fahre meine Hauer aus. Dann richte ich den Blick nicht mehr gen Himmel, dafür bin ich noch nicht bereit. Dazu sind noch Jahre nötig, vielleicht auch ein Sohn, in dem ich mich wiedererkenne, mit dem ich eine Existenz ins Reine schreiben könnte, die bislang nur auf einem Blatt hinskizziert war, ein Blatt, das man dann endlich zerknüllen und wegwerfen könnte. Denn wenn ein guter Wächter auch den besten Dieb abgibt, so stimmt es doch ebenso, dass ein guter Dieb auch den besten Wächter gäbe. Das würde ich ihn lehren.

11

Ich bin gerne kurz und präzise in dem, was ich sage, unmissverständlich, aber höflich. Der Wortschatz meiner Männer bestand zur Hälfte aus Schimpfwörtern, meist aus dem sexuellen Bereich. Ich mochte es nicht, wenn sie auf so vulgäre Art daherredeten. Ich spielte sogar mit dem Gedanken, ihnen einige Benimmregeln zu verordnen, habe diesen dann aber doch wieder verworfen. Sie hätten mich für einen Spinner gehalten. Gute Manieren und eine entsprechende Ausdrucksweise tragen dazu bei, dass das, was man sagen will, nicht verkehrt verstanden wird. Eine andere Tonart kann man später immer noch anschlagen, und dabei verliert man dann ohnehin kein überflüssiges Wort. Wozu also Schimpfwörter benutzen?

Dem Verkehrspolizisten, der herumplärrte, weil ich meinen Ferrari im Halteverbot geparkt hatte, erklärte ich, dass mein Verstoß immerhin seine Stellung rechtfertige. Hätte er mir nur einen Strafzettel unter den Scheibenwischer geklemmt, ich hätte ihn einfach bezahlt, und er hätte seine Brötchen redlich verdient. Aber das interessierte ihn gar nicht. Er schimpfte wie ein Irrer: Ich glaube wohl, ich könne mir alles erlauben, nur weil ich Ferrari fahre, aber da würde ich mich täuschen. Dabei hatte ich keineswegs dort geparkt, weil ich mich einen Dreck um Parkverbote schere. Ich war eine halbe Stunde lang in der Gegend herumgekurvt, ohne einen Parkplatz zu finden, und so biss ich eben in den sauren Apfel und riskierte das Bußgeld. Es war ja sein gutes Recht, ja sogar seine Pflicht, mir eines aufzubrummen. Darauf wies ich ihn hin. Diese

Bemerkung brachte ihn erst recht auf die Palme. Er lief blaurot an und drohte mir mit höchstrichterlicher Verdammnis. Darauf erlaubte ich mir zu bemerken, wenn er mir mit dem Abschleppwagen komme, solle er nicht vergessen, dass ein einziger Kratzer an meinem Ferrari die Stadt recht teuer zu stehen käme: »Haben Sie überhaupt eine Vorstellung davon, wie viele Überstunden Sie schieben müssen, um Ihre Vorgesetzten wieder zu beruhigen, wenn Sie ihnen die Rechnung meiner Vertragswerkstatt auf den Schreibtisch legen? Die haben ja ohnehin Apothekenpreise.« Er wurde grün im Gesicht, ich aber hatte es eilig, schließlich wollte ich zur Bootsmesse. Der Verkehrspolizist, der sich heiser gebrüllt hatte, brabbelte, er werde mir jede Stunde einen weiteren Strafzettel verpassen. Ich blieb ruhig. Mit einigem Recht antwortete ich, dass ein solches Vorgehen jeder Rechtsgrundlage entbehre, aber dass ich, um ihm eine Freude zu machen, bis zu acht Strafzettel für acht Stunden Parkens im Halteverbot bezahlen würde. Den neunten allerdings würde ich anfechten.

Ich schwöre, ich hätte das getan. Ich hätte acht Strafzettel bezahlt, um Ruhe zu haben und überhaupt. Da kam er auf mich zu, drückte mir seine Nase ins Gesicht und zischte wie ein Teekessel: »Sie werden für Ihre Worte noch teuer bezahlen.« Ich hatte das Gefühl, diesen Grimm durch nichts verdient zu haben. Und als sich mir der Verdacht aufdrängte, er gebrauche Schimpfworte, verwehrte meine Hand ihm dies. Elegant und gewaltfrei schaffte ich ihn mir vom Hals.

Am Ende zeigte er mich wegen Beamtenbeleidigung, Widerstand gegen die Staatsgewalt und dergleichen mehr an, aber ich glaube, seiner Leber bekam das Ganze nicht so gut. Ich fand dieses Zusammentreffen allerdings auch nicht gerade erhebend. Mit der Verkehrspolizei habe ich sowieso immer Ärger.

In Barcelona ging ich immer durch den Hintereingang ins Lokal, um kein großes Aufsehen zu erregen. Einmal allerdings war ich in Begleitung wichtiger Freunde und wollte durch den Haupteingang hinein. Wir waren etwa zwanzig Leute, Leibwächter inbegriffen. Ich war angezogen wie immer: schwarzes T-Shirt, enge Jeans. Der Rest war elegant gekleidet, auch meine Israelis: Sakko und Krawatte. Da stand nun ein Verrückter, Stöpsel im Ohr, schwarze Krawatte wie der Totengräber. Er stellte sich breit in die Tür, die er mit seinen Schultern locker ausfüllte, und legte mir seine Pranke auf die Brust. Wir sahen uns an, er ernst, ich mit fragend erhobenen Brauen. Leise sagte er: »Du trägst keine Krawatte.«

»Ich nicht, aber die anderen. Und?«

»Dann kommen die anderen rein, und du bleibst draußen.«

»Wie bitte?«

»Geh ein bisschen spazieren.«

»Erklärst du mir mal, wieso ich ohne Krawatte nicht reinkomme?«

»Wenn ich dir's erkläre, verschwindest du dann?«

»Aber sicher. Vielleicht kann ich dabei ja was lernen.«

»Die Statistik sagt, dass Leute ohne Krawatte häufig Ärger machen.«

»Meinst du?«

»Meint die Statistik. Du darfst mir ruhig glauben. Das ist wissenschaftlich erwiesen. Die anderen kommen rein, du bleibst draußen.«

»Verstehe ich da was falsch oder heißt das nicht umkehrt, dass Krawattenträger meist Opfer von Leuten ohne Krawatte werden?«

»Kann man so sagen.«

»Wenn dem so ist, dann gebe ich dir jetzt einen guten Rat.«

»Ah ja? Du willst mir einen Rat geben? Lass hören.«

»Du gibst mir deine Krawatte, und ich binde sie um, wenn ich dich damit glücklich machen kann. Andernfalls besteht eine gewisse Wahrscheinlichkeit, dass ich dich zum Opfer von einem dieser krawattenlosen Kerle mache. Und das ist auch wissenschaftlich erwiesen.«

Ich deutete auf die Ausbuchtungen unterhalb der Achseln, die sich an den Sakkos meiner Leute zeigten. Da nahm der Typ Vernunft an und machte Anstalten, uns einzulassen. Ich sagte ihm, er müsse mir nun schon seine Krawatte leihen, denn sonst hätte ich im Lokal ja gegen die Gesetze der Statistik verstoßen, die er mir eben so ausführlich auseinandergesetzt hatte. Ich band sie mir um den nackten Hals, ihm aber gab ich ein paar Scheine als Trinkgeld.

Miguel sprach wenig. Er drückte sich immer so knapp wie möglich aus. Das »Deputamadre« war typisch für ihn. Man konnte fast den Eindruck haben, als weigerten seine Lungen sich, kostbare Atemluft zu verschwenden. Als wir vereinbarten, unseren Bandenkrieg beizulegen, hatte ich mindestens zehn Minuten geredet, um ihn von der Notwendigkeit eines Waffenstillstands zu überzeugen. Er nickte. Als ich endlich ausgeredet hatte, sah er mich schweigend an.

Ich schnaubte: »Und? Was hältst du jetzt von meiner Idee?«

»Passt schon.«

»Ist das alles, was dir dazu einfällt?«

»Machbar«, meinte er und verzog sich.

Als meine Mutter starb, habe ich das niemandem erzählt. Ein Anwalt überbrachte mir die Nachricht im Sprechzimmer. Ich blieb stumm. Nichts. Gern hätte ich in diesem Moment Miguels Talent für lakonische Bemerkungen gehabt, dann hätte ich wenigstens andeuten können, was irgendwo tief drin in mir vorging. Besser wäre noch ein T-Shirt gewesen, auf dem stand, was mich in diesem Moment bewegte. Aber ich blieb stumm, auch mir selbst gegenüber. Mein schwarzes T-Shirt drückte genau das aus, was in mir ablief. Keine Wut. Ich kann Wut in Sekundenbruchteilen in Energie umwandeln, in Aktion. Der Schmerz aber bleibt ein grauer, unbeweglicher Felsblock, den ich mitunter nicht einmal richtig wahrnehme.

In dieser Hinsicht war Großvater Jack mir wohl sehr ähnlich, denn für solche Situationen hatte er keinen guten Rat für seine Nachkommen im Repertoire. Schweigen, auch hier. Seine Tochter, meine Mutter, war genau wie er, glaube ich jedenfalls. Als mein Vater tot war, fiel über ihm der Vorhang. Über unseren rasanten Abstieg in die Untiefen Calis verlor sie nicht eine Silbe. Das habe ich nie so richtig verdaut, daher erkläre ich meiner ältesten Tochter immer alles, bis zur Erschöpfung. Wenn ich Opfer meiner Emotionen werde, vor allem negativer Gefühle wie Angst, dann versuche ich, in Worte zu fassen, was in mir vorgeht. Manchmal rede ich ganz allein vor mich hin, mit lauter Stimme, aber ich will nicht von dieser Stummheit befallen werden.

Die Angst. Die dir den Atem raubt.

Der Wind hat sich eben rechtzeitig gelegt. Das wunderbare Panorama, der leuchtend blaue Himmel zwingt mich, die Sonnenbrille aufzusetzen. Kaum saß ich im Pilotensitz, breitete sich diese ungeheure Zufriedenheit in mir aus. Ich bin glücklich an diesem Platz und mit dieser Aufgabe. Meine P92 zu fliegen ist ein Vergnügen, das alle Sorgen aus dem Kopf verscheucht, wie ein Schwamm, der die Worte an der Tafel wegwischt. Die Bäume stecken in Wiesen und Äckern wie Haarnadeln im Teppichboden. In zweitausend Metern Höhe kannst du sogar einem Riesen ins Gesicht spucken. Das leichte Brummen der einmotorigen Maschine setzt kurz aus, mein Magen hebt sich zweimal. Ein winziger Stoß, dann wieder absolute Stille. Der Motor stirbt ab, ohne Stottern. Um überhaupt etwas zu tun, stelle ich die zwei Hebelchen für die Magnetzündung nach oben, zwei rote Augen am Armaturenbrett. Nichts. Der Propeller bewegt sich nicht. Mausetot. Die Stille ist vorüber. In meinem Kopf dröhnt ein Dampfhammer. Das Blut pulsiert mir in den Schläfen. Panik. Ich sehe fast nichts mehr. In diesem Augenblick fällt der ganze Hochmut, der einen sonst vor dem Leben beschützt wie ein dichter Pelz, in sich zusammen. Ich fühle mich wie aus Glas, ohne Muskeln, ohne Skelett, nur äußerst zerbrechliches Glas in zweitausend Metern Höhe und kein Netz, das mich auffängt.

Ich atme tief durch und versuche, mich an die Worte meines Fluglehrers zu erinnern. Diesen näselnden Tonfall, mit dem er ständig wiederholte, dass sogar *ein totaler Idiot sich in bestimmten Situationen zu helfen wüsste*. Welche Maßnahmen sind im Notfall zu ergreifen? Zunächst einmal am Boden nach einem entsprechend weiten Feld ohne Hindernisse Ausschau halten, auf dem man im Gleitflug sicher landen kann. Während ich angespannt den Boden absuche, den ich vorher noch in aller Ruhe bewundert habe, dringt mir mit einem Mal die Stille ins Bewusstsein. Der Zeiger des Höhenmessers schnellt rapide nach unten. Und bleibt nicht stehen.

Verzweifelt versuche ich, meine ganze Aufmerksamkeit auf das Panorama zu lenken, während ich langsam nach unten gleite. Die Höhe gibt mir genügend Schub, dass ich auch mit dem immer noch reglosen Propeller manövrieren kann. Ein trockenes Lachen erfüllt explosionsartig das Cockpit. Es hört sich so grotesk an, dass mir kaum bewusst ist, dass ich es bin, der dieses Lachen ausstößt. Ich lache mit zusammengebissenen Zähnen. Die Sonne wirft kleine Sternchen auf das Plexiglas des Cockpits. Vielleicht sind es aber auch nur die Sternchen, die mir vor den Augen tanzen. Da, da unten liegt meine Landebahn. Wenn ich mit dem Wind zwei weite Schleifen fliege, kann ich es schaffen. Ich bringe die Spoiler in Position, das Flugzeug liegt jetzt richtig. Das Variometer in meinem Kopf registriert auch die kleinsten Veränderungen in der Absinkgeschwindigkeit. Alles läuft super. Ich kann einfach nicht begreifen, wieso dieser Propeller sich nicht dreht. Dauernd stelle ich mir vor, wie die Kraft der Hoffnung ihn wieder anspringen lässt, aber er bleibt still und nutzlos. Glücklicherweise bleibt die Maschine gerade und kippt nicht nach unten ab, wie ich es insgeheim befürchtete. Ein Aufatmen beruhigt den Herzschlag ein wenig. Das Seitenruder ist in Ordnung. Die Panik verursacht einen Wahnsinnsradau in meinem Kopf, als hätte ich durch eine geheimnisvolle Gestirnkonstellation plötzlich den Verstand verloren. Vielleicht ist es auch nur das Blut, das in den Schläfen pocht und dabei in den heißen Ohren einen unglaublichen Lärm veranstaltet. Zwischendrin die raue Stimme meines Fluglehrers, der mich ausschimpft wie einen Schuljungen: »Zum Henker, Ilan, worauf wartest du eigentlich? Jetzt bring sie endlich runter!« Ich kann mich noch gut erinnern, wie er seine Flugschüler zusammenstauchte. Das genoss er so richtig. Störklappen runter, vor den Wind kommen, ruhige Hand am Steuerknüppel. So fühlt es sich also an, einen Segelflieger zu steuern: Stille und Angst. Ich werde nie begreifen, wieso es Leute gibt, die die Angst des Segelfliegers der Sicherheit des Propellers vorziehen. Wieder die kratzige Stimme in meinem Kopf: »Hör zum Teufel endlich auf, dich so blöd anzustellen. Augen auf den Höhenmesser, zieh nach links rüber und auf geht's.« Ich mache ein paar nicht sehr menschenfreundliche Bemerkungen über die Tatsache, dass ich nicht der alleinige Besitzer dieses Flugzeugs bin, sondern noch zwei Miteigentümer habe.

Das hat mich nicht vor meinem Unglück bewahrt. Nun, wäre ich alleiniger Eigentümer gewesen, hätte mich das Pech einfach nur später getroffen: Die anderen haben das Ding so lange geflogen, bis das Pik-As, die Todeskarte, bei mir gelandet ist. Ich glaube, diese spezielle Situation war einfach für mich bestimmt, ich weiß nicht, wieso. Früher oder später musste ich einfach das Flugzeug ohne Motor nach unten bringen.

Ich hoffe nur, dass ich den richtigen Winkel erwische und das Fahrwerk beim Aufsetzen hält. Das trockene Gras der Wiese schlägt mir entgegen, bevor es sich den Rädern zu Füßen legt. Ein paar Hopser zu viel, aber es bleibt noch genug Wiese übrig, als das Flugzeug endlich zum Stehen kommt. Ich schieße pfeilschnell aus dem Cockpit, so gierig bin ich nach festem Boden unter den Füßen, auch wenn mir die Knie zittern.

Mein Atem geht keuchend, ich beiße mir auf die Lippen. Dann rufe ich mit dem Handy die Mechaniker vom Luftfahrtclub an. In zwanzig Minuten werden sie hier sein. Sachte streiche ich über den Propeller, als könne er jederzeit zerspringen. »Und trotzdem habe ich mir wegen dem Miststück nicht in die Hosen gemacht.«

Ich kann gar nicht mehr aufhören zu lachen. Als ich den Laster sehe, der das Flugzeug abtransportieren wird, richte ich den Blick zufällig nach oben. Der Himmel ist von einem wunderbar transparenten Blau, eine leichte nachmittägliche Brise streicht über die mich umgebenden Felder. Eine halbe Stunde lang war die Welt zusammengeschrumpft auf meine Schuhsohlen und den Geruch des kalten Schweißes auf meinem Körper. Mir fällt eine ganze Bowlingkugel vom Herzen und kollert Richtung Magen. Einen Augenblick fühle ich mich leicht, als schwebte ich immer noch in der Stille des Flugzeugs. Ein wunderbares Gefühl. Möwen geht es wahrscheinlich so ähnlich.

Da ich für meine Angst einen Ausgleich brauche, werde ich den Kerl anzeigen, der den Treibstoff geliefert hat. Der Motor setzte aus, weil das Benzin verdreckt war. Während die Mechaniker das Flugzeug auseinandernehmen und darüber witzeln, dass ich jetzt erst ein richtiger Pilot sei, kann ich mir zum ersten Mal vorstellen, dass man auch ohne die Gefahr zu suchen sterben kann, sozusagen mit Ansage.

Man schießt und ist Zielscheibe von Schüssen. Man überlebt fast zehn Jahre Gefängnis. Man entkommt diversen Anschlägen auf das eigene Leben, nur um am Ende auf der Wiese hinter dem Haus in einem Flugzeug zerquetscht zu werden.

»Ich weiß nicht, was ich dazu sagen soll.« Dieser Satz ging mir noch über die Lippen, dann hatte ich plötzlich einen Knoten in der Zunge – und im Gehirn.

Meine Tochter hält manchmal Dinger für mich bereit, die meine Fähigkeiten als Vater auf eine harte Probe stellen. Ich weiß nicht, was ihr da immer einfällt, aber erst kürzlich fragte sie mich, was das Wort »Loyalität« bedeute. Die Antwort wäre mir sicher leichter gefallen, wenn sie mich etwas Anstößiges oder Peinliches gefragt hätte.

Loyalität heißt: deinem Gegner im Wettkampf nie ein Bein zu stellen. Ich weiß, sehr einleuchtend ist das nicht. Und so fragte sie mich, ob es vielleicht Loyalität sei, wenn man sich nicht wie ein Vollidiot aufführt. Nein, das kann es nun nicht sein. Ich musste mich oft wie ein Idiot benehmen, um loyal bleiben zu können. Einen Haufen Dummheiten begehen, aber trotzdem loyal sein. Loyalität ist manchmal eine Dummheit, aber man bewahrt sie und damit Schluss. Dann will meine Tochter wissen, ob Loyalität vielleicht sein könnte, dass man seine Versprechen nicht bricht. Nein, das heißt einfach nur, dass man sein Wort hält. Das Wort aber kann doppeldeutig sein, missverständlich. Und manchmal darf man sein Wort nicht halten, um loyal bleiben zu können.

So plaudern wir dahin, während wir uns auf der Wiese ins Gras legen und in den Himmel starren. Dort merke ich, dass mir immer dann übel wird, wenn ich keine Orientierungspunkte mehr finde. Die Wolken helfen mir da auch nicht. Ich weiß, dass mir das immer wieder passiert, seit ich aus dem Gefängnis entlassen wurde, aber mitunter vergesse ich es auch. Der Horizont ist ruhiger als der Himmel. Den Horizont könnte man erreichen, wenn man wollte. Der Himmel aber bleibt für immer ungreifbar. Die Wolken sind nur Wasserdampf, also genauso unfassbar wie der Himmel. Sie sind die Gespenster der Erde. Sie werfen Schatten, doch festhalten lassen sie sich nicht. Sie verursachen mir Übelkeit. Dann setze ich mich auf und atme leise tief durch. Schließlich will ich meine Tochter nicht erschrecken. Aber sie ist ein kluges Mädchen und merkt natürlich sofort, dass ich grün im Gesicht bin und mir der kalte Schweiß auf der Stirn steht. Dann redet sie mit mir, um mich abzulenken.

Als sie höchstens ein Jahr alt war, zeigte ich ihr, wenn sie hinfiel und weinte, irgendetwas: eine Lampe, ein vorüberfahrendes Auto, einen Schuh ... Dann wandte sie sich neugierig diesem Ding zu und hörte auf zu weinen. Später machte sie dasselbe mit mir. Wenn ich düsterer Stimmung war, zeigte sie mit ihrem knubbeligen Kinderfinger auf etwas und rief ganz ernst aus: »He! Schau mal!« Dabei musste ich jedes Mal lachen.

Jetzt versucht sie es wieder: »Dann heißt ›loyal‹ also ›aufrichtig‹?«

Ich denke darüber nach. »Ich weiß nicht. Es kann zum Beispiel passieren, dass du, um einem Freund gegenüber loyal zu sein, verschweigen musst, dass dessen Frau sich in dich verliebt hat. Dann ist man zwar nicht aufrichtig, aber man lügt, weil man hofft, dass sich alles wieder einrenkt. Auch eine Lüge kann loyales Handeln sein, wenn sie mit der entsprechenden Einstellung verbunden ist.« So richtig habe ich sie damit nicht überzeugt.

Pablito wusste, wie er mich mit endlosen Fragen zur Weißglut treiben konnte. Wenn ich noch nach einer Antwort suchte, wartete er bereits mit der nächsten – der entscheidenden – Frage auf: »Warum erzählst du mir nie von deinen Geisterschiffen? Hast du kein Vertrauen zu mir? Glaubst du, ich bin dir gegenüber nicht loyal?« Wenn er betrunken war, konnte es sein, dass er plötzlich mit etwas ganz anderem anfing: »Jeder Mensch ist eine Insel.« Und ich – ebenso besoffen: »Genau. Eine Insel umgeben von haiverseuchtem Gewässer.« An diesem Punkt mischte sich dann seine amerikanische Schlampe ein: »Und wenn eine wie ich auf deiner Insel landen würde?« Dann fixierte sie Pablito mit großen Kinderaugen. Und er antwortete verliebt: »Dann würde ich dich dort zu meiner Königin machen.« – »Und ich würde versuchen, eine gute Königin zu sein.«

Das war mir dann doch zu viel Gesülze. »Seid ihr fertig? Ich sehe euch schon vor mir: sie halb nackt, allein auf der Insel, und du? Du würdest sie so gerne vögeln, aber leider bestehst du nur aus Sand und Felsen. Du bist eine Insel, verdammt noch mal. Da kann sie höchstens kilometerlang den Hintern an dir reiben, aber ich weiß nicht, wer davon weniger begeistert wäre.« Sie sahen mich an, als hätte ich soeben einen Haufen auf die Tafel ihres Hochzeitsschmauses gesetzt.

Das ist für mich Loyalität: sich selbst und anderen keine Versprechungen machen, die man ohnehin nie halten kann. Die kleine Nutte war beleidigt, und Pablito versuchte, sein Gesicht zu wahren. Er erzählte ihr, dass er als Insel natürlich den idealen Mann für sie erschaffen würde wie in der Bibel: Staub und der göttliche Odem. Dann drehte er sich zu mir um und fing wieder an, von Inseln zu quatschen und von Loyalität. Ich hatte keine Ahnung, wovon er da redete. Erst später, als man mich schon verhaftet hatte, spielte man mir ein Band vor, auf dem ich drauflos schwadronierte, um das Gespräch nicht abreißen zu lassen. Ich redete von einem idealen Ort, an den man sich flüchten können sollte, einen

Ort, an dem man ohne Kompromisse leben konnte, ohne sich zu verstecken, im Einklang mit der Welt. Ich sagte, dass es im Pazifik, in Neukaledonien, einen Archipel gebe, den man Iles Loyauté nannte, also die Inseln der Loyalität. Wenn man dort lebt, kann man an kein Land der Welt ausgeliefert werden. Ein moderner Pirat konnte dort seinen Schatz verstecken, dort wäre er sicher. Die Inseln der Loyalität. »Dort können wir dann die Früchte unserer kleinen Handelsgeschäfte genießen, Pablito.« Offensichtlich waren die Ermittler davon ausgegangen, dass meine volltrunkenen Faseleien einen realen Hintergrund hatten. Vieles von dem, was im Prozess präsentiert wurde, war von dieser Art. Scheinbar hatte ich mal gesagt, dass Loyalität Menschen Flügel verleihe oder etwas ähnlich Plattes.

Meine Tochter fand schließlich für sich eine Definition, die ihr zusagte: »Loyal sein heißt, dass man den Verheißungen widersteht, die die Zukunft dir macht, um dich dazu zu bringen, deine Vergangenheit zu vergessen.« Ich fragte sie, wo sie denn diesen verzwickten Satz aufgeschnappt habe. »Das hast du dem Anwalt gesagt, mit dem du am Telefon gestritten hast.« Ich kann mich nicht erinnern, etwas Derartiges gesagt zu haben. Denn am besten denkt man über die Vergangenheit nicht allzu viel nach. Und die Zukunft schert sich sowieso keinen Deut um dich. Am Ende hat man nicht viel in der Hand. Eine Gegenwart vielleicht, der man mit gesenktem Kopf begegnet, weil man nur so mit ihr fertig wird. Du tust, was du tun musst, und dann wird das, was du getan hast, plötzlich zur Vergangenheit, die du hinter dir lässt. Sie geht dich nichts mehr an. Zumindest wünschst du dir das.

Was Anwälte angeht, so bringt der Begriff »Loyalität« bei ihnen unweigerlich eine ganz bestimmte Saite zum Schwingen: Honorar. Wenn ich sie im Besuchszimmer eintrudeln sah, ich in Trainingshose und -jacke, sie in Anzug und Krawatte, gab es mir stets einen Stich. Es war nicht direkt Wut, würde ich sagen, eher ein unterdrückter Groll. Sie häuften ein Vermögen an, indem sie Klienten verteidigten, die im Gefängnis saßen, eben weil sie selbst ein Vermögen angehäuft hatten. Im Grunde sind Strafverteidiger Geldwäscher. Wenn die Beute vom Klienten zum Anwalt wandert, nennt man sie auf einmal »Einkommen«. Als hätten die Scheine zwei Seiten: die schmutzige, von der man nicht spricht und die der Verbrecher in der Hand hält; und die saubere, die der Herr Anwalt ergreift. Und mit ihm Banken, Polizisten, Politiker und so weiter.

Dem Anwalt jedenfalls, der mich am Tag meiner Entlassung von St. Quentin abholte, hätte ich am liebsten den Hals umgedreht. Ich stand ihm gegenüber mit meinem von der Haft gezeichneten Gesicht, und er sah mich mit seinen Glupschaugen mitleidig an. »Nein, Verbrechen zahlt sich wirklich nicht aus.« Dann fuhr er mit mir in seine Kanzlei und überreichte mir seine astronomisch hohe Rechnung. Das sei der Preis der Freiheit, meinte er. Ich stand auf, knüllte die Blätter zusammen, die er mir unter die Nase gehalten hatte, und erinnerte ihn daran, wer ich war. Dann vollendete ich seinen dummen Spruch: »Wenn Verbrechen sich nicht auszahlt, ist es ein Verbrechen zu bezahlen.« Zum einen hatte ich keinen Cent und nicht die Absicht, mein neues Leben, das ich mir aus dem Nichts aufbauen musste, mit einem Berg Schulden zu beginnen, um die Anwaltsrechnung zu bezahlen. Ich war so arm wie damals, als ich als Teenager das Haus meiner Mutter verlassen hatte. Nur war ich heute doppelt so alt und hatte nichts, aber auch gar nichts in der Hand. Mir blieb nur die Erfahrung, dass ich auch unter miesen Bedingungen überleben konnte. Und dass ich hinlangen konnte, wenn es nötig war.

Aber die unglaubliche Energie, die mich vor meiner Zeit im Gefängnis angetrieben hatte, war verschwunden. Das wurde mir klar, als ich die Anwaltskanzlei verließ und auf die Straße trat. Ich spürte ihn mir ein Brüllen, das ich mühsam erstickte. Stattdessen fragte ich artig den nächsten Passanten: »Entschuldigen Sie, könnten Sie mir sagen, wo ich hier günstig etwas essen kann?« Die Stimme, die aus meinem Mund kam, war schüchtern, stumpf, ja beinahe ängstlich. Sobald ich das Lokal betrat, hatte ich das Gefühl, mich für meine Anwesenheit entschuldigen zu müssen. Ich zog den Kopf ein. Ich war nicht wachsam wie früher, um jederzeit auf eventuelle Gefahren reagieren zu können, nein, ich rechnete vielmehr dauernd mit dem nächsten Schlag, der mich zwar unvorhergesehen, aber nicht unerwartet treffen würde. Den Freunden, die mir in Europa und Amerika geblieben waren, ging's genauso. Sie hatten die gleiche Angst in den Augen, die gleiche Verlorenheit in der Stimme. Keiner besaß mehr den Mumm, die Tollkühnheit, die Aggressivität von früher. Der eine mehr, der andere weniger, aber wir alle hatten das Gefängnis als hart empfunden. Mit einundzwanzig war ich mir der Auswirkungen einer so langen Haft nicht bewusst gewesen. Sie schwächt das Rückgrat, lässt die Lungen in sich zusammensinken, greift das Herz an. Als ich die Nummer eins in Europa war, war ich das auch deshalb, weil mein Wille Befehl war. Ich dachte mir etwas aus und setzte es augenblicklich um.

Erst seitdem ich im Knast gesessen habe, ist mir klar, wie der Großteil der Menschheit vermutlich lebt. Alle haben nur die Anstrengungen im Blick, die sie unternehmen müssen, um auch nur ein Hundertstel von dem zu verdienen, was sie sich wünschen. Mir hatte die Armut Flügel verliehen. Ich wollte unbedingt aus dem Dreck raus. Natürlich versuchte ich das jetzt auch wieder, aber statt der Flügel hatte ich jetzt nur noch ein paar Stummel mit versengten Federn. Wenn ich mir die Flügel von früher hätte bewahren können, wäre ich vermutlich bald wieder hoch über den Wolken dahingesegelt. Doch verwundet wie ich war, gab es wenig Hoffnung, dass ich mich überhaupt würde aufschwingen können. Ich musste Schritt um Schritt die Füße voreinandersetzen. Und das war schmerzhaft: sich nicht mehr einfach in den Himmel erheben zu können. Da war ich nun, festgenagelt auf der Erde, und musste meinen Weg gehen wie jeder andere auch.

12

In der Einzelzelle in Barcelona hatte eine unbekannte Hand an die Wand gekritzelt: Armut ist keine Krankheit. Jedes Mal, wenn man mich in dieses Loch warf, hatte jemand eine weitere Zeile daruntergeschrieben. Die Häftlinge kratzten mit dem Besteck, und dank dieser enormen Anstrengung wuchs der Text. Ein improvisierter Gesang. Man merkte deutlich, dass der Typ, der die letzte Zeile verfasst hatte, ein Politischer war, vielleicht einer von der ETA oder ein Afrikaner, der hier studiert hatte. Die ganze Strophe lautete:

Armut ist keine Krankheit.
Armut ist keine Schande.
Eine Schande ist noch keine Schuld.
Schuld ist noch keine Verurteilung.
Eine Verurteilung ist keine Entschuldigung.
Eine Entschuldigung ist keine Rechtfertigung.
Eine Rechtfertigung ist noch keine Erlaubnis.
Eine Erlaubnis ist noch kein Grund.
Ein Grund ist noch kein Alibi.
Sieh zu, dass der Knast dich nicht zum Kuscher macht.

Ich habe auch eine Zeile zu diesem Gedicht beigetragen, nur eine allerdings, etwa in der Mitte des Textes. Dann habe ich die Lust verloren. Als ich meine Zeile eingeritzt habe, habe ich mir versprochen, dass ich später meine Situation als Ex-Sträfling nie als Entschuldigung benutzen würde, um mich gehen zu lassen. Nachdem ich aus der Einzelzelle draußen war, begann ich, mir jeden Morgen, während ich vor dem Spiegel stand und mich rasierte, quasi auf du und du mit mir selbst, immer wieder folgende Worte vorzusagen: »Also, wie geht's mir heute?« Dann zog ich ein Gesicht und antwortete mir: »Deputamadre.« Manchmal schrie ich es förmlich heraus, dann hatte ich wieder nur die Kraft zum Flüstern, egal, wichtig war, dass ich nicht den Mund hielt. Ich dachte dabei immer an die Geschichte mit dem Mantra, die mir die verrückte Limor in meinen ersten Tagen in Spanien beigebracht hatte, die Frau, die an nichts anderes mehr denken konnte als an Seelenfrieden und inneres Wohlergehen. Beides habe ich, ehrlich gesagt, bis dato noch nicht kennengelernt. Aber auch wenn man das Mantraprinzip für höchst irdische Dinge zweckentfremdet, zum Beispiel wenn man wieder ins Geschäft kommen will, so schwöre ich hoch und heilig: Es funktioniert.

Was ich neben meiner unerschütterlichen Selbstsicherheit noch eingebüßt hatte, war die Gier, die Gefräßigkeit, die Lust auf mehr und immer mehr Geld. Wenn man hofft, Geld anzusammeln, ohne wirklich Lust darauf zu haben, ist das, als habe der Tiger seine Zähne und den Appetit verloren. Natürlich stammt dieser Spruch von Großvater Jack. Vermutlich hat er ihn in altem Hebräisch geäußert, sodass er sich anhörte wie ein Urteil von König Salomo.

In der Zeit auf Formentera wuchsen mir die Hauer langsam nach. Auf der Baleareninsel war ich schon gewesen, als ich noch Bodyguards hatte und Geschäfte auf dem halben Globus tätigte. Dieses Mal logierte ich zwar nur in einer halbwegs akzeptablen Unterkunft, doch anders als damals, als ich noch im Luxushotel abstieg, konnte ich mich unbesorgt am Fenster blicken lassen, ohne mich vor Scharfschützen in Acht nehmen zu müssen. Nun konnte ich mich am Strand ausstrecken und die Leute beobachten, ohne fürchten zu müssen, dass von irgendwoher eine Kugel geflogen kam, die für mich bestimmt war. Gut, ich konnte meinen Blick nicht gen Himmel richten, sonst musste ich mich sofort übergeben, aber das wusste ich, und so schaute ich eben einfach nicht in diese Richtung. Davon abgesehen lief alles prima. Immer wieder mal sah ich Touristen, die meine T-Shirts mit dem Aufdruck »Deputamadre69« trugen, was mich mit Hoffnung und Stolz erfüllte. Gelegentlich mischte sich auch ein anderes Gefühl darunter: die Angst, nur einer Illusion nachzulaufen, die sich bei der erstbesten Gelegenheit verflüchtigen würde. Doch das hinderte mich nicht daran, neue Sprüche zu erfinden, wenn ich ein bisschen beschickert war, was meinen Einfallsreichtum beflügelte. Das Einzige, was ich tun musste, war, die Kosten für die T-Shirts zu senken, die ich bedruckte. Dazu musste man vor allem en gros einkaufen. Doch das Problem war, dass der Schnitt der Shirts mir langweilig erschien, einfach Dutzendware.

Mir wurde klar, dass mir ein neuer Quantensprung bevorstand wie damals in Cali, als ich in die Berge gegangen war, um mit den Indios über die Lieferung von Cocablättern zu verhandeln, statt mich bei den Zwischenhändlern der Kartelle zu versorgen. Ich brauchte damals nur etwa zwanzig ausgesuchte Männer und ein paar gut ausgehandelte Konditionen, natürlich mit den entsprechenden Druckmitteln im Hintergrund. So hielt ich nicht nur die FARC-Guerrilla von meinen Labors fern, sondern auch die Konkurrenz. Ich konnte dieses Geschäft ungefährdet betreiben, weil ich die Raffinerie im Dschungel alle drei Monate an einen anderen Ort verlegte. Um die Produktion zu stabilisieren und die Qualität zu steigern, holte ich die Bauern ins Boot und handelte mit ihnen einen Exklusivvertrag aus, sodass sie nur für mich arbeiteten. Ich garantierte ihnen ein regelmäßiges, gutes Einkommen, und sie garantierten mir beste Lieferqualität. Das ist der Unterschied zwischen einem Drogenboss und einem beliebigen Dealer. Ich verstand es auch, mich aus den Machtkämpfen in Kolumbien rauszuhalten. Die unbarmherzige Gewalt der Kartelle ist weniger dem Schutz der Geschäfte geschuldet als dem Versuch, das Terrain in jeder Hinsicht zu kontrollieren. Ähnlich wie bei der Mafia.

Ich wollte auch bei den T-Shirts den Übergang vom Handwerklichen zur industriellen Fertigung schaffen, weil ich Kreation und Produktion verbinden wollte, wie ich es bei meinen vorherigen Geschäften gehalten hatte. Ich brauchte also einen Textilfabrikanten, keinen Großhändler. Die beiden Römer, die mir der Himmel damals schickte, produzierten ihre Teile unter eigenem Namen und orientierten sich dabei an dem von den großen Modeschöpfern vorgegebenen Geschmack. Nichts übermäßig Originelles, aber elegante Mode, die sich gut verkaufen ließ. Sie kamen vom Fach, und ich hatte tausend Projekte, die ich umsetzen wollte.

Ich stattete ihnen also im Industriegebiet, wo sie Lager und Büro hatten, einen Besuch ab. Die beiden waren vom Wesen her eher distanziert und ein wenig störrisch. Auf jeden Fall nahmen sie kein Blatt vor den Mund. Die beiden hörten mir zu, aber die Verhandlungen schienen irgendwie festgefahren zu sein, weil die beiden nicht von ihrem Standpunkt abrückten. Sie waren die Leute vom Fach, sie hatten das Kapital und die Infrastruktur, während ich nur ein Ex-Häftling war, der jederzeit in alte Gewohnheiten zurückfallen konnte. Sicher, ich sprühte nur so vor Begeisterung und zeigte vollen Einsatz, weil ich ein paar Ideen für junge Mode hatte. Früher hätte mich ihre Härte und Aggressivität erbittert. Doch das knappe Jahrzehnt im Bau hatte mich vorsichtig und bescheiden gemacht. Also stand ich einfach auf und sagte: »So oder gar nicht. Ich glaube, wir könnten alle daran gut verdienen, aber ich möchte, dass wir die Gesellschaft zu gleichen Teilen führen. Ich lass mich nicht aufs Kreuz legen. Denkt darüber nach. Wenn es euch interessiert, ruft mich an.« Einer von ihnen deutete mit der Hand auf den Stuhl, von dem ich gerade aufgestanden war. Setz dich! Und ich gehorchte, selbst überrascht, dass ich mich von einer gelangweilten Geste herumkommandieren ließ.

Am selben Tag noch wurden wir Partner. Um ihren alten Schreibtisch versammelt diskutierten wir, welche Aufgaben jeder übernehmen würde: Sie steuerten das bei, weswegen ich sie aufgesucht hatte, ich übernahm Kreation und Organisation, denn deswegen überließen sie mir ja ihre Infrastruktur.

Von diesem Moment an lernte ich, Geschäfte anders zu führen als früher. Die ganze Plackerei auf Formentera sollte sich bezahlt machen, und auch in Mailand hatte ich dazu gelernt. Ich trug Samen in mir, die nur darauf warteten, endlich sprießen zu können.

Mit der Mode verglichen ist das Verbrechen einfach schneller, man könnte sagen, fulminanter. Doch häufig kommt es eben auch zu einem tödlichen Ausgang. Auf beiden Gebieten muss man zeigen, dass man es draufhat, dass man nicht nur ein Strohfeuer ist, sondern tatsächlich etwas Dauerhaftes aufbauen kann. Denn das ist das eigentlich Schwierige. Aber auch das Aufregendste. Nur wenige Menschen haben gute Ideen, noch weniger können sie umsetzen, aber Menschen, die einer ersten guten Idee noch eine zweite, eine dritte und eine vierte folgen lassen können, sind äußerst rar.

Wir sind drei Teilhaber, jeder mit einer ganz unterschiedlichen Geschichte, jeder mit einer bestimmten Persönlichkeitsstruktur, die sich häufig mit der der anderen schlecht verträgt, alle aber haben wir immer diesen Handschlag im Hinterkopf, mit dem wir unsere Geschäfte besiegelt haben, um sie lohnender und erfolgreicher zu machen. Aus diesem Grund gibt jeder alles, was er hat, weil er weiß, dass auch die anderen alles geben. Das ist für mich etwas vollkommen Neues, denn als Drogenboss ist man völlig auf sich selbst gestellt. Man hat höchstens Anteilseigner, aber keine echten Teilhaber. Wenn ich damals auf etwas vertraute, dann auf das Misstrauen – genauer gesagt auf Vorsicht, Reaktionsschnelligkeit und stete Informationsbeschaffung.

Je mehr du weißt, desto mehr unliebsame Überraschungen bleiben dir erspart. Je mehr Fallen du umgehst, desto größer wird dein Ruhm. Je berühmter du bist, desto weniger Gewalt musst du anwenden. Das ist in der Modebranche durchaus ähnlich. Man sammelt Hinweise, Informationen, Klatsch und wichtige Nachrichten, die als »vertraulich« weitergegeben werden. Aufgrund dieser Daten und aufgrund deiner Marktbeobachtung veränderst du die Farben deiner Teile ein klein bisschen, du änderst scheinbar belanglose Details, und dementsprechend investierst du eben dort und nicht woanders. Dann kommt ein Vertreter, der dir zeigen will, wie gut er im Verkauf ist und erzählt dir, einer deiner Konkurrenten habe zwei Millionen in die Werbung gesteckt, ohne dass sich das in den Umsatzzahlen niedergeschlagen habe. Doch wo immer du hinsiehst, stolperst du über seine Anzeigen und Plakate und hast dir schon überlegt, ob du es ihm nicht gleichtun sollst. Dann redest du mit jemand anderem, der dir was von Branding erzählt, von Investitionen in die Marke, damit das Produkt im nächsten Jahr besser läuft. Du bist drauf und dran, ihm Glauben zu schenken, da fällt dir ein, dass in der Mode jedes Jahr seine eigene Dynamik hat. Das ist ein bisschen wie beim Wein. Da hat es wenig Sinn, Werbung für die Marke zu machen, wenn die Kollektion schlecht läuft, denn das wäre hinausgeworfenes Geld. Den Einzelhändler interessiert es nicht, ob Deputamadre69 in zweiunddreißig Ländern der Erde verkauft wird. Er will nur wissen, wie viel du in der letzten Saison in seiner Stadt umgesetzt hast. Je höher dein Umsatz ist, desto weniger Werbung brauchst du. Werbung ist nämlich keineswegs die Seele des Geschäfts. Sie spielt vielmehr die Rolle, die im Drogenhandel die Gewalt übernimmt. Diese sorgt dafür, dass sich die Aufmerksamkeit der Konsumenten auf dein Produkt richtet. Da ist Vorsicht geboten. Bankgarantien für die Ware, die in aller Herren Länder geht, genügen im Normalfall nicht. Du musst vielmehr einschätzen können, wie dein Gegner wirtschaftlich dasteht, und du musst persönlich überprüfen, wie dein Produkt vor Ort tatsächlich läuft. Sei nie mit dem zufrieden, was der Vertreter dir am Telefon erzählt – er will dich überzeugen, dass er sich angestrengt hat, aber, so heißt es dann, der Markt zieht eben nicht.

Großvater Jack scheint einmal auf einer Rinderfarm gewesen zu sein. Auch dieser Aufenthalt schlug sich in einem passenden Spruch nieder: »Wenn das Auge des Besitzers den Ochsen fetter werden lässt, so müssen beide Augen zusehen, dass das Fett auch beim Besitzer landet und nicht beim Hirten.«

Vorsichtsmaßnahmen. Aber wer schützt mich vor mir selbst? Mein Schriftstellerfreund scheint sich dieses Amtes anzunehmen und reitet weiter auf dem Thema »Angst« herum, das ihn gerade zu faszinieren scheint.

»Und? Bist du danach wieder geflogen?«

»Was hätte ich denn machen sollen? Das Flugzeug verschrotten? Natürlich fliege ich wieder. Ich habe sogar noch eine zweite Bruchlandung überlebt.«

Obwohl es ja eigentlich keine Bruchlandung war. Ich weiß auch nicht, wieso man das Bruchlandung nennt, denn wenn das Flugzeug zu Bruch geht, überlebt man das gewöhnlich nicht.

Auch darauf hat mein Freund eine Antwort: »Dir kann das ja egal sein. Es gibt ja offensichtlich keine Bruchladung, die du nicht überstehst. Gleich zweimal, unglaublich!«

Das kann schon sein, aber beim zweiten Mal glaubte ich wirklich, die Sache wäre gelaufen. Von wegen strahlend blauer Himmel hinter dem Cockpitfenster. Starker Wind sorgte dafür, dass ich die Maschine nicht richtig im Gleichgewicht halten konnte. Dieses Mal lag's nicht am Benzin. Die Mechanik versagte. Ich flog mit einem einmotorigen Mietflugzeug. Ein paar Jahre nach der ersten Notlandung. Die fünftausend Umdrehungen, die mich mit zweihundert Stundenkilometern dahinkatapultierten, ließen die Maschine sanft schnurren. Das neue Modell schien sehr viel sicherer als meine Maschine. Ich überlegte gerade, ob ich sie mir leisten konnte. Was würden meine Mitinhaber denken? Was war mir wichtiger: Sicherheit oder die hohen Kosten? Darauf lief es hinaus. Meine Überlegungen wurden rapide unterbrochen durch ein schwaches *Tuck, Tuck, Tuck*. Wieder versetzte mich der Wind in Panik. Dieses Mal hörte ich nicht die Stimme des Fluglehrers in meinem Kopf. Der Herzschlag beschleunigte sich. Nie wieder würde ich einen Fuß in ein Ultraleichtflugzeug setzen. Dann sprach ich die Anweisungen laut vor mich hin. Störklappen, Wind, Seitenlage. Wo kann ich landen? Immer wieder kippte mir die Maschine weg. Ich flog in etwa tausend Meter Höhe. Nach unten sehen durfte ich nicht, da wurde mir angst und bange. Nur Hügel und Felder. Da tauchte plötzlich rechts ein dunkles Feld auf, das lang und eben genug schien.

Das nehme ich. Ich komme gut runter, aber das Feld ist frisch gepflügt, nach wenigen Metern setze ich die Nase in den Dreck. Ganz heil ist die Maschine nicht mehr. Ich muss mich anstrengen, damit ich mich aus dem Cockpit befreien kann. Arme und Beine wollen nicht mehr. Ich sehe mich um. Kein Himmel. Schwarze Erde umschließt in dicken Schollen das Cockpit.

Danach habe ich einige Zeit gebraucht, bevor ich wieder in mein Flugzeug stieg. Aber ich mache immer noch gern einen kurzen

Abstecher nach San Marino. Dort genehmige ich mir einen Kaffee und fliege dann zurück. Ich bin nicht mehr so unbeschwert wie früher, aber ich fliege immer noch gern. Doch irgendwie fliegt immer die Angst vor der plötzlichen Stille am Himmel mit. Irgendwie erinnert mich das an die Angst vor dem Zahnarzt. Eigentlich fehlt dir gar nichts, aber trotzdem beißt du unwillkürlich die Zähne aufeinander, wenn du an den Zahnarzt denkst.

Ich spüre, dass mein Schriftstellerfreund seit ein paar Tagen angespannt ist. Am Ende redet er doch. »Im Endeffekt geht es darum, Ilan: Ich schreibe einen Roman über die Angst.«

»Angst? Wovor?«, frage ich.

»Das ist kompliziert. Es geht um zwei Ereignisse, die auf den ersten Blick nichts miteinander zu tun haben.«

»Kapier ich nicht.«

»Ein Mord, den die Polizei 2001 begangen hat, beim G-8-Treffen in Genua. Ich bin da einer Spur nachgegangen, die ich bis zur UN-Mission in Somalia weiterverfolgt habe. Kannst du dich an Ilaria Alpi erinnern? Die Journalistin, die 1994 in Mogadischu ermordet wurde. Ich glaube, ich habe eine Verbindung zwischen den beiden Ereignissen gefunden. Die Agenten, die den Jungen in Genua erschossen haben, hatten damals in Somalia eine heikle Aufgabe zu erfüllen.«

»Und?«

»Es ist wohl kein Zufall, dass sie weder nach der Sache in Genua noch wegen des Todes der Journalistin strafrechtlich belangt wurden. Sie gehören offensichtlich zu einer mobilen Eingreiftruppe, die für Heer und Geheimdienst tätig wird.«

»Aber wie kann es sein, dass davon nichts durchsickert? Entschuldige, aber das liegt doch jetzt schon mehr als zehn Jahre zurück.«

»Das ist ja das Interessante daran. Das Geheimnis von Somalia verbindet sie. Das war ihre Bluttaufe, die den Bund besiegelte, den sie mit anderen Aktionen ständig erneuern.«

Ich höre zu und denke laut: »Wenn das stimmt, Giulio, werden sie dich töten. Hör lieber auf mit deinen Nachforschungen, bevor du am eigenen Leib erfährst, was Angst wirklich ist.« Dabei geht es nämlich nicht mehr um abgehörte Telefonate, ausspionierte Computer, Einbrüche und andere Kinkerlitzchen. »Was du jetzt schon zu spüren kriegst, ist nichts gegen das, was sie mit dir anstellen werden, wenn du denen, die dich überwachen, weiter Ärger machst.«

»Ich weiß. Aber ich habe mich entschieden: Das Buch soll von einem Mann handeln, der Zeuge war, aber nicht reden will. Das Thema ist Angst. Die restlichen Informationen, die ich gesammelt habe, werde ich Freunden zur Verfügung stellen, Journalisten.«

»Dann verzichtest du also auf deinen Knüller?«

»Wenn ich tatsächlich einen Knüller aufgetan hätte, müsste ich ihn mir warmhalten, bis nächstes Jahr das Buch erscheint.«

»Das ist es, was ich im Grunde wissen wollte: Glaubst du, du kannst die ganze Zeit über ruhig schlafen?«

Aber ich kenne ihn. Es würde mich sehr wundern, wenn er eine Geschichte nicht schriebe, nur weil es gefährlich ist. Um ihm Mut zu machen, frage ich ihn: »Soll ich dir noch etwas über die Angst erzählen? Vielleicht kannst du es ja für dein Buch brauchen.«

Die Malediven. Kristallklares Meer, Unterwassersicht perfekt. Wir sind abgetaucht, zu dritt in zwanzig Meter Tiefe. Die beiden Tauchlehrer füttern gerade die Haie. Ich bin ein paar Meter weit weg, die Arme eng am Körper, die Hände übers Gehänge gelegt. So hat man mir das gesagt. Ich bin schließlich nur Zuschauer. Die Haie umkreisen uns langsam, dann schießen sie plötzlich auf die beiden Taucher zu, die das Futter haben. Sie reißen ihre Mäuler auf, die Zahnreihen schnappen nach den Brocken, die die Taucher ihnen geschickt hinhalten. Da bin ich also, angespannt zwar, aber doch sicher, dass die beiden die Sache im Griff haben. Ich bekomme ein bisschen Herzklopfen, als die unverwechselbare Silhouette eines großen Sandtigerhais vorbeizieht. Hinter der plattgerückten Nase wölbt sich der Körper nach oben, als hätte das Tier eine hohe Stirn. Die Schwanzflosse ist unverwechselbar: Der obere Teil ist geschweift wie ein Krummsäbel. Da kann man sich noch so oft sagen, dass das Tier als wenig gefährlich gilt. Seine drei Meter Länge machen einem Angst, und zwar nicht schlecht, vor allem, weil unter Wasser alles noch viel größer wirkt. Wie gelähmt hänge ich da. Die Tauchlehrer füttern die gefräßigen Haie, eigentlich sollte ich dieses Schauspiel genießen, aber ich bin weit davon entfernt. Der Sandtiger steht nicht so auf die dargebotenen Köder. Mit einem Mal erfasst mich eine Strömung, gleichzeitig spüre ich, wie der Kopf des Hais an meinen Augen vorbeihuscht. Als ich langsam auf den Meeresboden zurücksinke, merke ich, dass der Hai mein Atemgerät gepackt und meinen Kopf nur um ein weniges verfehlt hat. Ich muss den Oktopus ergreifen, das Notgerät. Die Panik, vielleicht auch die Überraschung, diesem Angriff entgangen zu sein, hat in meinem Gehirn alles Wissen darüber ausgelöscht, dass ich das Mundstück vom Wasser befreien muss, bevor ich es zum Atmen benutzen kann. Statt Sauerstoff zu atmen, trinke ich erst mal. Je mehr ich sauge, desto weniger Luft kommt. Nur Wasser. Die Tauchlehrer sind weit weg. Wo der Hai ist – keine Ahnung. Vielleicht kommt er ja zurück, um seinen Imbiss zu vollenden. Im Moment habe ich ein anderes Problem. Ich ertrinke. Ich nehme den Oktopus wieder ab, setze ihn anders auf und trinke wieder. Meine Lungen schreien nach Sauerstoff, ich schieße nach oben. Die Augen quellen mir aus dem Kopf, das Gesicht ist geschwollen, der Schädel scheint zu platzen. Endlich, das Boot. Ich werfe mich drüber, es ist mir egal, was rundum passiert. Kaum habe ich mich auf den Anlegesteg gerettet, fange ich an zu kotzen. Unmengen von Salzwasser presst es aus mir heraus. Ich hätte nicht gedacht, dass man so viel Salzwasser trinken und am Leben bleiben kann. Da ich nur fünf Minuten unten war, ist das Risiko einer Embolie nicht so hoch. Der Blutgerinnungstest jedenfalls zeigt noch gute Werte.

Warum ich unbedingt da hinuntermusste, um den Haien was zu fressen zu bringen, frage ich mich heute noch. Solche Geniestreiche fallen einem auch nur in den Ferien ein. Der Tauchlehrer sagt dir, dass es geht, und du machst es. Wenn dieses riesige Gebiss nur fünf Zentimeter näher dran gewesen wäre, hätte ich keinen Kopf mehr. Doch was sich mir am stärksten eingeprägt hat, war das Gefühl zu ertrinken. Natürlich kommt auch hier die übliche Frage: »Und? Bist du hinterher wieder getaucht?«

»Ja, erst vor wenigen Wochen in Dubai. Zweimal. Eigentlich wollte ich beide Male nicht. Ich war ganz starr vor Angst. Aber am Ende bin ich doch gesprungen.«

Die Lust auf Unterwasserausflüge ist mir vergangen, die Lust aufs Himmelsstürmen nicht.

Jedes Mal, wenn es um das Thema »Angst« geht, fällt mir eine Geschichte ein, die zeigt, wie ich damit umgehe. Vor vielen Jahren hatte sich ein anderer Drogenboss in den Kopf gesetzt, mich alle zu machen. Ich saß in einem kleinen Restaurant in einer Stadt, die er zu seinem Territorium rechnete. Ich hatte keine Leibwächter dabei, wollte einfach nur einen ruhigen Abend verbringen. Ich führte gerade die Gabel zum Mund, als mich eine eigenartige Bewegung am Eingang, etwa zehn Meter von meinem Tisch entfernt, innehalten ließ.

Ein Junge hat eine Pistole gezogen. Er steht ganz allein oben auf der kleinen Treppe, die in den Raum mit den Tischen führt. Die Pistole zeigt auf mich.

In dem Moment, in dem ich ihn ansah, begann er zu schießen. Wenn er nur ein, zwei Schritte mehr getan hätte, wenn er auch nur einen Meter weiter gegangen wäre, hätte er mich mit Blei vollgepumpt. Aber er hatte wohl Angst und schoss aus zu großer Entfernung. In dem Augenblick, in dem ich den Lauf der Pistole erahnt hatte, hatte ich den Tisch umgekippt und mich dahinter versteckt. Der Killer kam mit Schwung auf mich zu. Es gelang mir, ihn am Bein zu packen und ihn aus dem Gleichgewicht zu bringen. Er versuchte, seinen bewaffneten Arm hinter die Tischplatte aus massivem Holz zu bringen, die uns trennte. Ich riss ihn um. Die Schüsse schlugen in die Decke ein. Rundherum hatten sich alle auf den Boden geworfen und schrien. Es gelang ihm abzuhauen. Alles in allem hat das Ganze wohl nur eine halbe Minute gedauert. Auch ich machte mich davon, so schnell ich nur konnte. Ich wusste ja nicht, wer hinter dem Anschlag steckte, und hatte Angst, sie könnten es noch mal versuchen.

Drei Jahre später erzählt mir ein Freund, dass der Bastard, der mir damals den Killer auf den Hals gehetzt hat, sich in der Stadt aufhalte, in der ich gerade auf Durchreise bin. Es ist merkwürdig, aber ich habe diesen Mann nie als Feind empfunden. Diese unbegründete Aktion seinerseits beleidigte mich. Man erklärt mir, dass der Typ unberechenbar sei und dass ich ihm ein Dorn im Auge sein werde, solange er lebe. Absurd das Ganze. Und lange her. Was soll ich tun? Soll ich diese drohende Gefahr, die jederzeit über mich hereinbrechen könnte, aus der Welt schaffen? Meine Freunde meinen, es wäre nicht schwer, seine bleihaltigen Aufmerksamkeiten mit gleicher Münze zurückzuzahlen. Ich denke nicht lange darüber nach, und so findet sich im Kofferraum des Drogenbarons bald ein Gläschen, das zwei chemische Stoffe enthält, die ein prekäres Gleichgewicht eingehen, das durch Stoß, Zug oder Druck jederzeit beeinträchtigt werden kann. An der nächsten Ampel hält er den schnellen Wagen abrupt an. Die beiden Elemente mischen sich, und die Wahrscheinlichkeit, dass mir wieder ein Killer auflauert, ist mit einem Mal gegen null gesunken.

Die beste Methode, seiner Angst zu begegnen, ist der Gefahr vorzubeugen.

Was also ist Angst? Ich habe Angst, wenn ich keine Möglichkeit habe zu reagieren. Dann bin ich wie gelähmt. Der Adrenalinstoß des Risikos liegt mir, die Lähmung der Angst nicht.

Meine größte Angst ist es, etwas zu tun, das sich nicht mehr rückgängig machen lässt.

Eines Tages fuhr ich an Bord meiner Yacht die kroatische Küste entlang. Der Motor brummt, das Wasser breitet einen Sprühregen über uns. Meine dreijährige Tochter sitzt neben mir. Plötzlich taucht ein anderes Boot vor mir auf. Ich weiche ihm aus und gebe mit den zwei Außenbordmotoren Gas. Ich sehe, wie die Kleine das Gleichgewicht verliert und in die Rückenlehne gepresst wird. Ich halte sie mit der linken Hand fest und werde langsamer. Einmal durchatmen, dann ist die Angst weg.

Diese Szene sehe ich auch heute noch vor meinem inneren Auge. In den Tagen nach diesem Zwischenfall musste ich mir mehrfach mit der Faust gegen die Stirn schlagen, um diese Bilder zu verscheuchen: Ich gebe Gas, die Kleine verliert das Gleichgewicht. Die Rückenlehne bremst ihren Sturz nicht, meine Hand kommt zu spät. Sie geht über Bord, kurze Zeit später färbt der Schaum der Wellen sich rot. Dieses Bild überfällt mich in den unterschiedlichsten Verkleidungen. Ich schlürfe einen Cocktail unter dem Sonnenschirm, kehre auf mein Boot zurück, und da geschieht es: Die Kleine verliert das Gleichgewicht, das Wasser färbt sich rot. Ich stehe auf der Mole und beobachte einen Katamaran von fünfundzwanzig Metern. Ich frage mich, wie die Leute es schaffen, auf den Wind zu warten. Und da ist es wieder. Wind kommt auf, es kommt zum Rückstoß, die Hand, die nicht schnell genug ist, und das Meer schimmert blutrot. Ich hatte das Gefühl, langsam verrückt zu werden. Gelähmt verharre ich zwischen der panischen Angst vor dem, was hätte passieren können, und all dem, was *danach* gekommen wäre.

Davor habe ich wirklich Angst. Nicht vor der Lähmung, sondern vor der Katastrophe, die sich nicht mehr ungeschehen machen lässt.

Es wäre allmählich an der Zeit, dass ich aufhöre, die Herausforderung zu suchen. Ich habe wirklich so viele gefährliche Situationen erlebt, dass ich es langsam ruhiger angehen lassen könnte. Andererseits scheine ich eine Art sechsten Sinn für riskante Situationen zu haben: Wenn ich mich mit etwas messen will, verliere ich jedes Gefühl für die Verhältnismäßigkeit. Das ist meine Vergangenheit. Mein Schriftstellerfreund schüttelt den Kopf. »Die Vergangenheit hilft dir, mit der Gefahr umzugehen, Ilan. Eine alte, große Liebe von mir, Flannery O'Connor, hätte gesagt, dass jeder, der seine Kindheit überlebt hat, für den Rest seiner Tage genug über das Leben weiß. Du kannst ihr ruhig glauben.«

»Ganz schön schlau, deine Freundin. Und warum seid ihr auseinandergegangen?«

»Ich habe sie mit anderen Lieben betrogen, aber gelegentlich kehre ich zu ihr zurück.«

Ich habe festgestellt, dass ich viel mutiger bin, als ich glaubte. Vielleicht hat mir ja das Alter ein gewisses Risikobewusstsein eingeimpft. Mein Schriftstellerfreund hat herausgefunden, dass er ängstlich wird, wenn er nicht weiß, woher der Schlag kommen wird. Dies verstärkt seine Schwächen. Er ist ein Hypochonder wie so viele Menschen, aber als er entdeckte, dass sein Telefon abgehört wird, hat sich die Angst, die durch seine unvorsichtigen Recherchen über die Carabinieri in der Toskana und andere Ungereimtheiten ausgelöst wurde, auf andere Lebensbereiche verlagert. Eine Art Lawine, meinte er. Der Arzt riet ihm zu einer zusätzlichen Blutuntersuchung, und er dachte sofort, er habe einen Tumor. Sobald er seine Recherchen einstellte, entspannte er sich wieder. Ich sage ihm, dass Großvater Jack ein Prinzip hatte, das er vielleicht meinem Vater ans Herz gelegt hatte, der sich später zwischen Mossad und Drogenbossen verkeilte: Spiele nie mit jemandem, der nicht spielen will.

13

Ich schlenderte durch die Gassen von Capri und machte sozusagen einen Schaufensterbummel, weil mein Regionalvertreter behauptet hatte, die Schaufenster Capris seien voll mit Deputamadre69-Sachen. Und tatsächlich fanden sich auch einige T-Shirts meiner Marke. Nur dass sie nicht, wie meine, made in der halben Welt waren, sondern eindeutig aus Prato in der Toskana kamen. Das bedeutete, dass die Chinesen unsere Sachen kopierten und sie in Kampanien ganz gut zu verkaufen schienen. Vielleicht trieb der Regionalvertreter ja auch doppeltes Spiel und zeigte ihnen schon vor Saisonbeginn die Muster, die wir ihm zur Verfügung stellten. Wie sonst hätten die kopierten Shirts so bald in den Läden sein können? Ich tendierte dazu, diese Frage mit Ja zu beantworten. Mein Mann tanzte also auf zwei Hochzeiten. In Prato lief die Kopiermaschinerie schon an, während wir noch in der Produktion waren. Wie immer kam ich unangemeldet, machte meine Kontrollen und ließ den Gebietsvertreter dann von meinem Büro aus anrufen, damit ich Worte und Taten vergleichen konnte. Teure Läden, die ungestraft Plagiate unserer Modelle verkauften, während die italienischen Finanzpolizisten in tadelloser grauer Uniform plaudernd am Hafen standen, ohne ihre Schnellboote je in Gang zu setzen.

In Kampanien war es zum Ausrasten. Jahr für Jahr war die gefälschte noch vor der Originalkollektion auf dem Markt, natürlich zu einem niedrigeren Preis, und das, obwohl es sich um von den Chinesen in Italien produzierte Ware und keineswegs um Importe aus Asien handelte. Natürlich ist es billiger abzukupfern, als sich selbst etwas einfallen zu lassen. Es war klar, dass sich da ganze Fabriken mitten in Italien ans Nachschneidern machten – den Blicken entzogen. Natürlich musste die Ware mit dem gefälschten Etikett unter falscher Flagge transportiert werden. Auch ein Gespenstergeschäft sozusagen. Für einen ehemaligen Drogenhändler ist es wirklich interessant zu sehen, dass das Verbrechen das System verarscht, indem es eine Parallelwelt schafft, die der legalen aufs Haar gleicht.

Ich war den ganzen Tag unterwegs gewesen. Dabei war es so heiß, dass einem fast die Sohlen unter den Schuhen schmolzen. Schließlich ließ ich mich auf einem kleinen Platz vor einem geöffneten Stehcafé nieder. Ich überlegte gerade, wie ich die Sache mit den gefälschten Teilen regeln konnte, als ich bemerkte, dass neben mir ein berühmter amerikanischer Schauspieler meines Alters oder etwas jünger saß. Ich erkannte ihn zuerst an seiner Art zu reden, erst dann am Gesicht. Er hatte eine so hohe Stirn, dass man ihn fast für kahl halten konnte, wenn man ihn von vorne sah. Er wollte die Kellnerin nur etwas fragen, aber die Ärmste war so aufgeregt, dass sie keinen vernünftigen Satz herausbrachte. Ich drehte mich zu ihm um, amüsiert bei der Vorstellung, dass ich als Kolumbianer einer Neapolitanerin auseinandersetzen musste, was sie einem Amerikaner gerade in Pidgin-Italienisch zu erklären versuchte. Und so fragte ich den Schauspieler, ob ich ihm vielleicht als Übersetzer dienen könnte.

Irgendwie waren wir beide uns ziemlich ähnlich, nicht äußerlich, aber vom Typ her. Wir waren beide ein wenig massiger gebaut, nicht allzu groß, aber schwer eben. Wir nahmen beide mehr Raum ein, als ein Körper dies gewöhnlich tut. Nachdem wir der Italienerin erklärt hatten, was der Amerikaner suchte, fingen wir an zu plaudern. Er machte gerade ein paar Tage Ferien, bevor er nach London weiterflog. Ich erzählte, dass ich zur Kontrolle hier sei.

»Zur Kontrolle?«

»Ja, ich kontrolliere, wie die Jugendmode in den Schaufenstern präsentiert wird.«

»Für wen?«

»Für mich.«

Er war höchst erstaunt, dass ich die Kollektion entwarf, der Eigentümer der Marke war und nötige Kontrollen persönlich vornahm, statt einen Angestellten damit zu beauftragen und auf irgendeiner Tropeninsel die Früchte meiner Arbeit zu genießen. Tatsache ist, dass man nur dann den Finger am Puls des eigenen Unternehmens hat, wenn man die ganze Wertschöpfungskette im Auge behält. Dann kann man sich auch mal gemütlich auf Capri einen Kaffee gönnen und mit einem Hollywoodstar plaudern. Er lächelte. Er hatte sich wohl ein eher einfach strukturiertes Unternehmen vorgestellt, das ein paar Verkaufsstellen hat und irgendwie vor sich hin wurstelt. Zweiunddreißig Länder – diese Zahl bewirkte, dass er meine Ausführungen wenigstens nicht mehr mit begütigendem Nicken bedachte. Erstaunt richtete er sich in seinem Sessel auf und fragte, von welcher Marke ich denn da eigentlich spräche. Deputamadre wird fast überall verstanden (außer in Italien, wo man es fälschlicherweise für eine Beleidigung der eigenen Mutter hält). Auch die »69« ist bekannt – als Traum aller Häftlinge, die noch so viel Leben in sich haben, sich an schönere Dinge zu erinnern.

Schließlich kam die Rede auf meine Vergangenheit als Krimineller. Schließlich stellte er mir noch ein paar Fragen, dann meinte er: »Aber das ist ja ein richtiger Film!«

Ich sah ihn verblüfft an. »Ah ja? Und wer sollte den gedreht haben?«

»Nein, ein Film, den man machen könnte. Ich könnte den Ilan von heute spielen. Schau mir mal zu, wie ich gehe. Ich habe dir zugesehen, wie du angetrottet kamst und dich auf den Sitz hast fallen lassen. Wie ein Kamel, das gerade getrunken hat.«

Er torkelte ein wenig zwischen den Tischen herum und zog die Aufmerksamkeit der Vorsaisontouristen auf sich. Dann bat er mich, doch ein paar Schritte zu gehen. Er sah mir zu. Danach hörte er auf, wie ein Schimpanse herumzutapsen, und ahmte mich perfekt nach. Ich halte die Arme immer ein wenig vom Körper weg, so als wolle ich die Luft umfassen. Den Kopf hingegen habe ich immer leicht in den Nacken gelegt, das Kinn hochgereckt. Oder ich senke den Kopf wie ein Stier in der Arena, der auf die Mantille des Toreros losgeht. Die Füße bleiben fest im Boden verankert. Ich stehe breitbeinig, so als müsste ich einem Kinnhaken ausweichen. Er lachte: »Du wirkst wie ein Grizzly, der sich den Bauch mit Honig gefüllt hat, voller noch nicht verdauter Energie.«

Wir liefen noch ein wenig im Kreis herum, wobei wir möglichst locker in die Knie gingen. Dann setzten wir uns und plauderten über seine Ferien.

»Hast du dir die Insel schon angesehen?«

»Nein, Ilan. Ich habe kein Boot, und als Tourist herumzugondeln, reizt mich nicht. Hier vermieten sie Boote einfach nicht für einen halben Tag.«

»Ich habe ein Boot. Wenn du willst, fahren wir ein bisschen rum.«

Der unerwartete Vorschlag gefiel ihm, und so verabredeten wir, uns in ein paar Minuten wiederzutreffen – mit Badehose. Ich flitzte zum Hafen runter, sah mich um und suchte eine halbwegs große Yacht aus, die der Bedeutung meines Gastes angemessen war, und ging zu dem Kahlkopf, der auf die Boote aufpasste. Er grüßte mich von Weitem. Ich drückte ihm ein Bündel Banknoten in die Hand, doch als ich auf die schöne Yacht zeigte, stellte er sich an. An einem schönen Ferientag wie diesem würden die Besitzer sicher nicht auf die Insel kommen, um zu kontrollieren, ob ihre Yacht auch brav vor Anker lag. Also sagte ich ihm, er solle doch ein paar Lebensmittel und zwei Kästen Bier aufs Boot schaffen, dazu noch Angelhaken, Benzin und zwei Hüte. Er zog die Nase kraus. Wenn nun jemand zwei Fremde auf der Yacht sehen würde, bekäme er sicher Ärger. Ich blickte auf das Bündel Banknoten und machte eine Geste, als würde ich sie zählen wollen. Da drückte er dann doch ein Auge zu und meinte: »In einer halben Stunde könnte ihr Anker lichten.«

»Wir drehen ohnehin nur eine kleine Runde.«

»Nicht mehr als ein paar Stunden, damit wir uns verstanden haben. Diese Yacht ist sowieso recht flott unterwegs.«

In der Ferne sah ich das weiße Hemd des Schauspielers leuchten. Er hatte eine Art, sich umzusehen, die er wahrscheinlich schon als Kind an den Tag gelegt hatte, wenn seine Mutter ihn in einen Spielzeugladen mitnahm: Das Glück dessen, dem die Welt offen steht, damit er mit ihr spielen kann. Mit der dunklen Sonnenbrille sah er aus wie ein Drogenbaron auf der Flucht, euphorisch aus purer Verzweiflung. Er kam auf mich zu und meinte: »Nun, wie sieht's aus? Bewege ich mich schon so wie du?«

Ich blieb mit offenem Mund stehen, hatte ich mich doch eben gefragt, an wen er mich erinnerte. Ja, an mich. In den schwierigsten Augenblicken meines Lebens. Wie immer eben: Du hast gerade die Würfel rollen lassen und wartest nun, was das Schicksal für dich in petto hat. Zerrissen zwischen Panik und einem Hauch Hoffnung.

Ich suchte die Angelruten, und bald hatten wir das ganze Benzin verbraucht, das der Kahlkopf brav geliefert hatte. Wir liefen erst am Abend wieder im Hafen ein und machten dabei Wellen, dass alle Segler sich über uns beschwerten. Ich passe immer auf, andere mit meinem Boot nicht zu stören, aber das war nicht mein Boot, und wir beide waren total betrunken. Wir haben so viel gelacht, dass wir uns kaum noch auf den Beinen halten konnten. Doch wie beduselt ich auch sein mag, ich behalte trotzdem die Kontrolle. Das gilt für ein Boot, aber das galt auch für meinen multinationalen Kokainkonzern. Sogar wenn ich in der ersten Halbzeit meiner Existenz völlig stoned war, fiel ich nicht aus der Rolle, bis der Schiedsrichter abgepfiffen hatte. Wäre ich je so zugedröhnt gewesen, dass ich meine außerordentlichen Reflexe eingebüßt hätte, wäre ich heute längst tot und würde mir nicht zusammen mit einem unglaublich begabten Schauspieler einen Ast lachen.

Als er wieder ernst wurde, wirkte er vollkommen nüchtern. Ob er schon für die Rolle des Ilan übte? Er saß da und schüttelte den Kopf, weil ich mich jedes Mal so freute, wenn ich irgendetwas fand. Als ob das gar nicht mein Boot wäre. Als ob ich die Angelhaken nicht selbst in den Schrank gelegt hätte. »Weißt du, ich kapier schon, was du für ein Typ bist! Du überraschst dich selbst gerne, obwohl du Überraschungen eigentlich hasst.« Dann setzte er wieder die Sonnenbrille auf, als müsse er sich vor den Strahlen der Abendsonne schützen. Der Kahlkopf war schon halb tot vor Angst, aber als er die fetten, glänzenden Fische an Bord sah, bedankte er sich, und ich konnte ohne weitere Diskussion ins Hotel zurückkehren, um mich auszuschlafen.

Am Morgen platzte ein Zimmermädchen herein, um die Handtücher auszuwechseln. Sie war etwa so freundlich wie ein Trupp Polizisten, der kommt, um dich zu verhaften. Während des Frühstücks fiel mir der Schauspieler mit seiner ansteckenden guten Laune wieder ein. Ich sah mir auf dem Handy die Fotos an, die wir auf dem Boot gemacht hatten: zwei Jungs, die gemeinsam Schule schwänzen. Er meinte weiterhin, mein Leben sei wie ein Film. »Ein

Film, der noch nicht abgedreht ist, würde ich sagen. Du bist kein abgewrackter Ex-Gangster, du hast dir ja auch jetzt ein Leben aufgebaut, das wert ist, erzählt zu werden.« Das hat mich gefreut. Gewöhnlich zeigen sich die Menschen nur an meiner Vergangenheit interessiert und nicht an der Gegenwart, als wäre ich ein Kriegsheimkehrer ohne Pläne, ohne Projekte. Dabei bin ich erst um die vierzig. Ich hoffe, ich gebe den Löffel noch lange nicht ab.

Zum Abschied haben wir noch unsere Telefonnummern ausgetauscht. »In einem Monat rufe ich dich an. Versprochen. Wir machen einen Film zusammen.« Mit diesem Mann habe ich mich wirklich amüsiert. Mit ihm habe ich mich nicht – wie das so häufig vorkommt – gefühlt wie ein exotisches Tier, das Zuschauer im Zirkus beklatschen, nachdem sie sich stundenlang mit irgendwelchen Clowns gelangweilt haben. Meine Geschichte ist, wie sie ist, und er konnte unterscheiden zwischen Notwendigkeit, Umfeld und freiem Willen. Sah man nicht auch jahrhundertelang auf die Schauspieler herunter und betrachtete sie mehr oder weniger als Tagediebe? Vielleicht war es ja die Neugier des Schauspielers, die ihn dazu brachte, mich nicht von vornherein abzustempeln? Wer weiß?

Jedenfalls fühlte ich mich angenommen und respektiert. Ich für meinen Teil war nicht mit dem berühmten Hollywoodstar fischen gegangen, sondern mit einem Schauspieler, der sich als außergewöhnlich interessanter und kluger Mensch erwiesen hatte. Und was den Film angeht: Man hat mir schon oft gesagt, dass mein Leben ein Roman ist. Doch daraus wirklich etwas zu machen ist eine ganz andere Sache. Sicher, ich glaubte daran. Etwa so, wie ans Horoskop in der Zeitung.

Bevor ich die Insel verließ, setzte ich, so gut ich es an diesem schönen Morgen konnte, ein anderes Gesicht auf und ging in eines der

Geschäfte, die meine gefälschten Sachen im Schaufenster hatten. Ich fragte den Besitzer nach der Herkunft. Dann rief ich meinen Regionalvertreter an, damit er sich mit dem Mann unterhielt. Der Händler gab mir in ein paar großen Plastiktüten die gefälschten Teile mit. Er zog den Schwanz ein und versprach mir ein Riesengeschäft für diesen Sommer. Ich warf danach alles in die Mülltonne und überließ es dem Vertreter, die Sache mit den anderen Einzelhändlern zu regeln.

Als ich wieder zu Hause war, hatte ich alle Hände voll zu tun. Meine Töchter hielten mich ebenso auf Trab wie die verschiedenen Reisen, die ich machen musste, um die neue Musterkollektion fertig zu stellen. Und so vergaß ich den Schauspieler. Eines Abends erhielt ich auf einmal einen Anruf aus Los Angeles. Ein berühmter Regisseur, der auch als Produzent tätig war, wollte wissen, ob man aus dem, was der Schauspieler ihm erzählt hatte, tatsächlich ein Projekt entwickeln konnte. Ich besorgte mir ein Ticket und flog hin.

Seit ich aus St. Quentin entlassen worden war, hatte ich keinen Fuß mehr auf amerikanischen Boden gesetzt. Tatsächlich wurde ich auch nur von einem italo-amerikanischen Anwalt empfangen. Es war nicht einfach gewesen, ein Visum zu bekommen, angesichts des Aufenthalts auf Staatskosten, den ich in den USA genossen hatte. Schließlich erhielt ich doch eine Einreiseerlaubnis. Als Geschäftsmann stößt man in Amerika nur selten auf Schwierigkeiten. Man holte mich mit einer dicken Limousine ab, so als wolle man mir signalisieren: »Lass uns diesen Film zusammen machen, dann wirst du immer wie ein Hollywoodstar unterwegs sein und nicht wie ein gewöhnlicher Reicher.« Die Luxuskarosse war so lang wie ein Autobus. Im Hotel durfte ich mich ein paar Stunden ausruhen, dann holte man mich wieder ab. Man lud mich auf einem dicken Polstersessel am Kopfende eines langen Tisches ab, um den herum etwa zwanzig Unbekannte saßen, denen ich etwas erzählen sollte. Ich redete fast sechs Stunden lang und antwortete auf all ihre Fragen. Drehbuchautoren, Szenenbildner, Regieassistenten, Produktionsassistenten, Zeichner und so weiter. Ich erzählte von meinem Leben als Drogenboss, denn meine Existenz als Modeschöpfer war in dieser Umgebung völlig bedeutungslos. Die wollten Action-Szenen, ohne Hintergründe oder Motive. Als ich mir so zuhörte, hatte ich selbst Mühe, in diesem Kuddelmuddel mein eigenes Leben zu erkennen. Vielmehr schien es wie die Stationen des Kreuzwegs, den ich in Jerusalem besucht hatte. Während der ersten halben Stunde fragte irgendjemand immer wieder, ob das, was ich gerade erzählt hatte, nicht in diesem Film oder in jener Fersehserie vorkam. Mit diesen Fragen hörten sie allerdings bald auf, weil ich nicht ins Kino gehe. Wenn ich überhaupt je einen Film anschaue, dann nur im Flugzeug, und auch da schläfert er mich regelmäßig ein.

Nach den endlosen Diskussionen hieß es, ich könne über Wagen und Fahrer verfügen, müsse aber am Abend wieder hier sein. Ich stand auf, grüßte und machte mich durch lange, aseptisch wirkende Korridore auf nach draußen, in die Sonne.

Los Angeles wiederzusehen war ein Schock. Nicht einer der Plätze, die ich gekannt hatte, als ich mit fünfzehn ins Geschäft eingestiegen war, existierte noch. Und die, die noch existierten, fand ich nicht wieder. Natürlich kannte ich Miami besser, das war meine erste Basis fürs operative Geschäft gewesen. Aber irgendwie war mir, als habe mein Gedächtnis nach den langen Stunden, in denen ich von meinem Leben – und zwar nur vom kriminellen Teil – erzählt hatte, einfach abgeschaltet. Ich hatte versucht, mit Hilfe der Kinoprofis und ihren Fragen ein wenig Ordnung in meine Vergangenheit zu bringen. Aber was übrig blieb, war wie ein Dinosaurerskelett. Niemand würde je wissen, wie dieser Dinosaurier aussah, weil niemand ihn je lebend gesehen hatte. Freilich konnten diese Leute auch einen Dinosaurier zum Leben erwecken, aber ich fühlte mich einfach nicht als Fossil, schon gar nicht als das eines längst ausgestorbenen Tieres. Nicht einmal in der Arrestzelle hatte ich mich so gefühlt.

Als ich in diesen nackten Besprechungsraum zurückkehrte, strahlten alle. Auf dem langen Stahltisch lag die Quintessenz meiner Nacherzählung, eine Bildfolge auf eineinhalb Meter langen und dreißig Zentimeter hohen Papierbögen. Der Anfang des Films in kleinen, gezeichneten Quadraten: Cali mit seinen fünftausend Mordopfern jährlich. Ich, ein Junge, der andere Jungs herumkommandierte, die weit größer waren als er. »Das bringt die Idee besser rüber. Man kapiert sofort, dass du der geborene Leader bist«, meinte ein Fünfzigjähriger in braunem Sakko und ebensolcher Krawatte. Die anderen trugen alle Jeans und T-Shirt.

Man wendete den Bogen um. Da war ich als Heranwachsender. Ich hielt eine Keule in der Hand und erschlug damit mein erstes Opfer. Ein Bild in einer Reihe von vielen ähnlichen. »In diesem Teil geht es um die Liebe zur Mutter«, meinte ein anderer, der wohl der Zeichner war, weil er mir so stolz das Comic vorführte. Ich nickte, aber ich hatte den Eindruck, dass sie den Zorn nicht begriffen hatten, den ich damals schon in mir hatte wachsen fühlen. Ein Schädel auf dem Asphalt, daneben ein Paar Turnschuhe mit einem Apostroph als Markenzeichen. »Das wäre zum Beispiel eine Möglichkeit zum Sponsoring.«

»Aber damals gab's diese Marke noch gar nicht. Außerdem wäre es wohl keine sehr gute Werbung, wenn Hirnmasse auf dem Turnschuh klebt.«

»Jedem das Seine. Wir haben ein Sponsoring-Büro, das noch in den übelsten Splatterfilmen eine Kettensägenwerbung unterbringt.«

Natürlich hat das keiner gesagt. Ich habe es nur gedacht, während alle darüber redeten, dass sie eine Erlösungsstory aus meinen Leben machen wollten. Da war die vielbeschworene Wendung: das Gefängnis in Barcelona. Die Geburt von Deputamadre hinter Gittern, zwischen diesen dreckigen Mauern. Man warf einen riesigen Flachbildschirm an, ein Fenster ins Nichts. Sie hatten ein paar Szenen aus anderen Häftlingsfilmen gebastelt und sie mit Actionszenen zusammengeschnitten. Schießereien, Verfolgungsjagden, Streit zwischen Häftlingen, Begegnungen im Sprechzimmer. »Das Alphabet ist ja schon da. Wir müssen es nur zu Worten und Sätzen zusammenfügen«, meinte der Fünfzigjährige. Wir machten mit dem Storyboard weiter. Da war ich im Ferrari (ich frage mich, ob Ferrari mich wohl als Werbefigur akzeptieren würde), wie ich verhaftet wurde. Auf dem Beifahrersitz schimmerte eine Kalaschnikow. Ich warf ein, dass ich an jenem Tag unbewaffnet gewesen sei und dass in einem Ferrari ein Mensch meiner Größe nicht neben eine Kalaschnikow passe. Entweder ich oder das Maschinengewehr. Das ist keine Frage der Ästhetik, sondern ein Problem der Wahrscheinlichkeit. Jetzt kamen wir zum Ende. Ich reichte meinem früheren Feind die Hand, dann wurde ich entlassen. Wir schworen uns ewige Freundschaft. Wir wollten uns draußen wiedersehen, um die Früchte des Erfolgs zu teilen.

Dieses Versprechen wurde tatsächlich gegeben, so viel stimmt. Aber dabei handelte es sich eher um eine Verabredung, was wir da draußen machen wollten, da wir doch keine Drogenbarone mehr waren, sondern nur noch Ex-Häftlinge. An den Erfolg glaubte damals niemand. Wenn überhaupt, dann dachten wir, wir würden vielleicht gelegentlich Geschäfte miteinander machen. Der Typ in Sakko und Krawatte erklärte mir, dass vor dem Abspann noch eine

Tafel erklären würde, dass Deputamadre69 heute tatsächlich existiere. An dem Punkt, wo jeder schon aufsteht und nach Zigaretten oder Handy kramt, während er sich das Popcorn von der Jacke wischt.

Die lächelnden Gesichter warteten auf meine Entscheidung. Ich bat darum, den Vertrag sehen zu dürfen, und der unvermeidliche Anwalt legte einen Wälzer auf den Tisch, so hoch wie meine Hand breit. Klauseln über Klauseln, mit denen ich die Rechte an meinem früheren Leben verkaufte. Ich wog das Ding in der Hand und hatte sogleich die Bodenhaftung wieder. »Ich finde nur, dass das ein Film ist, wie man ihn schon hundertmal gesehen hat. Vielleicht warten wir besser, was der Schriftsteller, der gerade an meiner Biografie arbeitet, daraus macht. Dann lässt sich vielleicht besser einschätzen, ob seine Arbeit als Grundlage für ein Drehbuch taugt. Er hat schon ziemlich viele Kapitel geschrieben.« Ein wenig enttäuscht sahen sie einander an, unsicher, ob sie sich auf diesen Vorschlag einlassen sollten. »Natürlich, das würde uns die Arbeit unter Umständen erleichtern. Dann warten wir eben auf den Vorabdruck dieser vierhändigen Autobiografie.«

Zu meinem Glück kam niemand auf die Idee, meinen Schriftstellerfreund zu kontaktieren. Er wusste nämlich nicht, dass er schon an der Arbeit saß oder gar »ziemlich viele Kapitel geschrieben« hatte.

Im Flugzeug stellte ich mir den Trailer zu einem solchen Film vor: Eine Machete zischt herab und zerteilt eine Kokosnuss. Der zwanzigjährige Ilan stößt mit einem dicklichen Indio mit den halbierten Kokosnüssen an. Uns zu Füßen ein Berg reinstes Kokain.

Ganz nach Drehbuch kam ich in Rom an und hatte erst einmal eine Menge Dinge um die Ohren, um die ich mich kümmern musste. Abends fiel mir dann gelegentlich der Schriftstellertyp ein, der mich vor etwa einem Jahr aufgesucht hatte, um mir seine verrückte Idee vorzustellen. Er hatte in einer Zeitschrift einen langen Artikel über mich gelesen. Da war ich mit der üblichen Befreiungs- und Erlösungsgeschichte, und zumindest oberflächlich stimmten die im Artikel präsentierten Fakten mit meinem Leben überein. Da der Schriftsteller selbst versucht hatte, T-Shirts mit von ihm erfundenen Sätzen zu verkaufen, hatte er mir mitgeteilt, dass ich seine gescheiterten Versuche sicher zum Erfolg führen würde. Einer der vorgeschlagenen Sprüche ging so: *Ich schreibe meinen Namen/und sie nennen es Unterschrift/der Designer macht sie zur Marke/und sie nennen es Mode.* Ein anderer Spruch handelte wohl von ihm selbst. Er lautete: *Alle wollen bemerkt werden/Ich will nur gelesen werden/aber das habe ich gerade geschafft.* Mich erinnerten seine Sprüche mehr an die Schmierereien in den U-Bahn-Schächten vom Typ »Wer das liest, ist blöd«. Außerdem waren die T-Shirts von schlechter Qualität, und die Sätze richteten sich an keine klar definierte Zielgruppe. Aber ich wollte etwa fünfzig als Muster bedrucken lassen und sehen, was meine Wiederverkäufer dazu sagten.

Wir verblieben so, dass er sich melden würde, wenn er ein paar passende Ideen hatte, aber seitdem hatte ich seltsamerweise nichts mehr von ihm gehört. Er hatte mir ein Buch mit seinen Erzählungen mitgebracht, dann war er auf einmal verschwunden. Ich hätte ihn vermutlich nie gebeten, meine Geschichte zu schreiben, wenn er mir nicht eine SMS geschickt hätte, um mich darauf hinzuweisen, dass eine seiner Erzählungen in einer Tageszeitung veröffentlicht worden war. Da war seit unserer ersten Begegnung gut ein Jahr vergangen. Inzwischen hatte ich sein Buch gelesen und antwortete: »Ich würde dir gerne ein Projekt vorschlagen.« Ich wollte kein Instantprodukt und nichts, was irgendwie mit Reklame zu tun hatte. Ich wollte ein richtiges Buch, und er sollte die Sache in die Hand nehmen. Als ich ihm das vorschlug, kratzte er sich am Kopf und meinte: »Du weißt aber, dass deine Geschichte nicht die Geschichte einer Erlösung ist, oder? Was du da erzählst, ist vielmehr eine Wiederauferstehung.«

Informationen aus mir herauszuholen über Dinge, die ich eigentlich vergessen möchte, weil sie mir den Schlaf rauben, wenn sie sich gelegentlich in mein Bewusstsein drängen, ist für beide Seiten mühsam. Aber es tut mir gut. Es vergrößert den Abstand zwischen dem Heute und der Vergangenheit. Was mich früher bedrückte, bringt mich heute zum Schmunzeln, als wäre es einer Figur meiner Fantasie widerfahren. Mit all dem Fragen und Nachhaken kommen mir Szenen und Stimmungen wieder zu Bewusstsein, die ich längst gelöscht zu haben glaubte. Das alles zu erzählen ist merkwürdig, als würde eine Last von mir genommen. Endlich habe ich den Kopf frei. Von meinem Schriftstellerfreund fühle ich mich nicht verurteilt, andererseits beneidet er mich auch nicht. Schließlich war es ja nicht meine Entscheidung, dass ich in Cali zur Welt gekommen und dieses bewegte Leben geführt habe. Aber ich muss auch nicht die Fassade aufrechterhalten, die viele Menschen sich von mir erwarten.

Ich kann nur so ein bisschen schreiben, ausgefeilte, schöne Sätze sind nicht unbedingt meine Sache. Ich habe ständig den Kopf voll, und ohne die manchmal unverschämten Fragen eines anderen Menschen würde ich nie so tief graben. Ich brauchte eine Hebamme, um aus meiner Geschichte ein Buch werden zu lassen. Zwischen all den Fragen gibt mein Schriftstellerfreund mir das Gefühl, er hätte mehr oder weniger genauso gehandelt und wäre vermutlich schon mehr als hundertmal draufgegangen. Wir wissen beide: Unrecht wird häufig nur deshalb bestraft, weil man Angst hat, selbst Täter oder Opfer zu werden, nicht aus selbstloser

Rechtschaffenheit. Pablito ist letztlich der einzig aufrichtige Mensch, den ich kenne. Ich war ein Krimineller, aber inwieweit ich dabei Unrecht getan habe, möchte ich hier dahingestellt lassen, denn meiner Ansicht nach gibt es da einen großen Unterschied. Es ist Unrecht, einem Idioten, der es verdient hat, keine zu verpassen. Es ist Unrecht, Verpflichtungen, die man auf sich genommen hat, nicht nachzukommen. Kriminell sein heißt einfach, gegen das Gesetz zu verstoßen. Ein korrupter Polizist kann sich vielleicht hinter seiner Uniform verstecken, aber es bleibt trotzdem Unrecht, was er tut. Andererseits ist es nicht notwendigerweise Unrecht, wenn man so einen Mann besticht, denn schließlich ist er es ja, der sich bestechen lässt. Derjenige, der ihn besticht, kommt damit nur seiner Aufgabe als Lobbyist nach. Die Leute hereinzulegen ist Unrecht, jemanden zu betrügen ist Unrecht. Ein gegebenes Wort nicht zu halten ist Unrecht, auch wenn es sich darum handelt, jemanden umzulegen, weil er einen Fehler begangen hat und du ihm gesagt hast, dass dies die Konsequenz sein würde.

Mein Freund schüttelt mit der altklugen Besserwisserei der Schreiberlinge den Kopf und haut mir Phrasen um die Ohren, in denen es um Nächstenliebe und negative Energie geht, die man angeblich mit sich herumträgt, wenn man Gewalt ausübt oder Unrecht begeht. Ich aber weiß aus Erfahrung, dass er die beiden Begriffe verwechselt, wie so viele das tun. Dann wieder sehe ich ihn besorgt an. Ich habe den Eindruck, dass ihm unbehaglich wird, wenn ich ihm meine Geschichte erzähle. Das kann ich verstehen. Es geht mir durchaus ähnlich. Und trotzdem versetzt er sich in meine Lage und sieht die Dinge mit meinen Augen. Er hilft mir, die Puzzlestücke der Vergangenheit und der Gegenwart richtig zusammenzusetzen, indem er mit mir nach der Kraft sucht, die mich seit je treibt. Zorn und Loyalität sind Kräfte, die am Horizont verblassten, als ich begriff, dass ich zwar durch meine Neigung zu

Einsamkeit und Misstrauen überlebt habe, dass ich aber dafür einen hohen Preis bezahlt habe, was menschliche Beziehungen angeht. Mein Misstrauen gegenüber meinen Mitmenschen bildet das Gegengewicht zu dem ungerechtfertigten Optimismus, mit dem ich mein persönliches Schicksal betrachte.

Als ich meine Yacht auf den Namen *Suerte*, Schicksal, getauft habe, habe ich auch dem Rettungsboot einen Namen gegeben: *Traidora* – Verräterin. Diese Bezeichnung habe ich für das Glück reserviert.

14

Pablito war nicht allein für meine Verhaftung verantwortlich. Da war auch noch dieser Franzose, der eine wesentlich heiklere Stellung in der Organisation innehatte. Er war es, der den beteiligten Polizeikräften ermöglichte, mir jeden Dollar abzuknöpfen, den ich auf den Banken dieser Welt liegen hatte. Der Mann war mein Schatzmeister. Er konnte jeden Kapitalfluss zurückverfolgen, jede Briefkastenfirma, jedes Investment, egal wie und wo. Er ließ sogar das Geld meiner Kunden beschlagnahmen, weil er die Zahlungen bis zu ihrem Ausgangspunkt zurückverfolgen konnte. Damals gab es noch keine internen Bankkontrollen. Geld zu verschieben war viel bequemer. Heute würde ich ganz anders vorgehen. Heute würde die Organisation keine fünfhundert Männer mehr brauchen, sondern höchstens zwanzig, vielleicht sogar noch weniger. Es ist nicht die Anzahl, die einen stark macht, sondern der Grad der Unsichtbarkeit. Je weniger Leute beteiligt sind, umso besser. Ich würde mich nicht mehr mit Bodyguards umgeben, denn heute könnte ich meinen Aufenthaltsort tatsächlich vollkommen verschleiern. Vielleicht würde ich mehr Kaufleute und Wirtschaftsberater beschäftigen, jeder fein säuberlich vom anderen getrennt, sodass keiner von seinen Kollegen weiß. Dann könnte ein Schatzmeister, den Interpol einschleust, weniger Schaden anrichten. Denn er würde nicht mehr die gesamten Transaktionen vornehmen, sondern sich nur noch um die »Portokasse« kümmern. Den wirtschaftlichen Teil des Unternehmens würde ich in drei Abteilungen gliedern: Einnahmen, Ausgaben und Geldwäsche. Um Letztere würde ich mich höchstpersönlich kümmern.

Dann wäre ich der Einzige, der wüsste, woher das Geld kommt und wohin es fließt. Ein Ermittler, der herausfinden will, ob Kapital aus illegalen Quellen stammt oder ob es sich einfach nur um Steuerhinterziehung handelt, müsste dann nämlich immer alle drei Abteilungen überschauen können. Was Steuerhinterziehung angeht, befindet der Drogenboss sich nämlich in illustrer Gesellschaft. Vor allem in Europa würde er dafür nicht ins Gefängnis kommen wie einst Al Capone.

Zahlungen werden sofort fällig. Du bestellst hundert Prozent, zahlst sofort dreißig an. Bei Lieferung der Ware, also beim nächsten Treffen, wird der Rest fällig. Ich beliefere dich aber an einem Ort, den du nicht erwartet hast, vielleicht in deinem Auto, das ein wenig weiter vorne parkt, noch während der Verhandlungen, und gebe dir die Ware im Wert dessen, was du gerade bezahlt hast. Du aber glaubst, du hättest gerade eine größere Bestellung aufgegeben. Aber der Rest der Lieferung: nichts da. Wenn du mich hereinlegen wolltest, mit Hilfe der Polizei oder mit einer Schusswaffe, dann ziehst du den Kürzeren. Wenn du ein echter Kunde bist, dann hast du immerhin bekommen, was du bezahlt hast. Denn normalerweise gerät der Mechanismus erst beim zweiten Part der Lieferung ins Stocken. Anfangs ist das Misstrauen so groß, dass niemand das Risiko eingeht, sich eine Kugel einzufangen. Man wartet, bis man sich ein bisschen besser kennt. Das ist ähnlich wie beim sogenannten erpresserischen Menschenraub: Das größte Risiko geht man ein, wenn man die Geisel wieder frei lässt. Das weiß die Polizei, das wissen die Entführer, aber natürlich auch der Entführte. Ich würde die Kunden schröpfen, indem ich die Anzahlung erhöhe: statt dreißig Prozent nähme ich fünfzig Prozent vom Endpreis. Natürlich würde ich nur mit Großabnehmern verhandeln. Ich würde nur den Großhandel beliefern und würde dabei meine klassischen Trumpfkarten spielen: ein optimales Produkt und null Risiko. Wenn du ein großes Tier bist, wirst du versuchen, es zu bleiben. Bist du aber ein Zwischenhändler, könntest du versuchen, in der Rangordnung aufzusteigen, indem du dich mit der Polizei gutstellst.

Ich würde auch keine dauerhaften Geschäftsbeziehungen mehr eingehen. Ich würde mir die Käufer aussuchen und sie nur einmal beliefern. Und zwar mit einer so großen Menge, dass die Polizei mit ihrem geringen Budget nicht mithalten könnte. Kein Tauschhandel mehr. Der Handel verliefe nur in einer Richtung: Ich beliefere dich mit Ware. Du gibst mir dafür Geld. Keine Waffen oder anderes Zeug. Nur Bargeld, Aktien, Schatzbriefe und so weiter.

Ich würde den Rhythmus des Drogenhandels verändern, die Hektik rausnehmen. Alles in die Länge ziehen, bevor ich tätig werde: den Käufer oder Ermittler zappeln lassen, in der Zwischenzeit alles herausfinden, was es über ihn herauszufinden gibt, um ihn dann am Ende mit dem Abschluss des Geschäfts zu überraschen. Nur in diesem heiklen Augenblick würde ich blitzschnell handeln.

Ich würde mich von dem Wunschtraum der Marktbeherrschung verabschieden. Ich würde meine Portion Stoff verkaufen und adios. Das Ganze anpacken, als hätte man damit eigentlich gar nichts zu schaffen und säße plötzlich auf ein paar Tonnen Koks, die man schnell wieder loswerden möchte.

Ich würde einen guten Hacker einstellen, der die Konten meiner Geschäftspartner darauf überprüfen müsste, wie zahlungskräftig sie wirklich sind. Wenn die Polizei das kann, kann ich das auch. Jedes Steuerparadies lüftet sein Bankgeheimnis zumindest so weit, dass man erkennen kann, ob jemand finanziell gut dasteht oder ein Betrüger oder, schlimmer noch, ein Bulle ist. Ich würde Wanzen in den Autos meiner Geschäftspartner anbringen lassen und einen guten Techniker einstellen, der ihre Gespräche abhört und auf verdächtige Indizien prüft. Dafür gibt es mittlerweile ausgezeichnete Leute, die auf jeden Fall billiger sind als ein Killer. Strafrechtlich gesehen ist dies auch kein schwer wiegender Tatbestand, und trotzdem bekommt man so eine Menge Informationen, die das Risiko vermindern.

Keine auf mehrere Schiffe verteilte Lieferung aus Südamerika mehr. Dies erhöht nur die Wahrscheinlichkeit, dass der Transport auffliegt und die Ware beschlagnahmt wird. Ein einziges Schiff mit zehn Tonnen Stoff, den man natürlich sicher verstauen muss. Ist der Import erfolgt, würde ich mir alle Zeit der Welt nehmen, um Einzellieferungen von dreihundert Kilo zu platzieren. Kein Heer von fünfhundert Männern mehr, die haufenweise Geld kosten. Auch der Geldfluss und die damit zusammenhängenden Aktivitäten der »Angestellten« werden so vereinfacht. Je weniger aus einem Topf essen, desto mehr bekommt jeder, meinte Großpapa Jack. Und ich würde hinzufügen: Je langsamer man isst, desto besser verdaut man.

Baut man keine dauerhaften Handelsbeziehungen mehr auf, so kann man letztlich nur ein einziges Mal abgehört werden: während der ersten Lieferung. Und niemand würde je glauben, dass ein Drogenhändler eine gelungene Operation nicht wiederholt, ist es doch die große Versuchung jedes Händlers, ein gelungenes Geschäft ein zweites und drittes Mal zu versuchen. Nehmen wir einmal an, ein Zwischenraum im Rumpf eines Containerschiffes wäre geeignet, die besagten zehn Tonnen aufzunehmen. Handelt es sich dann noch um einen venezolanischen Öltanker, besäße dies eine schon fast künstlerische Note. Wenn man dann noch die Lagerung richtig organisiert, bin ich der Einzige, der das Geheimnis kennt. Das hat fast etwas von einem Piratenschatz: vergrabene Kisten, geheime Karten, nicht zu fassende Seeräuber.

Eines allerdings würde sich nicht ändern: Ich würde anonym bleiben wie ein Phantom. Niemand wusste je, wo genau ich mich aufhielt. Ich sagte: »Wir sehen uns morgen«, und übermorgen war ich bereits Tausende von Kilometern entfernt. Sobald der kalte Hauch der Angst mein Gesicht streifte, war ich verschwunden. Von einer Telefonzelle oder vom Hotel aus rief ich einen meiner Männer an und fragte unbestimmt, ob diese Sache erledigt worden sei und ob sie verlaufen sei wie vorgesehen. Da genügte ein »Ja« oder ein »Nicht wie geplant«, dann erteilte ich in Halbsätzen Anweisungen, wie man in meiner Abwesenheit vorzugehen hatte. Dabei hätte ich auch im Zimmer nebenan sitzen können. Und tatsächlich war dies eine meiner Verschleierungstaktiken. Ich rief an, als wäre ich gerade im Ausland. Eine Minute später trat ich dann in den Raum und verblüffte alle. Es machte mir einen Heidenspaß, wenn ich sah, wie sie mich anstarrten, vor allem, wenn ich sie bei irgendetwas in flagranti erwischte.

Pablito hat sicher oft seine Kollegen informiert, dass ich auf dem Sprung bin: »Er fährt weg. Jemand soll sich an seine Fersen heften.« Stattdessen blieb ich in Barcelona. Einen Tag später allerdings war ich dann verschwunden. Ich flog nach Düsseldorf, wo ich mich auskannte, und einen Großteil des Marktes kontrollierte. Von dort aus erledigte ich meist meine Finanzgeschäfte. Ich hatte dort jemanden, der mir half. Manchmal aber zog es mich auch nach Mailand, Rom, Palermo, Athen, Istanbul, London, Wien, Brüssel und nach Amsterdam, wo meine einzige wirklich ernstzunehmende Konkurrenz saß.

Ich machte mir inkognito ein Bild von der Situation und von der Schlagkraft meiner Organisation. Ich studierte, wie wir aufgestellt waren. Ich wechselte häufig meine Identität und stieg bei Zwischenlandungen aus der Maschine aus, um den Zug zu nehmen, nur damit mich niemand bei der Ankunft erwarten konnte. Wenn ich mir ein Hotel gesucht hatte, achtete ich darauf, mich an möglichst belebten Orten aufzuhalten. Wenn ich unter Menschen war, fühlte ich mich sicher. Meist machte ich mich allein auf den Weg und suchte ein Mädchen, das ich mit in meine Suite nehmen konnte, dann wieder nahm ich einen Gorilla mit, den ich vor Ort angeheuert hatte. Die Typen waren zuverlässig. Sie spürten einfach, dass ich zwar erst zwanzig war, aber trotzdem das Auftreten eines Bosses hatte. Und das genügte ihnen.

Ich mietete ein Auto und kontrollierte die Orte, an denen meine Männer tätig waren. Ich beschattete sie und studierte, wie sie ihre Arbeit machten. Dabei kam es durchaus vor, dass ich verdächtige Aktivitäten bemerkte: wenn einer meiner Männer sich beispielsweise mit einem Typen einer anderen Organisation unterhielt oder mit einem, der wie ein Bulle wirkte. Dann sagte ich in Barcelona Bescheid: »Der ist raus aus dem Geschäft. Der bekommt von uns nichts mehr, klar?« Sie wussten, dass in diesem Fall alle Hinweise auf Kontakte zu Begegnungen mit diesem Mann beseitigt werden mussten, was bedeutete, dass alle für eine gewisse Zeit untertauchen mussten.

Es bestand immer ein großes Risiko, dass jemand aus meiner Truppe andere über die Herkunft der Ware informierte. Ich fürchtete, irgendjemand könnte dahinterkommen, wie weitgespannt mein Vertriebsnetz war. Daher war es verboten, für mich und die Konkurrenz gleichzeitig zu arbeiten. Damit ich einzelne »Mitarbeiter« persönlich und vor Ort überwachen konnte, war es unabdingbar, dass nur meine etwa zwanzig persönlichen Mitarbeiter mein Gesicht kannten. Ich hingegen musste alle fünfhundert Gesichter im Kopf haben. Aus diesem Grund hatte ich in den Lokalen, in denen sich meine zwanzig »Leutnants« mit Leuten trafen, die für mich arbeiten wollten, Überwachungskameras installiert. Der Betreffende wurde gefilmt. Wir druckten Fotos aus und reichten sie an unsere Vertrauensleute in den Meldeämtern Europas oder an die Polizei weiter: Auf diese Weise führte ich Kontrollen durch. Einige meiner Männer waren nur für die Führung der Mitarbeiterkartei zuständig. So erfuhr ich alles über den »Kandidaten«: Familienstand, Wohnsitz, Lebensführung, Autokennzeichen, Reisen, Vorstrafen. Die Informationen über seine Familie hatten einen bestimmten Zweck, man konnte ins Gespräch Bemerkungen einfließen lassen wie: »Hübsches Geschäft, das deine Schwester da in der Innenstadt hat.« Dann gefror dem Typen meist das Blut in den Adern, weil wir in Barcelona saßen, seine Schwester ihr Geschäft aber, sagen wir mal, in Wien hatte. Dann wurde er etwa eine Woche lang überwacht, bis wir einigermaßen sicher waren, dass wir ihm vertrauen konnten, beziehungsweise dass wir unsere Sanktionen trafen, wenn er falsches Spiel trieb. Erst dann ließen wir uns auf eine Zusammenarbeit ein.

Nur Leute, die ganz an der Spitze der Organisation standen, wussten, dass es über jeden meiner Mitarbeiter eine »Personalakte« gab und er jederzeit im Netz seiner verwandtschaftlichen Beziehungen lokalisiert werden konnte. Im Zweifelsfall allerdings war diese »Mitarbeiterkartei« nicht aufzufinden, denn ich prägte mir sämtliche Informationen genauestens ein, dann wurde ihr materieller Träger zerstört. In meine Organisation jemanden einzuschleusen war, das muss ich zugeben, ein ordentliches Stück Arbeit. Pablito hatte bei unseren Nachforschungen natürlich eine völlig andere Identität. Mein Wunsch, ihn trotz aller Sicherheitsvorkehrungen in Rom aufzuspüren, hatte auch damit zu tun, mit ihm und Interpol gleichzuziehen.

Nur ich allein hatte weder Familie noch andere feste Bindungen. Außerdem war es ungeheuer schwierig, mich zu beschatten. Der Klassiker, das *chercher la femme*, funktionierte bei mir nicht. Häufig war ich mit Fotos der Leute unterwegs, die ich überprüfen wollte. Andere wiederum hatte ich mir unauslöschlich eingeprägt, sodass ich sie auch noch nach Jahren wiedererkannte. Ich kam in Athen an, brachte meinen Koffer ins Hotel, und hopp, war ich schon weg, um auf die Jagd zu gehen. Ich habe jahrelang fast einmal die Woche das Hotel gewechselt und nur ein Minimum an Gepäck mit mir herumgetragen. Wenn man in Barcelona nie sagen konnte, wo ich mich gerade aufhielt, so wusste man in Athen nicht einmal, dass es mich gab. Wenn ich den Kontakt aufgesucht hatte, mit dem ich ins Geschäft kommen wollte, zog ich mich in eine Diskothek zurück, um mich vollzudröhnen. Ich vergaß alles und jeden, dann begab ich mich in meine Kommandozentrale vor Ort.

Wer außer mir hatte je das Ganze im Blick? Die Organisation war sozusagen in kleine, selbstständige Einheiten unterteilt. Ich leitete mehrere Regionalnetze parallel. Pablito allerdings war klug genug, um zu kapieren, wie ich vorging. Er sammelte Informationen und setzte sie Stück um Stück zusammen. Aus einem Indiz, einem aufgeschnappten Namen, einem Halbsatz versuchte er, das Mosaik in meinem Kopf Steinchen für Steinchen zu rekonstruieren. Sein französischer Kollege lieferte dazu die nötigen Finanzdaten, die viele Lücken schlossen. Er war es, der mir nach meiner Verhaftung so richtig Schwierigkeiten machte. Er war einfach zu gut. Klar, allein hätte er das alles gar nicht bewerkstelligen können. Hinter ihm standen etwa zehn weitere Ermittler, aber es gab auch Maulwürfe in den Organisationen meiner besten Kunden. Anders ist es nicht zu erklären, dass Interpol auch die Namen von Leuten kannte, die ich nur mal kurz bei einer Zwischenlandung getroffen hatte. Leute also, mit denen ich direkt nichts zu tun hatte. Früher oder später hätte man sie wohl sowieso erwischt. Es gibt eine schier grenzenlose Anzahl von Menschen, die eben dafür bezahlt werden: uns zu jagen. Fünfhundert Männer auf meiner

Seite, aber Tausende von Polizisten, Zöllnern, Kriminalbeamten, Richtern und Analysten auf unseren Fersen. Einige von ihnen wurden sogar von mir subventioniert. Dieses schiefe Kräfteverhältnis trifft jeden Boss, wie genial er seine Strategien auch immer planen mag.

Die Einzigen, die ungestraft davonkommen, sind die, die in die Politik gehen. Politiker kommen fast immer ungeschoren davon. Doch zum Politiker eigne ich mich nicht. Daher verwendete ich mindestens die Hälfte meiner Energie darauf, meine Spuren zu verwischen: um mich im Falle einer Verhaftung sinnvoll verteidigen zu können. Ich fühlte mich allmächtig, hatte aber trotzdem einen Fluchtweg ersonnen, der mir hoffentlich das Gefängnis ersparen würde.

Wenn es tatsächlich ein Hindernis zu beseitigen gab, wurden die nötigen Anweisungen in Hebräisch erteilt. Es gab stets nur zwei Personen, die über die Operation Bescheid wussten: Auftraggeber und Ausführender. Natürlich würde zu gegebener Zeit auch das Opfer davon erfahren. Aber diese Botschaft wurde schon per Bleikugel überbracht. Die Aufgabe galt als erledigt, wenn der Auftragnehmer ein Polaroid mit dem verewigten Zielobjekt beibrachte. Kurz davor hatte der Mann noch im Zielfernrohr einen völlig anderen Gesichtsausdruck. Dann ging das vereinbarte Honorar in die Hände des Ausführenden über, und Ende der Geschichte. Man würde sich nie wiedersehen. Die zwanzig Männer in verantwortlichen Positionen hingegen mussten sich die Hände schmutzig machen, wenn sie Ärger hatten. Sie kamen unweigerlich mit dem Gesetz in Konflikt und hatten die Konsequenzen zu tragen. Beim Prozess mussten sie sich gegen fundiertes Beweismaterial behaupten.

Eine Geschichte, wie fantastisch sie auch sein mag, basiert auf Fakten. Und faktisch konnte man mir nicht allzu viel nachweisen, weil meine Geschichte aus dem Reich der Legende zu stammen schien.

Nach Palermo kam ich unerwartet. Ein Tourist wie jeder andere. Dann gab ich das vereinbarte Signal, dass ich angekommen war.

Ein Mafiaboss hat wenig Bewegungsfreiheit, weil er sein Territorium genauestens kontrollieren muss. Mafiabosse sind keine Phantome, allerhöchstens Monarchen. Mafiafamilien haben ihr »Hoheitsgebiet«. Ihre Mitglieder sind bekannt. Es gibt Staatsanwälte, die hinter ihnen her sind. Ich war ein Unbekannter, sozusagen »ohne Land«, und hatte nur Märkte zu befriedigen. Das war der Vorteil meiner Organisation im Gegensatz zu denen der anderen: Ich musste keine Stellungskriege führen. Da ich ohne eigenes Territorium war, konnte ich Guerillataktiken anwenden. Ich hatte ein Maximum an Bewegungsfreiheit.

Die Treffen mit meinen Geschäftspartnern liefen jedes Mal anders ab. Meist traf man sich im Keller irgendwelcher Ladenlokale, damit man nicht mit Richtmikrofonen abgehört werden konnte. Unsere Zusammenkünfte fanden meist dort statt, wo es »oberirdische« Aktivitäten der Bosse gab: Boutiquen, Bäckereien, Schuhgeschäfte, Autosalons. Ich ging die Stufen hinunter und sah mich einem Mann gegenüber, den die Justiz seit Jahrzehnten suchte. Meist handelte es sich um Mafiosi mittleren Alters, während ich erst um die zwanzig war. Man hielt mich meist für den Vertrauensmann eines ganz Großen im Drogengeschäft. Dabei arbeitete ich auf eigene Rechnung und repräsentierte nur mich selbst. Augenblicklich nahm ich die Sprechweise und -gewohnheiten meines Gegenübers an und antwortete in halbem Sizilianisch auf die vagen Fragen meiner Partner, was sie ein wenig verwirrte. Es war gar nicht so einfach, mich als Kolumbianer zu identifizieren. Katalane, vielleicht, aber auch das war nur eine Vermutung. Diese Gipfeltreffen dauerten immer nur wenige Minuten. Der Boss fragte mich, ob ich liefern könne, was er von mir wolle. Ich nickte, dann fragte er: »Wie groß?« Dann zeigte ich mit den Fingern zehn und nochmals zehn. Das bedeutete damals hundert Kilo. »Wie viel?« Ich hob zuerst vier Finger, dann einen. Das bedeutete: Vierzigtausend Dollar das Kilo. »Wann?« Das würde ich ihm im entscheidenden Moment schon mitteilen. Wenn wir uns einig wurden, besiegelten wir dies mit Handschlag. Wenn nicht, wurde vertagt, was allerdings nicht häufig vorkam. Wenn der Boss etwas Bestimmtes wissen wollte, nickte ich und bat ihn, doch eine Minute zu warten. Dann ging ich hinauf und weg war ich, denn bei solchen Fragen witterte ich sofort eine Falle.

Keiner der Sizilianer ahnte auch nur, dass der Knabe, der da auf dem verminten Gelände mafiöser Zuständigkeit auftauchte und verschwand, wie es ihm beliebte, in Wirklichkeit der größte Drogenboss des Kontinents war. Vermutlich wissen sie das bis heute nicht. Wie alle dachten sie, hinter mir stünde ein gewichtiger Boss, der sich im kolumbianischen Urwald versteckte. Oder in einer Festung in Cali oder Medellín. Pablo war für sie ein mächtiger und vertrauenswürdiger Mittelsmann, sonst nichts. Die Bosse im Süden Italiens sind an ihre Feudalländer gebunden. Ich herrschte über Männer, nicht über Reiche, und die Mobilität war mein unverzichtbares Markenzeichen. Keine Spuren. Fast. Das »fast« verdanke ich Pablito.

Als ich ihm zehn Jahre später gegenüberstand, wobei die Pistole zwischen uns jede Umarmung wirksam verhinderte, musste ich daran denken, wie viel Vorsicht Pablito in den letzten Jahren hatte an den Tag legen müssen. Er hatte alle paar Monate den Wohnort gewechselt und tauchte mit Hilfe von Zeugenschutzprogrammen unter. Ich hingegen hatte in dieser Zeit, zum ersten Mal in meinem Erwachsenenleben, eine fixe Unterkunft, einen fast militärisch zu nennenden Stundenplan und kaum Bewegungsfreiheit hinter den Gefängnismauern. Nach so viel Freiheit, die ich genossen hatte, musste ich plötzlich Tag und Nacht, Jahr um Jahr, in dieser Enge verbringen. Aber kaum war ich draußen, hatte ich ihn auch schon aufgespürt. Da standen wir uns nun gegenüber. Ich hatte jedes noch so winzige Detail seines Lebens in Erfahrung gebracht und analysiert. Dann war da mit einem Mal jemand, der mich auf die richtige Spur brachte: »Suchst du den Typen immer noch? Ich habe im Gefängnis von Alessandria von ihm gehört. Soll ich nachhaken?« Und dann: »In Biella heißt es, dass er nach Turin gegangen ist, aber dort ist er nicht. Er ist Inspektor geworden. Da hast du ihm ja sogar zu einer Mini-Karriere verholfen!«

Und dann kam der richtige Tipp: Rom. Er war zu seinem Sohn zurückgekehrt, dem einzigen Fixpunkt, den er in dem Scherbenhaufen, der von seinem Leben übrig geblieben war, noch hatte. Dort musste ich ihn schnappen. Offensichtlich war Pablito nicht mehr so auf der Hut wie früher. Seine Ex-Frau hatte zwar die Wohnung und den Job gewechselt, aber eine Zivilperson ließ sich leicht aufspüren. Und von da aus war es keine große Kunst mehr, an ihren Ex-Mann heranzukommen. Großvater Jack meinte einmal, dass Lachse, um sich zu vermehren, quasi Selbstmord begehen müssten. Denn irgendwann müssen sie wieder flussaufwärts schwimmen, koste es, was es wolle. Und dann landen sie in den unvermeidlichen Krallen der Bären. Jetzt waren wir also so weit: Der Bär grinste dem fetten Lachs zu, der auf ihn zuschwamm.

Wie viele Vorsichtsmaßnahmen wir auch ergreifen mögen, es wird immer ein Auge geben, das sie bemerkt, einfach weil es Vorsichtsmaßnahmen sind. Immer wird es jemanden geben, dem sie auffallen, weil er so etwas aus eigener Erfahrung kennt. Wer entsprechend geeicht ist, blickt hinter den schönen Schein. Mir passiert es häufig, dass ich im Restaurant Gäste bemerke, die ihre

Rechnung nicht beim Kellner begleichen, sondern das Geld im Voraus bei dem Typen am Grill abliefern, der munter mit ihnen plaudert, während er die Koteletts wendet. Er reicht dem Gast die Hand, die ein bisschen zu lange in seiner verbleibt, dann macht dieser sich aufgekratzt auf den Rückweg zu seinem Tisch. Hier hat ein Tütchen Koks den Besitzer gewechselt. Ich sage den Leuten, mit denen ich essen gehe, immer wieder, doch genauer hinzusehen. Gedealt wird in der Regel in aller Öffentlichkeit. Aber nie sagt einer meiner Begleiter zu mir: »Hoppla, jetzt habe ich's auch gesehen.« Sie haben kein Gespür für das, was um sie herum vorgeht. Da sagt höchstens mal einer: »Jetzt, wo du es sagst… stimmt schon, das Ganze wirkt verdächtig. Aber wann ist das Zeug jetzt übergeben worden? Ich begreife das nicht.«

Es gibt Textilgroßhändler, die sich einbilden, niemand würde merken, dass ihre ausländischen Niederlassungen zum größten Teil der Geldwäsche dienen. Es ist letztlich ein und dasselbe Vertriebsnetz, in dem die legalen Geschäfte getätigt werden und die illegale Ware zirkuliert. Ich jedoch habe eine Nase für Geschäfte, die man geheim halten will.

Ich habe schon als Kind einen Sinn dafür entwickelt, wenn jemand allzu intensiv seinen Blick auf mich richtet, wie ich es bei anderen Menschen häufig mache. Ich habe ein Radargerät anstelle von Pupillen und ein Sonar statt der Gehörgänge. Ich hatte schon in Miami kapiert, dass man nur dann nicht abgehört werden kann, wenn man stumm bleibt. Gesten, Grimassen kann kein Mikrofon einfangen. Auch aus diesem Grund habe ich nicht einmal die Hälfte der Strafe abgesessen, die man für mich vorgesehen hatte. Die Videoaufnahmen zeigten zwar, dass ich mich mit Gangstern und Drogenbossen aus aller Welt traf, aber sonst… Die anderen fragten, ich nickte, die anderen redeten, ich antwortete mit Gesten. Welche Anklage konnten sie da schon auf die Beine stellen? Dass ich ein guter Zuhörer bin? Dass ich mit einigem Erfolg die Rolle des berüchtigten Verbrechers spielte? Wenn ich den Mund aufgemacht habe, dann nur, um zu prahlen. Das war der Grund, dass ich keine größeren Schwierigkeiten bekam.

Vielleicht habe ich das beschränkte Vokabular des Verbrechens nie benutzt, weil ich zu viele unterschiedliche Sprachen korrekt spreche und mich daher nie auf einen bestimmten Jargon verlegt habe. Zwischen Hebräisch, Italienisch, Englisch, Französisch, Spanisch, Aramäisch und verschiedenen Indio-Dialekten war es schwierig, mir eine bestimmte Ausdrucksweise nachzuweisen, die ich bei Geschäften oder innerhalb der Organisation verwendet hätte. Doch ich merke sehr schnell, woher der Mensch stammt, mit dem ich rede, und ob er sagt, was er denkt, oder nicht. Und vor allem, ob jemand nachdenkt, bevor er den Mund aufmacht. Pablito hat mich hereingelegt, weil er ein Teilzeit-Lügner war. Bei seinen Vorgesetzten war er ein ehrlicher Polizist, aber bei uns war er ehrlich kriminell. Dieses Doppelspiel hat ihn auf Dauer seine geistige Gesundheit gekostet.

Wenn ich ein paar Millionen Dollar einnahm, transferierte ich sie sofort in ein anderes Land, für den Fall, dass markierte Scheine dabei sein sollten. Meine eigentliche Dummheit war, dass ich glaubte, ich würde immer so viel verdienen und dass ich daher nicht aufpassen müsse, was ich mit diesen Unsummen Geld anfing. Heute weiß ich, dass ein Nummernkonto oder ein Versteck, in dem mehr als eine Million Dollar liegt, für Ermittler und Betrüger in Anzug und Krawatte eine magnetische Anziehungskraft besitzt. Allein wenn ich daran denke, dass ich Idiot mich in Cali mit fünfzig Millionen Dollar unter der Erde erwischen ließ, raubt mir das den Schlaf. Fünfzig Millionen, im Keller aufbewahrt wie eine Pilzkultur. Wo sie vor sich hinschimmelten, statt auf der ganzen Welt Zins und Zinseszins abzuwerfen. Aber ich war eben erst einundzwanzig Jahre alt. Eine solch bürgerliche Denkweise bezahlt man als Zwanzigjähriger teuer. Wenn man schon in diesem Alter so denkt, denkt man bereits zu Beginn an die Niederlage. Man sieht sich von vornherein als Versager. Aber ich war nicht der Typ für Niederlagen. Nie. Und Versager war ich schon gar keiner.

Bevor ich damals den Abzug betätigte, dachte ich mir immer: »Vielleicht ist dies das letzte Mal.« Und damit meinte ich nicht, dass mein Leben plötzlich eine friedliche Wendung nehmen würde. Ich dachte an mein Ende.

Auch wenn es immer eine Feuertaufe gibt, so ist doch niemand für den Kampf geschaffen. Die meisten kommen darin um. Du schießt, und ein anderer schießt zurück. Schnelligkeit ist da alles. Ein paar Gramm Blei fliegen durch die Luft, um dein Schicksal zu besiegeln. Dann ist alles vorbei, und du stehst noch. In Cali passiert das jede Nacht, jeden Tag. Du wachst morgens auf, noch benommen vom Alkohol und vom Schnee, du gähnst und greifst nach der Pistole unter dem Kopfkissen, dann merkst du, dass die Kugeln weg sind. Wem hast du sie gleich wieder auf den Pelz gebrannt? Es fällt dir nicht auf Anhieb ein, aber du hörst noch das Pfeifen der Projektile. Hast du vielleicht danebengeschossen wie dein Gegner? Nein, als du abgehauen bist, war es ruhig. Das bedeutet, dass du deinen Gegner vermutlich erledigt hast. Wer hat angefangen? Du oder die anderen? Zumindest hast du die Sache beendet. Dieses Mal.

Wenn ich nie in der Schussbahn einer dieser Kugeln stand, dann lag das einfach daran, dass das Urteil aus Blei nicht für mich bestimmt war. Cali jedenfalls hat mir dieses Schicksal erspart.

Wenn ich Großvater Jack etwas fragen könnte, wäre es das: »Was hat es genützt, dass du nicht umgekommen bist, wenn es später dann deinen Sohn erwischt hat?«

Eben das ist es, was diese uralte Wut in mir verstummen lässt, glaube ich. Ich muss sie loslassen, damit sie nicht auf jene abfärbt, die ich in die Welt zu setzen geholfen habe. Ich kann das Schicksal meines Vaters bedauern, auf das meiner Kinder möchte ich mit Hoffnung blicken. Für ihr Leben würde jeder neue Fehler Folgen haben.

Pablito war meiner Meinung, als wir nach so vielen Jahren miteinander redeten. Was aus ihm wurde, war ihm egal, aber er wollte nicht vor den Augen seines Sohnes sterben. Das nicht. Auf gar keinen Fall. Er wollte, dass sein Sohn sich mit Wehmut seiner erinnerte, statt nachts schweißgebadet aufzuwachen, weil er von ihm geträumt hatte.

Manchmal macht es mir zu schaffen, dass ich bei Leuten, die neben einem Opfer meiner Wut standen, solche Bilder der Gewalt hinterlassen habe. Es ist nicht häufig passiert, aber passiert ist es.

Da gibt es Schlaumeier, die glauben, dich über den Tisch ziehen zu können. Einige davon verstecken sich gerne unter dem Mäntelchen der Wohlanständigkeit. Er ist dir Geld schuldig. Du hast ihm etwas verkauft, hast einen Vertrag und alles, er weiß, dass er zahlen muss. Aber aus irgendeinem Grund hat er beschlossen, dass du der Trottel bist, an dem er beweisen kann, wie schlau er ist. Er hält dich schon eine ganze Zeit lang hin. Du läutest an der Tür, er grinst sich eins und bleibt schön im Haus. In dem Haus, das er mir, dem Eigentümer, nicht bezahlt. Du trittst die Tür ein, auch wenn es deine eigene ist, und packst den Kerl am Kragen. Aber er treibt seine Mätzchen fröhlich weiter, offensichtlich begreift er nicht, mit wem er es zu tun hat. Vielleicht hat er nie miterlebt, wie du zum Tier wirst, wie du die Geduld verlierst und auf gute Manieren pfeifst. Dann sieht er es eben jetzt. Du trittst ihn hart und bedrohst ihn noch härter. Er stößt sabbernd ein paar Versprechungen hervor, nachdem er dich monatelang zum Narren gehalten hat. Du lockerst den Griff, versagst es dir, ihm ins Gesicht zu treten. Du sagst ihm, wann der letzte Zahlungstermin ist, und dann merkst du, wie die Augen einer Zehnjährigen dich voller Entsetzen ansehen. Sie hat sich hinter ihrer erstarrten Mutter versteckt. Diese Augen lassen sich nicht so einfach abschütteln. Die Jahre vergehen, du sagst dir, dass du ihn ja nicht umgebracht hast. Er ist immerhin noch am Leben, vorausgesetzt, er hat dieses Spielchen nicht auch woanders abgezogen. Ein Typ wie der landet immer wieder in der Scheiße. Du sagst dir, dass du schließlich kein Wohltätigkeitsverein bist und dass dir auch keiner was geschenkt hat. Aber die verängstigten Augen eines Mädchens, das mit ansehen muss, wie sein Vater gedemütigt wird, bleiben dir ins Gedächtnis eingebrannt. Du denkst an die Nagelkeule, die deine Kindheit zerschmettert hat. Aber es hat wenig Sinn, sich damit aufzuhalten. Du hoffst nur, dass es das letzte Mal war, dass du in den Ring steigen musstest. Auch deshalb bist du auf den Typen sauer, der die Prügel eingesteckt hat. Du wünschst dir, dass du beim nächsten Mal nicht so weit gehen musst, weil es dir ja hinterher leidtut. Andererseits weißt du genau, dass du so einen Blick nicht erträgst. Er ist dir unter die Haut gegangen, und das magst du nicht. Keine Dusche, kein warmes Bad wäscht dieses Gefühl der Fassungslosigkeit wieder ab. Du hast ihm eine Lektion erteilt und hast ihm sogar Zeit gelassen, sie zu lernen. Andere hätten ihm diese Lektion vielleicht zusammen mit der Letzten Ölung erteilt, damit der Schlaumeier vorgewarnt ist, falls er je wiedergeboren wird.

Aber diese Geschichte hat auch mich gezeichnet, und dieses Mal lässt sie sich nicht abwaschen. Das habe ich bereits in Cali gelernt, als Dreizehnjähriger. Heute bin ich selbst Vater, und ich weiß es. Die Lektionen, die du erteilst, hinterlassen einen Flecken auf deinem Herzen. Und die Erinnerung daran, wie dein Herz war, bevor es dieses Mal empfing.

Großvater Jack hätte gelacht und dann geflüstert: »Dieses Mal ist wie ein Biss, den du dir selbst verpasst, damit du nie vergisst, was du nicht mehr erleben willst. Je spitzer deine Zähne sind, desto tiefer geht die Wunde.« Daher der Gewissensbiss.

15

Der Drehstuhl bringt mich unter Gepolter von da nach dort. Mein Schreibtisch ist winzig und mindestens dreißig Jahre alt. Letzte Woche saß hier noch der Buchhalter, aber wir strukturieren alles um, und so sitzt er jetzt oben und ich unten, was keinen großen Unterschied macht. Ein Telefon, ein Regal mit Modezeitschriften und Katalogen. Die Grundausrüstung ist da, da ist egal, wo man sitzt. Ich muss meinen Arbeitsplatz nicht mit Bildchen ausstatten, das raubt mir doch nur Platz. Das hängt vielleicht mit meinem Zwangsaufenthalt zusammen. Scheinbar legen auch Leute, die im Internat aufwachsen, wenig Wert darauf, ihren Räumen eine persönliche Note zu geben. Für mich macht das immer eine Sekretärin oder ein anderer Mitarbeiter. Sie geben dem Raum einen Charakter, der zu mir passt. Das übliche Foto von Al Pacino als Scarface. Ein Poster von einem Foto, auf dem ein paar Drogenbosse zu sehen sind. Das Logo meiner Firma, einen Meter mal einen Meter. Daran gewöhne ich mich dann bis zum nächsten Umzug ein paar Zimmer weiter. Man hat immer das Gefühl, ich sei der zuletzt Gekommene. In dieses Büro hat man mir ein Poster mit einem Spruch gehängt, der von irgendeinem Komiker stammen muss. Da steht schwarz auf rosa: »Der einzige Ort, an dem Preis vor Schweiß kommt, ist das Konversationslexikon.« Darunter ein Name, den ich nicht kenne. Schweiß: Salziger als Tränen, hätte Großvater Jack gesagt.

Seit gestern schwitze ich über den Dienstplänen der Verkäuferinnen im neuen Laden an der Via del Corso, mitten in Rom. Ich dachte eigentlich, dass die Straße ihren Namen von Napoleon hat, dem großen Korsen. Mir gefiel diese Vorstellung, dabei ist die Bedeutung eine ganz andere: die Straße der Straße … anonymer geht's wohl kaum. Der Laden wurde erst vor kurzem eröffnet, und ich versuche, das Ganze gut durchzuorganisieren. Mir stehen Schweißperlen auf der Stirn, weil ich ausklügeln muss, in welchem Turnus die Verkäuferinnen künftig schwitzen werden. Einige arbeiten dreißig Stunden, andere vierzig, und ich muss alles so einteilen, dass jede Schicht abgedeckt ist und in den Stoßzeiten genug Personal anwesend ist. Eine Webcam ist ständig mit meinem Computer verbunden, sodass ich immer sehe, wenn etwas schiefläuft. Außerdem muss ich darauf achten, dass bestimmte Mädchen nicht zu lange zusammenarbeiten, weil sie sich sonst in die Haare kriegen und das Unternehmen Geld verliert. Da ist einmal die, die denkt, dass es den meisten Umsatz bringt, wenn so viel Ware wie möglich ausliegt, also gleichzeitig Sommer- und Wintersachen. »Hier am Corso gehen Touristen aus der ganzen Welt vorbei. Nehmen wir an, ein Australier kommt. Der sieht dann die Bermudashorts und kauft sie, weil es bei ihm ständig heiß ist. Ein Deutscher hingegen nimmt den Anorak mit, weil es bei ihm zu Hause schneit.«

Die andere aber will ihr nicht recht geben. Sie findet, dass es die Abwechslung ist, die sich am besten verkauft. »Was soll ich denn die Sonnencaps raustun, wenn es draußen in Strömen regnet? Überall Regenschirme, und wir legen die Basecaps raus.«

Das kann Wochen so gehen. Die andere kommt dann mit dem Treibhauseffekt und dem Klimawandel daher, um ihre Deko zu verteidigen. Ein Desaster.

Manche meiner Angestellten glauben, mein eher ungezwungener Umgang mit ihnen sei mangelnde Lust am Chef-Sein. Sie versteifen sich darauf, mir erklären zu wollen, was ich von ihnen will. Dann kann ich sie meist nur noch mit einer Entlassung überzeugen, dass ich durchaus weiß, was sie tun sollen beziehungsweise sollten. Das ist immer ein bisschen schade, aber manchmal geht es nicht anders. Wenn sie die Ware ins Lager zurückschicken, vergessen sie, dass sie sie nicht irgendeinem beliebigen Lieferanten zurückgeben, sondern dem Besitzer selbst. Das ist, als wanderten die Sachen von meiner rechten in meine linke Hand. Oder sie lassen sich des Langen und des Breiten über eine Boutique aus, die ihrer Ansicht nach wichtiger ist als meine Marke. Dann erwarten sie auch noch, dass ich verschüchtert den Kopf einziehe. Verkäufer oder Verkäuferin zu sein ist ihr Lebensinhalt, ihre Berufung. Sie sind hier, weil sie diese Arbeit lieben und sie nie gegen eine andere eintauschen würden – höchstens vielleicht gegen eine Festanstellung bei der Post. Im Allgemeinen ist absolut nichts dagegen einzuwenden, wenn jemand seine Arbeit mag. Doch aus einem anderen Blickwinkel betrachtet ist jemand, der sich über die Gegenwart hinaus nichts vorstellen kann, auch ein Individuum mit einer sehr begrenzten Sicht der Dinge. Es fehlt ihm an einer gewissen Neigung zu einer ganzheitlichen Betrachtungsweise. Menschen, die sich nur eine Arbeit vorstellen können und diese gewissermaßen als ihr Schicksal erleben, verblüffen mich immer ein wenig. Sie arbeiten schlecht mit mir zusammen. Auch wenn ich von meinen Angestellten hundertprozentigen Einsatz verlange, so möchte ich doch auch, dass sie ihr Augenmerk auf das richten, was über den eigenen Tellerrand hinausgeht.

Ich habe mich immer gefragt, wieso manche Menschen sich einfach damit abfinden, Aufgaben zu erledigen, die ihnen nichts abverlangen, so als würden sie im Göpelgang eine Mühle antreiben. Jeder strebt doch danach, sich zu verändern, sich an neuen Herausforderungen zu messen, oder etwa nicht? Offensichtlich ist dem nicht so.

Großvater Jack mit seinen verschiedenen Leben in Israel, Afrika und Südamerika träumte immer davon, in Japan alt zu werden. Da er sich das nicht leisten konnte, sammelte er Briefmarken aus Japan. Er erzählte, in Japan sei das höchste Ziel, das man erreichen könne, die Leere. Das muss man sich mal vorstellen: die Leere. Da reicht es doch, wenn du dich ins Gras legst, zu essen und zu trinken aufhörst, und wenn du dich dabei ein bisschen anstrengst, hast du in kürzester Zeit alle Leere der Welt. Dann kommt vielleicht irgend so ein Faulpelz vorbei und verbuddelt dich und das war's dann. Die Leere. Mir jagt die Leere Angst ein. Das Leben ist so kurz, dass weder Zeit noch Raum genügen, um es je so zu füllen, wie man gerne möchte, stattdessen ... In Japan gibt man sich Mühe, es zu leeren.

Wenn man einigen meiner Verkäuferinnen in die Augen sieht, möchte man meinen, sie wären Japanerinnen. Sie arbeiten, als gäbe es keine Kollegen, sondern als würden sie im Nirgendwo herumhängen. Dann gehen sie nach Hause und sehen fern. Sie schlafen und kommen wieder zur Arbeit, immer mit diesem leeren Blick. Abwesend, aber nicht gedankenverloren, nur abwesend. Diesen Blick habe ich auch bei einigen israelischen Scharfschützen gesehen. Natürlich will ich damit nicht sagen, dass die Verkäuferinnen geborene Scharfschützen wären, aber sie gehen genauso mit ihrer Umwelt um. Alles, was um sie herum ist, lenkt sie ab, und so ignorieren sie es. Am liebsten würde ich sie manchmal schütteln, ihnen das Leben zu kosten geben, aber dann sitze ich doch nur da auf meinem Drehstuhl und denke mir Schichtpläne aus, dabei würde ich viel lieber mit Freunden angeln oder mit meinem Flugzeug unterwegs sein. Die Verkäufer hingegen legen so viel Seele in ihre Arbeit, dass sie fast überdreht wirken. Mehr kann ich über sie nicht sagen.

Die Klimaanlage bläst kalt, sodass mir die Schulter wehtut. Der

Kugelschreiber hinterlässt Tintenflecken auf meiner schönen Tabelle, und plötzlich scheint mir die Führung des Geschäfts eine wahre Folter. Wozu ist das ganze Geld denn gut, wenn man bestimmte Strafarbeiten doch selbst erledigen muss? Der Bengale, der für mich arbeitet, hat mir das mal klipp und klar gesagt: »Du und ich haben dasselbe Idiotendasein. Du hast vielleicht mehr Geld, sicher, und du kannst mich entlassen. Aber was den Rest angeht, so hockst auch du deine Zeit in diesem Büro ab, kein bisschen anders als ich. Was für ein Müll, verdammt noch mal!« Ich habe ihn entgeistert angesehen. Vielleicht würde er ja auch seine Zeit lieber im kühlen Schatten einer Palme verbringen, als für mich zu arbeiten? Natürlich hat er recht. Routinearbeiten sind wie Zahnseide. Notwendig, aber wer hat schon wirklich Lust darauf?

Als ich aus dem Gefängnis kam, habe ich mir geschworen, mich nur noch im Freien aufzuhalten. Ich wollte keine Wände mehr, die meinen Blick begrenzen, keine Hotelzimmer, nur noch den weiten, grenzenlosen Raum, im Sattel vielleicht, auf dem Pferd durch die Pampa. Und da sitze ich nun, in einem anonymen Büroraum, den ich auch gar nicht anders haben will. Meine Zelle habe ich ja auch nicht ausgeschmückt.

Manchmal denke ich an meine Zeit als Zwanzigjähriger zurück, dann vermisse ich das Adrenalin. Aber jetzt habe ich Frau und Töchter und möchte sie nicht mehr missen. Als Drogenhändler hätte ich ihnen keine Sicherheit bieten können. Niemand ist sicher in diesem Geschäft, nicht einmal, wenn er von einem ganzen Trupp Leibwächter umgeben ist. Schließlich kann man die Familie ja nicht in einem Safe deponieren. Ich hätte es nicht ertragen können, sie in Gefahr zu wissen. Denn wenn es etwas gibt, was das Verbrechen von legalen Aktivitäten unterscheidet, dann das: Als Verbrecher bezahlt man den Erfolg mit Blut, ob vorher oder nachher. Natürlich gibt es auch hier ohne Schweiß keinen Preis, doch meist ist der Schweiß ein kalter.

Der Erfolg. Man sagt, dass Erfolg das ist, »was folgt«, also das Resultat unserer Anstrengungen. Letztlich ist auch der Erfolg bedeutungslos. Wir machen Riesenumsätze und liefern in die halbe Welt. Und doch gibt es da noch einen Herrn, der schon um die sechzig ist und auch Mode für junge Leute macht. Er kommt aus Tripolis, und sein Umsatz ist zwanzigmal höher als unserer. Er hat Tausende Geschäfte in aller Welt, alles Franchisenehmer. Sagt das irgendetwas über mich aus? Über meinen Wert? Früher dachte ich das. Früher achtete ich immer darauf, woher jemand kam. Ich konnte Leute nicht leiden, die von den Eltern alles auf dem Silbertablett serviert bekamen. Jetzt aber bin ich selbst Vater. Meine Töchter müssen niemanden aus dem Weg räumen, um sich zu schützen. Sie sind nicht gezwungen, in einem Elendsviertel aufzuwachsen. Sie werden nie lernen müssen, wie die Welt aussieht, wenn man sie aus einer finsteren Zelle heraus betrachtet, in der die abgestandene Luft einem das Gefühl gibt, lebendig begraben zu sein. Wenn ich es schaffen würde, sagen wir mal, die Augen gen Himmel zu richten, würde ich meinen Töchtern sagen, was Großvater Jack meiner Mutter eingebläut hatte, als er noch versucht hatte, etwas aus sich zu machen, und noch nicht so fasziniert von der Leere war. Meine Mutter wollte meinem Vater nach Kolumbien folgen. Seine geheimnisvolle, aber gut bezahlte Arbeit schien ihr wohl der beste Weg, das Schicksal des libyschen Flüchtlingsmädchens abzuschütteln, das so schwer auf ihr lastete. Großvater Jack, ihr Vater, nahm sie in den Arm, obwohl sie schon eine erwachsene Frau war, und flüsterte ihr in altem Hebräisch etwas ins Ohr, das man mehr oder weniger so zusammenfassen könnte: »Die duftende Blüte auf dem Stängel wird Samen ansetzen und dann unter den Strahlen jener Sonne verwelken, die sie hervorgelockt haben.

Aus dem Samen entsteht ein neuer Stängel, der wieder eine duftende Blüte hervorbringt und damit neue Samen. Jedoch nur, wenn Regen fällt, sonst fällt die Blüte auf die Erde und verdorrt.«

Der Regen, der mich hat wachsen lassen, war nicht trinkbar. Und ich strenge mich nur deshalb an, dass der Regen, der auf meine Töchter fällt, so frisch und zart ist, dass sie ihren Durst löschen können.

Meine Frau dagegen meint, man müsse kein Aquädukt bauen, um die Wurzeln der Familie mit Wasser zu versorgen. Sie sagt, ich könne mein Leben doch schon jetzt genießen, mit vierzig, und mich der Familie widmen statt der Arbeit. Jetzt, wo ich die Schichtpläne für den Laden in der Via del Corso in der Hand halte, bin ich geneigt, ihr zuzustimmen. Nichts tun, den lieben, langen Tag. Doch eigentlich kann ich mir das nicht vorstellen. Wenn ich versuche, mich in diese Rolle zu versetzen, wird mein Blick so abwesend wie der meiner Verkäuferinnen. Oder der Scharfschützen. Nur so ein bisschen, aber immerhin.

Im Schach und im Verbrechen gewinnt der, der nur den vorletzten Fehler macht. Den vorletzten Fehler habe ich begangen, als ich einen italienischen Polizisten als rechte Hand in meine Organisation aufgenommen habe. Viele Häftlinge nehmen nach dem Gefängnis ihre früheren Aktivitäten wieder auf. Damit begehen sie auch den letzten Fehler.

Es wäre ein echtes Wunder, mein drittes übrigens, wenn ich es schaffen würde, nicht dauernd an all das zu denken, was ich noch tun will, beziehungsweise es auch wirklich zu tun. Mich damit zufriedenzugeben, das Erreichte zu genießen, und mir nicht ständig neue Abenteuer auszudenken. Das wäre mal echt was anderes. Aber dann wäre ich ein anderer Mensch, und ich weiß nicht, ob ich diesen Menschen mögen würde. Ein Fußballer, aber auch ein Mathematiker meines Alters gilt als »alt«. Ein Modedesigner wird umso höher geschätzt, je länger er es schafft, up to date zu bleiben. Ein Drogenhändler hat mit vierzig gewöhnlich schon längere Zeit unter der Erde Quartier bezogen.

Um ein Leben in Muße zu genießen, müsste ich auch lernen, auf meine Schnelligkeit in Entscheidung und Reaktion zu verzichten. Die Langsamkeit ist die Pforte, durch welche die Muße ins Leben tritt. Kein Ferrari mehr. Ich müsste ein Fahrrad nehmen, um die Geschwindigkeit meiner Fortbewegung der eines entspannten Denkens anzupassen. Schluss mit der Kraft der Motoren. Man überlässt sich dem Wind, und das war's.

Aber irgendetwas rührt sich in mir. Ein Rauschen, das in der Luft zu liegen scheint, wenn ich mit vollkommen leerem Kopf nicht einmal mehr Lust aufs Leben verspüre. Dieses Geräusch kenne ich. Das Schwirren einer Stahlklinge, die durch die Luft saust und früher oder später etwas durchtrennt, in ein Vorher und ein Nachher. Als ich das letzte Mal in Barcelona war, wusste ich, dass dies das allerletzte Mal sein würde. Schluss mit den Jahrestagen. Aus und vorbei. Und doch weiß ich, wenn er naht. Ich kann den Kalender nicht aus meinem Kopf löschen. Das Ticken der Stunden ist mir in Fleisch und Blut übergegangen, und wie ich auch immer versuchen mag, es mit einem guten Bordeaux zu verdünnen, es bleibt. Ich bin unfähig, das Vergehen der Tage und Nächte zu überhören.

Wenn ich je sechzig werde und mich vielleicht nicht mehr mit Mode beschäftige, wie werde ich mich dann sehen? Als Ex-Drogenboss oder als Ex-Designer? Wie misst jemand seine Fähigkeiten, der sich dem Nichtstun überlässt? Wie bemisst er die Jahre, wenn er, wie der Häftling im Gefängnis, absolut nichts zu tun hat?

Ich denke an den Moment, als ich mir dachte: »Nun gut, dann

erzählen wir es eben, dieses Leben. Vielleicht sehe ich mich selbst dann auch anders.« Mein Schriftstellerfreund besteht ja immer noch darauf, dass wir auf der Welt sind, um sie zu einem besseren Ort zu machen. Pff! Nun ja, eigentlich glaube ich das ja auch. Leben, um im Laufe seines Lebens ein besserer Mensch zu werden und dem Nächsten zu helfen. Warum auch nicht? Aber sollten wir nicht auf das Ende warten, um festzustellen, ob ich die Welt in besserem Zustand zurückgelassen habe oder nicht? Wenn er plötzlich Rechenschaft über sein Leben ablegen müsste, hätte doch wohl so gut wie kein Mensch eine positive Bilanz aufzuweisen. Warten wir also ab. Vielleicht ergibt sich ja in letzter Sekunde noch ein Geniestreich. Bis dahin jedenfalls neigt sich meine Waage auf die Seite des Todes, und zwar nicht zu knapp.

Großvater Jack meinte einmal, man müsse sich ja nicht gleich in die Niagarafälle stürzen oder ins eiskalte Wasser des Ozeans, wenn man schwimmen lernen wolle. »Wenn du lernen willst, wie du dich oben hältst, reicht mit Geduld und Fantasie schon eine winzige Pfütze.« Zumindest erzählte mir das meine Mutter, als sie begriff, dass die blauen Flecken, die ich als Zwölfjähriger heimbrachte, nicht von Rangeleien unter Gleichaltrigen stammten. In Cali ging es stets schlicht und ergreifend ums Überleben. Anfangs sind es blaue Flecken, später werden daraus die Eintrittslöcher der MG-Munition. Würde ich es schaffen, auf andere Weise oben zu bleiben, als ich es auf der Straße gelernt hatte? Dann hätte auch mein Vater in Israel bleiben können, statt nach Kolumbien zu gehen. Und meine Mutter hätte einen Postangestellten oder Kibbuzhirten zum Mann nehmen können statt eines allzu unbekümmerten Geheimagenten. Und, wenn wir schon dabei sind, mein Großvater Jack hätte weniger kluge Sprüche erfinden und mehr arbeiten können, um seine Sephardenfamilie aus dem Elend herauszuholen.

Vierzig Jahre – das ist die Hälfte eines durchschnittlichen Lebens. Mindestens die Hälfte dieser Zeit habe ich damit zugebracht, um mein Leben zu kämpfen. Oder zu arbeiten, damit ich endlich aufhören konnte zu kämpfen. Ich hasse es, daran zu denken, aber meine Gedanken kehren immer wieder an diesen Punkt zurück: Solang du dich abrackerst, hältst du quasi den Atem an. Wenn du dann endlich Ruhe erlangt hast, kommt ein unendlich langer Atemzug. Deine Lungen falten sich zusammen, und da liegst du dann – leblos. Mein Leben zu erzählen ist für mich wie dieser lange Atemzug.

Häufig bekommt man im Fernsehen mit, dass die Kämpfe in Kolumbien weitergehen. Keine der darin verwickelten Seiten kann von sich behaupten, nie mit dem Kokainhandel in Berührung gekommen zu sein. Ganz sicher haben sich die meisten irgendwann einmal mit Hilfe des Stoffes finanziert. Das gilt auch für jeden, der in Kolumbien Vermögen hat. Die ganz Harten und die ganz Sauberen sterben in Kolumbien als Erste, das ist auch heute noch so.

Wenn ich mit meinen Mitarbeitern zusammen die neue Kollektion entwerfe, wenn ich auf meinem Boot die Angelschnur im Auge und das Bier in der Hand behalte, wenn ich mit meiner Tochter spiele, immer noch verblüfft, dass ich dazu in der Lage bin, wenn ich das Büro fege, bevor ich nach Hause gehe, wenn ich mich über den Wolken auf das Mittagessen freue, wenn ich unter dem Dach des Flughafens in Bombay schwitzend nach einem Taxi Ausschau halte, wenn ich in einem engen und lauten Geschäft in Shanghai auf einen Lieferanten warte, wenn ich mit den Vertretern in Moskau Wodka aus geeisten Gläsern trinke, wenn ich in Dubai einen Schaufensterbummel mache und mich nach allen Regeln der ehelichen Kunst mit meiner Frau kabble, wenn ich am Handy mit Leuten diskutiere, die ein völlig anderes Leben führen als ich, wenn ich entspannt die Kacheln vor meiner Nase betrachte, wenn ich nach langem Suchen endlich ein Pissoir gefunden habe und dort meinen Blasendruck abbaue, wenn ich Tag für Tag mein Leben lebe, kann ich sicher sein, dass in Cali gerade jemand den Löffel abgibt, und dieser jemand ist meist nur halb so alt wie ich. Gründe dafür gibt es tausende. Und das geht seit Jahrzehnten so.

Mein Freund Giulio hat mir ein Zettelchen auf den Bildschirm geklebt, auf dem in seiner kindlichen Schrift ein Spruch prangt. Und das will ein Schriftsteller sein. Es sieht eher aus wie die Schrift eines Häftlings, der hinter Gittern gelernt hat, einen Stift zu gebrauchen. Ich lese, was er geschrieben hat, während mir gleichzeitig der Magen knurrt. Die Abendessenszeit ist schon längst vorüber. Seit Tagen kämpfe ich gegen die Versuchung an, zu meinem besonderen Jahrestag nach Barcelona zu fliegen. Ich habe mir gerade ein Bad eingelassen, als sich diese Nachricht in Druckbuchstaben einschiebt zwischen dem Drang, meine E-Mails anzusehen, und dem Wunsch, essen zu gehen: »Una condiciòn debida a contingencias endepedientes de la voluntad. Condiciòn futura e conclusiva che se remiere incluso a exito de incolumidad personal. También en el sentido de fortuna o privilegio.«

Darunter steht – auf Italienisch: »Jetzt rate mal, was das ist.«

Ich knülle das Papier zusammen und lasse mir die Worte durch den Kopf gehen: »Ein Zustand, der willentlich nicht zu beeinflussen ist … der mit der Zukunft zu tun hat … mit dem Schlussstrich am Ende … etwas, das auf persönliche Unversehrtheit verweist … auf etwas, das man als Glück oder Privileg verstehen kann … und das irgendetwas mit mir zu tun hat … Was könnte das sein?

Ich lasse das Wasser aus der Wanne ablaufen, ziehe mich an, verkorke die halb leere Weinflasche wieder und schließe die Tür hinter mir. Ich kann mich nicht entscheiden zwischen »Schicksal« und »Geschick«.

16

Die Arbeit lässt einen auch in den Ferien nicht ruhen. Ich mache mit der Familie einen Abstecher nach Dubai, das gigantische Einkaufszentrum Asiens, bevor wir uns auf den Malediven erholen. Bei dieser Gelegenheit schlendere ich durch verschiedene Modeläden, um mir ein Bild davon zu machen, was junge und reiche Asiaten tragen. Nach Dubai fährt man zum Einkaufen, wie mir meine unter der Belastung ächzende Kreditkarte unmissverständlich klarmacht. Ich aber sehe mich um, um einen Blick für die verschiedenen Farben und Formen zu bekommen, die dort in den Schaufenstern prangen. Das asiatische Licht ist anders als das europäische. Daher braucht es andere Farben, andere Farbintensitäten vor allem. Dazu kommt noch der selbstbewusst vorgetragene andere Geschmack. Auch die Preise sind interessant. Hundert Euro sind nicht einfach nur hundert Euro. In Asien sind hundert Euro für die meisten Menschen ein Vermögen, für vermögende Menschen allerdings sind hundert Euro in Asien deutlich weniger als in Europa. Hier gibt es ein Marktsegment, das auf sehr ausgabefreudige vermögende Kundschaft zählen kann. Mitunter kostet derselbe Artikel in Dubai das Doppelte wie in Europa, denn die Käufer erwerben damit gleichzeitig das »Recht«, in besonders exklusiven Geschäften einzukaufen.

Ich studiere die Schaufenster und versuche dahinterzukommen, welche Idee der Dekorateur bei der Gestaltung verfolgte. Warum er gerade diese Sachen ausstellt und nicht irgendwelche anderen. Was dabei herauskommt, verwende ich, um Teile zu entwerfen, die die Aufmerksamkeit der Schaufenstergestalter auf sich ziehen.

Genau dasselbe läuft auf den Laufstegen zum Beispiel in Mailand ab. Man schickt halbnackte Mädchen auf den Runway, die nur Diamanten oder Putzlappen tragen. Etwas Extravagantes, um in Zeitschriften und im Fernsehen zu landen. Das Kleidungsstück selbst verschwindet dann natürlich. Letztlich geht es nur darum, die Aufmerksamkeit auf die Show dieser Marke zu lenken. Man nennt das »Photo-Opportunity«, also »Chance auf fotografische Abbildung«. Ich bin da bescheidener. Ich versuche, das Augenmerk der Schaufenstergestalter auf meine Stücke zu lenken. Aus diesem Grund veranstaltet man auch gesponsorte Events. Man mietet ein In-Lokal und stellt einen hippen DJ hinein. Das macht man, um die Marke im Bewusstsein der Kunden zu verankern. Mit der Kollektion hat das eher wenig zu tun. Die Schaufenstergestalter sind da ein ganz entscheidender Punkt. Ähnlich wie ein berühmter DJ, der im Fernsehen mit einem meiner Caps oder T-Shirts auftritt. Letztlich kaufen wir alle das, was wir kennen. Und was wir kennen, ist das, was wir sehen.

Meine Frau rümpft die Nase. Sie geht zwar gerne einkaufen, aber nicht unbedingt in Läden mit Jugendmode. Davon hat sie schon zu viel. Und da sie auf ihr Erscheinungsbild achten muss, kauft sie bei den Luxusdesignern. Außerdem geht es ihr auf die Nerven, dass ich es einfach nicht schaffe abzuschalten. Es stimmt schon, am Strand werde ich nervös. Im Hotel bringe ich Stunden damit zu, im Internet nach Inspiration zu suchen. Schwimmen allerdings mag ich. Ich finde es toll, lange keine Luft holen zu müssen. Irgendwie tut mir das gut. Ich versuche, so lange wie möglich die Luft anzuhalten, und schiebe meine persönlichen Grenzen regelmäßig hinaus. Ich genieße es, mit pochenden Schläfen unter Wasser zu bleiben und die azurblauen Kacheln des Pools anzustarren oder den goldenen Meeressand. Chlor oder Salz brennen in den Augen. Irgendwo röhrt dumpf ein Motor. Man ist mit sich und seinen Sinnen allein. Wirklich allein. Meerestiere sehen die Wirklichkeit immer durch diesen Wasserschleier. Wer weiß? Vielleicht erzählen Delphine oder fliegende Fische ihren Kameraden von diesem Azurblau, in dem die Vögel fliegen? Und dann diese vom Wind aufgetürmten Wellenberge. Der Großteil der Fische aber gibt sich mit dem Meeresblau zufrieden. Sie kennen den Wolkenschaum nicht. Wenn ich dann nach Luft schnappend wieder an die Oberfläche komme, hört das dumpfe Pochen in den Schläfen auf, die Ohren füllen sich mit Geräuschen, mit dem Wellenschlag, dem Rauschen der Brandung, mit Rufen und Worten. Der Kopf ist leer geräumt, bereit, neue Reize aufzunehmen wie die Lunge den Sauerstoff.

Ich muss zugeben, dass die Arbeit sich immer wieder in mein Privatleben drängt. Jedes kleine bisschen Freizeit weicht irgendwann irgendeiner Form der Geschäftigkeit. Immer wenn ich zufrieden feststelle, dass ich nichts, aber auch wirklich gar nichts zu tun habe, meldet sich schon der nächste Gedanke, und ich lasse mich wieder zum Tun verführen – oder zum Nachdenken. Da genügt schon ein winziger Anlass, und schwupp saugt mich die Arbeit gegen meinen Willen wieder auf.

Nach Istanbul bin ich gereist, um dort nichts zu tun. Ich wollte Barcelona hinter mir lassen, vergessen, wer ich war, wenigstens ein paar Tage lang. Natürlich war auch Istanbul einer meiner Absatzmärkte, aber die Geschäfte dort erledigten Vetrauensleute. Ich konnte durchaus delegieren, nur um die Märkte in Griechenland oder Sizilien kümmerte ich mich selbst. Wenn ich mich ablenken wollte, um beispielsweise die Spannung abzubauen, die unweigerlich mit jedem neuen Projekt verbunden ist, reiste ich an neutrale Orte wie die Türkei. Das übliche Luxushotel, wo ich mich im Hamam von hübschen, nackten Mädchen massieren ließ. Die Nächte schlug ich mir mit Musik, Schnee, Alkohol und ein paar üblen Gestalten um die Ohren, die ich an den einschlägig bekannten Orten suchte, um sie kurzfristig als Leibwächter anzuheuern. Ich hatte genügend Geld und Macht, um ihre Lust auf ein wenig Adrenalin nicht zu enttäuschen. Natürlich freuten sie sich auch über die Mädchen, die ich ihnen anbieten konnte. Um die Zeit totzuschlagen. Und ich habe nicht wenig massakriert, indem ich sie mit völlig Unbekannten dieser Couleur verbrachte. Heute würde ich mich schon nach einer halben Stunde langweilen. Doch obwohl ich wie ein Irrer soff und schnupfte, konnte ich einfach nicht aus meiner Haut.

Mit zwanzig hat man dieses gewaltige Energiereservoir »Jugend« zur Verfügung. Ich besaß die Fähigkeit, mich in kürzester Zeit zu regenerieren. In Istanbul aber, einer Stadt, die wie eine Mischung aus Rom und Tel Aviv wirkt, ergab sich plötzlich dieser magische Moment, in dem ich mir sagen konnte: »Keine Geschäfte, kein Ärger, kein gar nichts. Ich tue einfach so, als wäre ich jemand anders.«

Ich habe mich auf dem Diwan der Diskothek zurückgelehnt, wo ich mit meinen Freunden für diese Nacht einen draufmachen will. Die Mädels lachen laut, als wollten sie uns signalisieren, dass sie sich anstrengen werden, um auf uns fröhlich zu wirken. Sie reiben sich an unseren Jeans, trinken zu viel Champagner, als wäre es Orangensaft, der bei ihnen zu Hause im Kühlschrank steht. Alle vier sind dunkelhaarig und haben die Augen mit Kajal betont. Munter schütteln sie ihre Locken. Ich nehme immer ein Mädchen mehr, als wir brauchen. Man weiß ja nie. Gelegentlich unterläuft mir ein Fehler, und ich fummle an der falschen rum, wobei ich dann auf die Hand eines meiner Gorillas stoße, die er sich zwischen den Schenkeln der Kleinen wärmt. Ich glaube, ich nehme eine mit aufs Klo, um sie sofort zu bumsen. Ich habe keine Lust, ins Hotel zurückzugehen. Wenn ich die Kleine auf den Klodeckel setze und sie vögle, bekomme ich vielleicht wieder einen klaren Kopf. Ich habe mir in Barcelona in letzter Zeit zu viele Gesichter merken müssen. Ich sehe mich um, unentschlossen, ob ich jetzt aufstehen oder einfach das hübsche, lachende Gesicht küssen soll. Plötzlich durchfährt es mich wie ein elektrischer Schlag. Mir sträuben sich die Haare, auch wenn ich nicht genau weiß, wieso. Ich kratze mich am Kopf, rümpfe ein wenig die Nase. Das Mädchen streicht mir über die Haare und fragt mich, ob ich sie immer schon so lang getragen habe. Irgendwie scheint die Frage für sie wichtig zu sein. Ich schaue sie an und gebe zerstreut zurück: »Kann sein.« Dann hole ich mit einem Kopfnicken die Kellnerin heran. Ich zeige auf einen Typen um die dreißig mit Schmerbauch und obszönen Lippen. Er sitzt nicht weit von uns entfernt. »Bring ihm Champagner. Eine Magnum. Auf meine Rechung.« Ich drücke ihr so viele Scheine in die Hand, dass sie davon für sich selbst auch noch eine kaufen könnte.

Die beiden Gorillas kapieren, dass etwas passiert. Sie sehen mich an und warten auf meinen Befehl. Der Typ, der den Champagner bekommt, palavert ein wenig mit der Kellnerin. Er streichelt die Kleine, die bei ihm ist, dann dreht er sich zu mir und lächelt mich zweifelnd an. Ich grüße ihn freundlich und gebe den Mädchen zu verstehen, sich zurückzuziehen. Meine Männer warten mit ernstem Gesicht, dass ich ihnen ein Zeichen gebe. Ich lächle ihnen zu. »Jetzt amüsieren wir uns mal so richtig«, sage ich und stehe auf. Wir setzen uns zu dem Dreißigjährigen. Der strahlt, weil ich ihm die Ehre erweise. Wir stellen uns vor. Die kleine Nutte, die an ihm dranhängt, lächelt etwas gezwungen, weil sie schon merkt, dass ihre Anstrengungen für heute Abend wohl umsonst waren. Vermutlich passiert ihr das nicht zum ersten Mal. Nervös steht sie auf, grüßt und verschwindet. Der Typ versucht vergeblich, sie zurückzuhalten. Ich sage ihm, dass wir Freunde sind. Er sieht mich erstaunt an und nickt zufrieden, wenn auch ein wenig unsicher. »Man sieht doch schon von Weitem, dass du in Istanbul jemand bist«, erkläre ich ihm. Er erzählt uns von den Mädchen, die er auf der Piste hat, von der Stadt, die er in- und auswendig kennt. Ich sage ihm, dass wir wohl einen gemeinsamen Freund haben. Er lächelt erfreut. »Mag sein. Man kennt mich in diesem Land.« Am Ende bitten wir ihn, uns doch in ein besseres Lokal als diese prollige Diskothek zu bringen. Ich zahle alles. Er möge uns doch in die geheimen Freuden der türkischen Nächte einführen, bitte ich ihn ironisch. Eine Anspielung, klar.

Auf dem Parkplatz lässt er sich blöderweise überreden, mit uns zu fahren. Er lässt seinen Mercedes da, wir holen ihn einfach später ab. Wir verschwinden im Innern der gemieteten Luxuskarosse, einer ans Steuer, drei hinten. Der Typ sitzt zwischen mir und einem meiner Männer. »Kennst du Juanito?«

»Nein, nie von ihm gehört.«

Wir ziehen uns die etwa zehn Lines rein, die wir auf dem Klapptischchen im Auto ausgelegt haben, und reden Blödsinn. »Bist du sicher? Er kennt dich gut.«

»Juanito? Sagt mir gar nichts. Wieso?«

Wir lachen alle, zugedröhnt und gut drauf. Der Dreißigjährige, der sich stark fühlt, schlägt vor, uns in ein Bordell mit Sauna zu bringen, gerade so orientalisch, wie es gut ist. Man muss Mitglied sein, um hineinzukommen, und er ist dort Mitglied. Frauen aller Rassen, echte Göttinnen, fast schon überirdisch, verspricht er. Typisch Aufschneider, der ein paar Grünschnäbel aus der Provinz beeindrucken will.

»Also? Was soll ich Juanito sagen? Dass du dich nicht an eure Freundschaft erinnerst?«

»Welchem Juanito denn?«, meint er in seinem wunderbaren Englisch, das meilenweit nach amerikanischem College riecht. Er hört sich ein wenig genervt an.

»Welcher Juanito? Der, dem du vergessen hast, etwas zu geben. Erinnerst du dich?«

Er wird blass wie ein Laken. Plötzlich ist er trotz des ganzen Champagners hellwach. Der Effekt meiner freundschaftlichen Worte beeindruckt mich. Die Blässe wandert von der Stirn nach unten bis zum Kinn, als habe man eine olivfarbene Flüssigkeit aus seinem Gesicht abfließen lassen, indem man unterhalb des Kinns einen Hahn öffnete. Es kann schon Ärger bedeuten, wenn man etwas vergisst. Noch dazu, wenn man etwas zu übergeben vergisst. Dann nämlich kann Vergesslichkeit schnell tödlich werden. Das wissen alle, die jetzt in diesem Auto sitzen. Und am besten weiß das unser Mann, denn jetzt erinnert er sich wieder. Meine Männer erraten es langsam. Ich hingegen muss mein Gedächtnis erst gar nicht anstrengen, weil ich die ganze Sache nie vergessen habe.

»Juanito? Aber ja, jetzt erinnere ich mich wieder. Ich konnte ihn nicht mehr ausfindig machen. Vorausgesetzt, wir reden von demselben Juanito.«

»Ich glaube schon. Was sagt ihr, Jungs? Reden wir beide vom selben Juanito oder nicht?«

»Wo ist er denn jetzt? Er war einfach verschwunden, ich schwöre. Was treibt er denn jetzt so?«

»Was er treibt? Was treibt ein Typ wie Juanito deiner Ansicht nach?«

»Wahrscheinlich dealt er. Oder hat er das Metier gewechselt?«

»Ja, er dealt. Aber das ist nicht alles.«

»Warum? Was tut er denn noch so?«

»Er sucht dich.«

Nackte Angst. Um die Atmosphäre etwas aufzulockern, greife

ich nach dem Taschenmesser, mit dem ich normalerweise die Lines ziehe, weil ich es nicht mag, wenn die Kreditkarte voller Koks ist. Etwas abzulecken, was von allen möglichen Leuten angefasst wird, geht mir einfach gegen den Strich. Die Klinge ist höchstens fünf Zentimeter lang. Ich sehe ihn an. Er lächelt. Ich spiele mit dem Messer herum, dann steche ich ihm damit in den Bauch. Tränen und Blut. Ich ziehe mein Spielzeug wieder heraus und piekse ihn immer wieder in den Bauch. An den Stellen, wo die Spitze die Haut ritzt, färbt das Hemd sich rötlich. Er sagt, er könne doch nichts dafür. Er habe sich verdünnisieren müssen und Juanito einfach nicht mehr erreicht. Wie hätte er die Sache da zum Abschluss bringen können, selbst wenn er gewollt hätte? Er sieht ein, dass dieses »selbst wenn er gewollt hätte« ein wenig komisch rüberkommt. Was hat das mit Wollen zu tun? Ich denke, es wäre seine verdammte Pflicht gewesen. Hunderttausend Dollar hat er zu bezahlen vergessen. Das ist doch ein bisschen mehr als der Preis für einen Kaffee. Und die Ware war wie immer von bester Qualität. Er beteuert, uns alles sofort zurückgeben zu wollen. Juanito wird das zu schätzen wissen. Ich flachse: »Jetzt fahren wir zu dir nach Hause. Wir schnappen uns deine Frau und versüßen ihr die Nacht ein bisschen. Dann schneide ich dir mit diesem Messer deinen Piepmatz ab. Es macht zack, und schon flattert er frei durch die Gegend!«

»Nein, bitte nicht«, bettelt er und starrt uns ungläubig an. Ich verpasse ihm noch einen Stoß in den Bauch. »Und weißt du auch, wo das kostbare Hühnchen landen wird? In deinem Maul. Wenn du schon nicht dein Herz auf der Zunge trägst, dann wenigstens deinen Schwanz.«

Der Typ ist halb tot vor Angst. Zumindest rückt er damit heraus, wie wir zu seinem Haus kommen. Er öffnet die Tür, am Eingang steht sein Bruder – und ist ein Haufen gebrochener Knochen, noch bevor er checkt, was überhaupt los ist. Ich erinnere mich noch an dieses fragende Lächeln auf seinem Gesicht. Keine Spur von Angst. Ob das wohl in der Familie liegt, dass man dem Leben mit einem Lächeln auf den Lippen begegnet? Beide haben sie diese dicke Unterlippe. Neben der Garderobe standen die Golfschläger. Gleich hinter dem hellblauen Fußabstreifer, auf dem steht: *Welcome*. Er schreit nicht. Nur ein unterdrücktes Stöhnen zwischen den Schlägen. Sein Körper liegt unnatürlich verkrümmt da, aber er hat immer noch Leben in sich. Der Schädel ist unverletzt. Das Gesicht nicht. Es ist nicht mehr zu erkennen. Unser Gastgeber beeilt sich, uns zu versichern, dass sein Bruder damit nichts zu tun hat, und fleht uns an aufzuhören. Aber wir sind längst fertig. Es ging alles so schnell wie eine Rückblende im Film. Eine kurze Szene, die alles erklärt. Die Auflösung, die Licht in die Geschichte bringt. Unser Mann meint, sein Bruder – oder sein Cousin – sei unschuldig. Das heißt aber doch, dass es auch einen Schuldigen gibt, merke ich an. Er streckt die Hände aus und will verhandeln: Wenn wir verschwinden, will er uns das Doppelte von dem geben, was er Juanito schuldet. Als Geschenk für uns drei. »Das werden wir dann am Schluss sehen«, unterbreche ich ihn freundlich. »Schließlich kommen da noch Zinsen dazu.«

Die beiden Gorillas entrümpeln das Haus mit den Golfschlägern: Lampen, Fernseher, Stereoanlage, Bilder, Möbel. Mittlerweile senkt sich die Morgendämmerung über Istanbul. Die Schallplatten schmücken als dunkle Splitter den Fußboden. Das Aquarium, groß wie ein Sofa, überschwemmt alles. Schließlich gibt er klein bei. Er hebt das Bett an. Unter den Kartons mit Kleidern ist ein Versteck. Er hebt die Holzplatte an, die es verdeckt. Jetzt bin ich dran mit Lächeln: Da liegen ganze Bündel von Scheinen, schön geordnet. Der höfliche Gastgeber bringt eine Reisetasche und fängt an, den Schatz hinzupacken. Ich bremse ihn: »Wie viel ist das?«

»Eine halbe Million Dollar.«

»Und das?« Ich zeige auf die anderen Scheine: türkische Lira, deutsche Mark, englische Pfund, Peseten, Drachmen und Dinar aus irgendwelchen Golfstaaten. Er zittert wie Espenlaub und flüstert: »Ich weiß nicht.«

»Pack alles in die Tasche und in die Kissenbezüge. Mach schön drei Teile.«

Die beiden Gorillas mit den Golfschlägern in der Hand lassen ihn nicht aus den Augen, während er die Kissen abzieht und die Bezüge mit Banknoten füllt. In die Reisetasche nur die Dollar, den Rest in die Bezüge. Drei etwa gleiche Teile. Dann stellt er das Bett wieder richtig hin. Er hat sich beruhigt. Halb erwarte ich, dass er uns etwas zu trinken anbietet, den Besen nimmt und die Unordnung beseitigt, die dieser Orkan in seiner hundertfünfzig Quadratmeter Wohnung mit Küche, Bad hinterlassen hat. Sein Bruder, der vielleicht sein Cousin ist, habe nichts gewusst, wiederholt er immer wieder weinerlich. Vielleicht fühlt er sich schuldig, weil er ihn mit hineingezogen hat. Ich drehe mich um und sehe den auf dem Boden Liegenden an. »Jetzt weiß er jedenfalls Bescheid.«

Soll heißen: Er hat sich vermutlich schon gefragt, woher der freundliche Verwandte das Geld für diesen luxuriösen Lebensstil hatte. Der mit seinem Ohrfeigengesicht! Es war doch pure Heuchelei, so zu tun, als wüsste er nicht, woher das Geld für diese unglaublich tolle Wohnung mit dem Panoramablick auf die ganze Stadt kam. Und dass es gefährlich sein könnte, in diesem Geld zu schwimmen. Es ist immer gefährlich, den Fisch zu genießen, aber die Gräten zu ignorieren.

Wir aber packen endlich unser Zeug und marschieren zur Tür. Die dicke Unterlippe des Typen zittert. Das Hemd ist von roten Blutflecken übersät. In diesem Fall war ihm die Speckschwarte nützlich. Von wegen Sixpack. Einen Moment frage ich mich, ob er wohl eine Waffe hat. Denn dann würde er auf uns schießen, sobald wir unten in den Wagen steigen. Einer der Gorillas dachte wohl gerade dasselbe, denn er streckt ihn mit dem Golfschläger nieder. Ein kurzer Schlag, eher aus dem Baseball als aus dem Golf. Wir stellen die Taschen hin und erledigen die Arbeit. Mittlerweile ist es heller Tag. Der Bruder beobachtet uns. Er drückt sich in die Ecke. Nur das Weiße der Augen schimmert hell in dem rohen Fleisch seines Gesichts. Wir steigen in den Wagen und verschwinden. Auf dem Parkplatz angekommen, bearbeiten wir noch seinen Mercedes mit den Golfschlägern. Er funkelt rot im hellen Licht des Tages. Ein echtes Juwel. Einladend. Aber nicht mehr lange.

Die beiden Gorillas können gar nicht fassen, dass ich ihnen die bis zum Bersten gefüllten Kissenbezüge überlasse. Schuldeneintreibung ohne Tote. Ein paar Monate Krankenhaus, und das war's dann. Warum haben wir die beiden nicht einfach umgelegt? Die Gorillas denken, ich hätte sie überreichlich bezahlt, ohne dass sie eine entsprechende Gegenleistung gebracht hätten. Ich erkläre, dass ich Übertreibungen nicht mag. Alle Gangster übertreiben gerne. Gut, bei einer Million würde ich es einsehen, Jungs, aber bei hunderttausend? Da muss man dem Typen, der dich übers Ohr hauen wollte, nur eine kleine Lektion erteilen. Wir wollen doch Gleiches mit Gleichem vergelten. Wie sieht denn das aus, wenn man nicht ein Auge für ein Auge nimmt, sondern gleich den ganzen Kopf abschlägt?

Die beiden sehen mich an und wissen nicht recht, ob ich einen Witz mache. Sie kapieren nicht, lassen es aber dabei bewenden. Die dick gefüllten Börsen bewirken, dass die Aufregung dieser Nacht sich allmählich legt. Ich werfe mich angezogen aufs Bett. Hinter den dichten Vorhängen steigt die Sonne auf, ohne dass mir dabei ein Licht aufgeht.

Der Zufall hat uns zu diesem Idioten geführt. Offensichtlich hatte er sich aus Berlin abgesetzt. Er hatte mich noch nie gesehen. Er kannte nur einen meiner Männer, besagten Juanito. Aber ich habe ein Gedächtnis wie ein Elefant. Als er mit dem Geld abgehauen war, ließ ich mir das Video mit seinem Erstkontakt in Barcelona bringen. Dieses Gesicht prägte ich mir ein. Schließlich weiß man ja nie. Und siehe da: ein Abend in der Disko und kein Gevögel. Plötzlich holt dich die Arbeit wieder ein, obwohl du es gar nicht willst. Man kann einfach nicht so oft abschalten, wie es nötig wäre. Man wird einfach wieder eingeschaltet, viel früher als man damit rechnet.

Ich musste auf Juanito lange einreden, die ganze Sache auf sich beruhen zu lassen. Ich hatte schließlich nicht verlangt, dass er mir den Schaden ersetzte. Er wollte mir um jeden Preis den Skalp des Gauners zu Füßen legen. Mir hingegen kam es vor allem darauf, dass er lernte, anderen nicht blind zu vertrauen. Ich sagte ihm nie, dass ich diese Rechnung in Istanbul beglichen hatte. Es war einfach besser, wenn er glaubte, mir etwas schuldig zu sein.

Niemand gibt damit an, einen Drogenboss um hunderttausend Dollar erleichtert zu haben. Er tut es vielleicht, um ein eigenes Geschäft aufzuziehen, doch dann hält er wohlweislich den Mund. Es ist sein Geheimnis, seine Erbsünde. Aber wenn du dir eine Million unter den Nagel reißt, hältst du dich für supercool. Dann fängst du an, das Maul aufzureißen. Und damit dirigierst du dich automatisch in die Flugbahn irgendeines Bleigeschosses, denn der Betrogene kann es sich schlichtweg nicht leisten, als Dummkopf dazustehen. Denn sonst wiederholt sich das Spiel in absehbarer Zeit, und das Unternehmen, das er mit so viel Mühe aufgebaut hat, geht den Bach runter. Kriminelle sind weit weniger intelligent, als man gemeinhin glaubt. Irgendwie neigen wir doch alle dazu, über den

Rand der Schüssel hinauszupinkeln, ich auch. Ich war vorsichtig, wenn es um das Bestrafen von Fehlern ging, gleichzeitig lebte ich auf so großem Fuß, dass es der Polizei auffallen musste. Ich war vorsichtig bei meinen Transaktionen, aber leichtsinnig im Alltagsleben, genauer gesagt, im Nachtleben. Den perfekten Verbrecher gibt es eben nur in Filmen. Oder an der Spitze einer Regierung. In all meiner Unvollkommenheit habe ich doch immer nach einem Ausgleich von Kosten und Nutzen gestrebt, ob es nun ums Geschäft ging oder um den Genuss. Denn gerade in Letzterem übertreibe ich häufig.

Jedes Mal, wenn ich von einer Reise zurückkehre, überprüfe ich genau meine Kreditkartenabrechnungen. Denn es kommt durchaus vor, dass mir Beträge belastet werden, die ich nicht ausgegeben habe. Das können bis zu neunundzwanzigtausend Euro sein. Ich bin ja nicht knausrig, aber mich derartig rupfen zu lassen, ist nicht mein Ding. Ich kann das nicht als großzügige Spende an Unbekannt betrachten. Großvater Jack hat die berühmte Stelle aus dem Evangelium mit der anderen Wange auf seine Weise abgewandelt: »Sei großzügig und hilf deinem Nächsten: Leih ihm deine Hand, wenn er unbedingt die andere Wange hinhalten will.« Ich bin nicht gläubig. Und an den Spruch mit der anderen Wange glaube ich schon gar nicht. Aber heute ist die hingehaltene Wange ohnehin weitgehend der hingehaltenen Kreditkarte gewichen. Meiner Ansicht nach ist dieses kleine Stück Plastik sowieso nur dazu da, uns beim Geldausgeben größere Schuldgefühle zu ersparen. Außerdem: Je häufiger wir sie benutzen, desto mehr Gelegenheiten bieten wir Banken und anderen Betrügern, uns über den Tisch zu ziehen.

Ein römischer Adliger, zu dessen Vorfahren sogar der eine oder andere Papst zählt, hat mir einmal erläutert, wie man mit Kreditkarten andere Leute abzockt. Er fand es interessant, dass die Gewinnabschöpfungsmöglichkeiten eines so alltäglichen Dings sogar einen ehemaligen Drogenboss verblüffen können. Er drückte mich in einen Lehnstuhl und hielt mir seinen Vortrag: »Stell dir einmal vor, du öffnest deine Brieftasche und holst die Kreditkarte heraus. Der Kassierer nimmt sie, liest sie ein und hält dir dann das Gerät hin, wo du die Geheimzahl eintippst. Mit einem Schalter unterbricht er vorher die Verbindung mit der Abbuchungsstelle. Ein Handgriff genügt, und schon zieht er deine Karte unter dem Ladentisch durch, um deine Daten auszulesen. Dann gibt er dir die Karte zurück. Du tippst die Geheimzahl ein. Das Gerät leitet sie aber nicht an die Bank weiter, sondern an einen fremden Computer. Der hat nun deine Geheimzahl. Dann legt der Kassierer den Schalter wieder um, die Verbindung zu deiner Bank wird wiederhergestellt. Das Gerät meldet natürlich, dass die Zahlung nicht erfolgt ist. Du bist peinlich berührt. Der Kassierer sagt freundlich, dass es den ganzen Morgen über Probleme mit der Leitung gegeben habe. »Nehmen Sie doch eine andere Karte.« Du gibst ihm die andere Karte, er zieht sie durch, dieses Mal ohne Verzögerungen und Kapern von Daten. Der Zahlvorgang geht ohne Probleme über die Bühne. Du trittst aus dem Geschäft, den ersten, fehlgeschlagenen Versuch hast du schon vergessen. Der Betrüger, der deine Daten kopiert hat, schickt sie an einen Komplizen in einer anderen Stadt. Nach Florenz zum Beispiel, wenn du in Rom lebst. Bis um Mitternacht heben die Kerle dann mit deiner Geheimzahl ab, was die Karte hergibt. Also werden dir mindestens tausend Euro abgebucht. Nichts weist auf den Laden hin, wo man deine Daten geklaut hat. Die Polizei fragt zwar, wo du an diesem Tag überall eingekauft hast, aber auf der Abrechnung taucht dieses Geschäft gar nicht auf, weil der Zahlvorgang ja abgebrochen wurde. Tatsächlich hast du ja mit der anderen Karte bezahlt.«

Meinen römischen Freund hat man erwischt, als er schon etwa eineinhalb Millionen Euro von den Konten anderer Leute abgeräumt hatte. Ein Ermittler hatte – nach mehreren Tausend Anzeigen – die kluge Idee, alle Einkäufe der Bestohlenen an jenem Tag zu rekonstruieren. Und siehe da: Alle Kunden waren in einem bestimmten Geschäft gewesen. Dann ging der Beamte selbst hin, gab sich als Kunde aus und ließ den Schwindel auffliegen.

Ich fand, dass das Geschäft wenig abwarf, wenn man überlegte, wie viel Zeit und Aufwand es erforderte. Man brauchte sogar einen Komplizen in einer anderen Stadt. Ganz schön viel Arbeit. Nun ja, verglichen mit dem Drogenhandel erscheint nahezu jede andere illegale Aktivität wenig gewinnbringend. Da geht man dann doch lieber das eine oder andere Risiko ein, statt gar so wenig zu verdienen.

Früher habe ich mit Drogen mehrere Hundert Millionen Dollar verdient. Da ist es gar nicht so einfach, das, was das Modegeschäft abwirft, als Belohnung für die investierte Mühe zu betrachten. Natürlich verdient man auch als Modemacher gut, aber die Gewinnmargen, die ich aus meinem früheren Geschäftsfeld gewohnt bin, haben mich für solche Überlegungen ein für alle Mal verdorben.

Als ich noch als Drogenbaron unterwegs war, achtete ich nicht aufs Geld. Eigentlich machte es mir Spaß, für jeden Schwachsinn Unsummen ausgeben zu können. Jetzt, als Geschäftsmann, weiß ich, wie schwer es ist, mit Arbeit Geld zu verdienen, also spare ich auch dann, wenn ich etwas nicht aus eigener Tasche bezahle, sondern auf Firmenkosten reise. In diesen engen Sitzreihen zu fliegen, in denen die Rückenlehne deines Vordermannes sich dir fast in den Meniskus bohrt, wenn dieser sich nur einmal zurücklehnt, ist eine echte Schinderei. Doch es gefällt mir, wenn ich bei der Ankunft sagen kann: »Immerhin habe ich schon zweitausend Euro verdient, weil ich das preisgünstigere Ticket gekauft habe.« Das gilt natürlich nur, wenn ich geschäftlich auf Reisen bin. Für die Ferien gilt genau das Gegenteil: Da buche ich nur Luxushotels und die bequemen Plätze in der Business Class. Vielleicht, weil ich ja nie alleine Ferien mache, und es mir schoflig vorkommt, an der Bequemlichkeit anderer zu sparen, seien es nun Freunde oder Familienangehörige. Und so betrachte ich die einzelnen Posten auf der Kreditabrechnung mit ganz anderen Augen, je nachdem, worum es geht. Kosten für Geschäftsreisen scheinen mir grundsätzlich zu hoch. Hohe Preise fürs Vergnügen hingegen lösen in mir eine tiefe innere Befriedigung aus, die ich auch körperlich empfinde, so ähnlich wie ein heißes Bad nach einem langen, durchfrorenen Arbeitstag. Das ist für mich kein Luxus, sondern einfach nur Komfort. Wenn sich hier ein größerer Posten ansammelt, sage ich mir: »Siehst du, du kannst ihnen etwas Gutes tun, ohne aufs Geld achten zu müssen.« Denn das ist für mich wahrer Luxus: an den Wert des Geldes nicht mehr denken zu müssen. Geldscheine gegen Vergnügen eintauschen zu können mit der Leichtigkeit eines Kindes, das seiner Mutter Muscheln und Schneckenhäuser bringt, die es am Strand aufgesammelt hat – und sich so für die Leckerei zu bedanken, die sich unweigerlich in Mamas Tasche findet. Ein Kind wägt Vorteile nicht gegen Nachteile ab. Daher glaube ich, dass jeder Mensch Luxus genießen kann, egal, wie viel er verdient. Auch ein armer Mensch kennt Situationen, in denen sich die paar Euro, die für ihn so kostbar sind, wie durch Zauberei in Muschelschalen verwandeln, für die er sein Quantum Freude bekommt: ein üppiges Eclair, ein schneller Fick im Auto mit einem Russenmädel nach einem harten Arbeitstag, ein Rosenstrauß, den er eilig am Bahnhof mitnimmt, um Frau und Kindern zu zeigen, wie sehr er sich freut, dass sie für ihn da sind. Und vielleicht geht ja alles auf einmal, warum nicht? Es ist Luxus, eine Ware oder Dienstleistung zu kaufen, ohne auf die Kosten zu achten. Es ist ja nicht die Anzahl der Nullen hinter der ersten Ziffer, die uns sagt: »Zum Teufel, das war's wirklich wert.«

Natürlich hätte Großpapa Jack sich hier prägnanter ausgedrückt: »Wahrer Luxus ist, zu vergessen, dass etwas Luxus ist, es aber trotzdem zu genießen.«

17

Wenn ich in einem eleganten Hotel einen Aufzug benutze, muss ich immer an Limor denken. Denn zwischen ihren Lobliedern auf das Yoga im Allgemeinen und ätherische Öle im Besonderen gab sie gerne eine Geschichte über Aufzüge zum Besten. Im Aufzug nämlich benimmt sich jeder, als wäre er ganz allein auf der Welt. Ich persönlich mag diese engen Räume nicht. Gerade weil jeder tut, als gäbe es dich nicht, und von dir verlangt, ebenso zu tun, als sei außer dir niemand da, schließt sich der Raum immer enger um mich. Limor erzählte mir, dass Hitchcock das gleiche Problem hatte wie ich. Auch er hatte das Gefühl, durchsichtig werden zu müssen, um den anderen nicht lästig zu fallen. Ich habe viele seiner Filme im Gefängnis gesehen. Mir gefiel es, wie man seinen Figuren gleichsam auf den Fersen bleibt, wenn er sie durch seine Geschichte führt. Allerdings mag ich Kino nicht besonders. Stundenlang im Dunkeln zu sitzen macht mich verrückt. Hitchcock hingegen mag ich. Wenn er mit einem Freund einen Aufzug betrat, in dem sich bereits andere Personen befanden, rückte er sich die Krawatte zurecht, zupfte an den Manschetten und sagte zu seinem Freund so ruhig, als würden nur sie beide Englisch sprechen: »Ich glaube, ich habe alles sauber gemacht. Was meinst du? Den Teppich mit den Blutflecken habe ich zusammengerollt und in der Besenkammer versteckt. Glaubst du, man hat die Schreie im Flur gehört? Ich hätte ja nicht gedacht, dass ein menschlicher Schädel so steinhart ist. Die kleine Statue ist in Stücke zersprungen! Wahnsinn, nicht? Ich hätte ihn nicht geschafft, wenn ich den Aschenbecher nicht gehabt hätte. Wenn sie ihn morgen steif und kalt finden, sind wir längst über alle Berge. Und seine Freundin erst. Die muss ja ein Lungenvolumen gehabt haben. Ich habe sie mindestens fünf Minuten unter Wasser gehalten.« Während Hitchcock immer noch munter über den Doppelmord plaudernd ausstieg, hatten nicht wenige Fahrgäste eine Gänsehaut bekommen. Die einen waren neugierig geworden und hätten gerne das Ende der Geschichte gehört, die anderen überlegten, ob sie diese beiden eiskalten Killer nicht festhalten sollten. Auf diese Art lernen die Leute wenigstens, einen nicht zu ignorieren und noch so zu tun, als wäre das gar nicht der Fall.

In New York habe ich in einem Aufzug ein Graffito entdeckt. Unmittelbar über der Tür in schwarzem Filzstift. Es ist mir aufgefallen, weil es in Hebräisch war. Da stand, Daphna und Peter hätten an ebendiesem Ort am soundsovielten einen tollen Fick gehabt. Da das Datum nur achtundvierzig Stunden zurücklag, bekam ich fast eine Erektion, als ich es las. Ich sah die beiden, wie sie aneinandergelehnt standen, während der Aufzug zu ebendiesem Zweck blockiert worden war. Vielleicht handelte es sich ja auch um zwei exhibitionistisch veranlagte Typen, die scharf darauf sind, dass bei jedem Halt irgendjemand ihre verschlungenen Gliedmaßen mit offenem Mund anstarrt. Vielleicht ist das ihre Art, sich nicht durchsichtig zu fühlen.

Ich brauche eine Zeit, bis ich mich wieder beruhige, nachdem man mir im Gefängnis Cuatro Caminos verboten hat, meinen Freund zu besuchen. Es geht ihm nicht gut. Ich weiß nicht, ob er bis zum Ende seiner Strafe in ein paar Jahren noch durchhält und diesen Laden auf eigenen Beinen verlässt. Der Anwalt hatte gemeint, es würde wohl keine Schwierigkeiten geben. »Wer soll denn merken, dass sie und Miguel nicht verwandt sind?« Natürlich hatte ich mich dort nicht als ehemaliger Häftling angemeldet. Da wären sie wohl irgendwie nervös geworden. In solchen Fällen ist es schwierig, ihnen zu erklären, dass es da nichts gibt, worüber sie sich Sorgen machen müssten, dass ich nur einfach einen Freund, mit dem ich früher gesessen habe, im Gefängnis besuchen möchte. Menschen, die ständig mit Überwachen und Strafen beschäftigt sind, finden etwas so Banales verdächtig. Ich habe Schluss gemacht mit der Vergangenheit, und zwar gründlich. Ich habe diese Tür ein für alle Mal geschlossen und den Schlüssel dem Maul einer Tigerin anvertraut. Ich habe sogar schon überlegt, mir all die Tattoos wegmachen zu lassen. Andererseits – was würde das ändern? Gar nichts. Ich sehe sie gar nicht mehr, so sehr habe ich mich daran gewöhnt. Ich wollte sie ohnehin mehr wegen meiner Mitmenschen entfernen lassen. Die Tattoos wecken auch bei den unbedarftesten Menschen noch Vorurteile, weil sie etwas Aggressives, Grimmiges an sich haben.

Wann kommt denn jetzt endlich dieser Aufzug? Offensichtlich ist er fünfzehn Stockwerke weiter unten stecken geblieben. Uff! Soll ich die Treppe nehmen? Na ja, geht wohl nicht anders. Wo ist denn das rote Schild? Da. Wenn ich zu viele Tage allein verbringe, rede ich manchmal laut mit mir selbst. Auch diese Gewohnheit habe ich mir im Gefängnis zugelegt. Isolationshaft stehst du nur durch, wenn du dir ein paar Fantasiegestalten ausdenken kannst, mit denen du gelegentlich ein paar Worte wechselst. Gewöhnlich kommst du in der Arrestzelle an und bist noch völlig fertig von den Prügeln, die du kassiert hast. Das Erste, was du erfindest, ist irgendein Mädel ohne Oberteil, das dir dort, wo es weh tut, Eis auflegt und dich eincremt. Ich habe dabei immer den Unerfahrenen gespielt: »Nein, nein, mach dir keine Mühe. Es tut schon weh, aber es gibt Schlimmeres. Was schlimmer sein könnte? Eine Enttäuschung in der Liebe zum Beispiel. Diese Schmerzen hinterlässt du doch bestimmt oft.« So konnte ich tagelang vor mich hin fantasieren. Wenn das Trugbild der halbnackten Frau aufgehört hatte, Unsinn zu faseln, und sich zur schweigenden Schönheit entwickelte, die dir mit ihren warmen Lippen half, kam mir unweigerlich das Bild meiner Mutter in den Sinn. Dann wurde ich zum kleinen Jungen, der seine Mutter beschützte, indem er ihr einen Zaubermantel überwarf von der Art, wie nur dieser Junge und sein Freund Spiderman ihn weben konnten. Dann riss mich das Geräusch des über den Boden geschobenen Tabletts aus meinen Träumen. Zurück in der Realität begann ich mir vorzustellen, wie ich meinen Anwalt mit Fäusten bearbeitete. Er verspricht mir, dass ich bald wieder frei sein würde, und ich zahle es ihm mit wüsten Drohungen heim. Ich lauere ihm auf, während er die Treppen zu seiner schönen Villa hinaufsteigt und trete ihm ins Gesicht. Dann schlagen die Flammen hinter den Fenstern seiner Luxusbehausung hoch, die Feuerwehrsirenen kommen immer näher, während ich ihn anschreie: »Du hast gesagt, ich müsse nur noch vier Jahre sitzen. Als wären das nur ein paar Erdnüsse, die leicht zu knacken sind.«

Anwälte machten mich zornig. Dieser Ausdruck, als würden sie sich die Hände schmutzig machen, wenn sie sich mit deinem Fall beschäftigen, dabei füllst du ihnen bei jedem Wort, das sie ausspucken, die Taschen. Ich glaube ja, dass die Strafverteidiger es insgeheim genießen, wenn ihre Klienten verurteilt werden und auch noch das Honorar bezahlen müssen. Ich weiß, dass auch Anwälte am liebsten gewinnen, trotzdem habe ich dieses Gefühl: Hin und wieder verlieren sie ganz gerne und kassieren einen Teil der Beute, deretwegen der Verurteilte hinter Gittern sitzt. Das will mir nicht aus dem Kopf. In ihren Händen verliert das schmutzige Geld plötzlich jede Anrüchigkeit. Außerdem, wer traut schon einem Anwalt? Da studiert einer jahrelang Rechtswesen, um Leuten zu »helfen«, die sich einen Dreck um Recht und Gesetz scheren. Wem sie das wohl weismachen wollen? Wenn ich studiere, dann will ich schließlich auch, dass diejenigen, die von meinem Wissen profitieren, mich zu schätzen wissen. Ich gehe doch nicht zur Uni, um später zu spüren, wie sehr mich die Leute, die meine Dienste in Anspruch nehmen, verachten. Die Wahrheit ist doch, dass Anwälte nicht genug in der Hose haben, um selbst Verbrechen zu begehen. Zumindest sagte das Pablito immer. Also leben sie diesen Impuls aus, indem sie uns verteidigen und sich dafür einsetzen, dass unsere Strafe so gering wie möglich ausfällt. Auch diese Art der Doppelmoral ist und bleibt ein Verbrechen.

Ich wollte nie, dass mein Anwalt mich für unschuldig hält. Ich zog es vor, dass er begriff, wer sein Arbeitgeber war und was ihn erwartete, wenn er seine Pflicht nicht erfüllte.

Fünfter Stock! Was für ein Generve! Wieso funktioniert dieser Aufzug bloß nicht? Und wo sind denn all die anderen Leute? Kein Schwein zu sehen. Na ja, das liegt vielleicht an der Uhrzeit. Merkwürdig ist es trotzdem. Jetzt hängt der Aufzug im Erdgeschoss fest. Besetzt, heißt es. Ob das die Putzfrau ist? Feudel in der Hand, Rücken gekrümmt, Schmutzwasser im Eimer, Heimweh nach ihrem Land und der Sohn an der Universität. Ein knallgelbes Warnschild, auf dem steht: Vorsicht! Nasser Fußboden! Ich bin im Laufen mal auf so etwas ausgerutscht, und meine acht Leibwächter stolperten über mich. Peinlich eigentlich, aber wir haben viel gelacht.

Heute habe ich lauter Klinkerkram im Kopf. Vielleicht wäre der Ausdruck »Schrott« eher angebracht? Ich habe das Gefühl, ein neuer Abschnitt meines Lebens beginnt. Vielleicht stimmt es ja, was mein Schriftstellerfreund mir immer wieder sagt: »Pass nur auf, Ilan, irgendwann landest du noch in Hollywood.«

Und was tue ich dann dort? Ich sehe meinen Freund verdutzt an. Hoffentlich bringt er mich mit seiner etwas schlampigen Art nicht wieder in den Knast. Schreiben ist gefährlich. Im Scherz habe ich ihm mal gesagt, wenn er nicht wolle, dass dieses Buch erst nach meinem Tod erscheine, müsse er aufpassen, was er schreibt. Er hat gelacht, aber irgendwie schien er sich gebremst zu fühlen. Wie ein Zug, bei dem man die Notbremse zieht, und der dann entgleist.

Erzählt habe ich ihm alles. Mein Leben flachgepresst auf einem Bildschirm zu sehen interessiert mich nicht. Das heißt, wenn sie gut zahlen, dann ist das kein Problem. Aber ich werde mich nicht in einen Kinosaal setzen und mir im Dunkeln mein Leben, meine Leben, ansehen. Das nicht. Vielleicht werfe ich mal einen Blick aufs Filmplakat, wenn es denn tatsächlich verfilmt werden sollte, wie man mir sagt.

Seit einigen Tagen geht mir eine Frage im Kopf herum, die Giulio mir stellte: »Was ist für dich Normalität?«

Wenn ich ihm etwas vorwerfen wollte, dann nur, dass er bestimmte Fragen immer wieder stellt. Verdammt, du siehst doch, dass ich dir keine Antwort gebe und trotzdem reitest darauf herum? Ich wechsle das Thema, aber du hörst nicht auf und bohrst immer an derselben Stelle. Ich sage also irgendwas, aber er hat den Riecher eines Trüffelschweins und wühlt immer weiter. So leicht lässt er nicht locker. Wenn ich dann nachts wach liege, dann fällt mir seine Frage wieder ein, egal, was es war. Dann suche ich eine Antwort – für mich. Manchmal passt sie zu dem, was ich ihm erzählt habe. Dann wieder bin ich selbst erstaunt, dass sie so anders ausfällt.

Und wie zum Teufel geht nun diese Tür auf? Gott, wie viele Stufen! Wo war ich stehen geblieben? Bei der Normalität, genau. Normalität ist für mich nicht: ruhiges Leben mit Kindern, Haus, wenig Arbeit und viel Freizeit. Ich mag das auch, aber dazu muss ich mich anstrengen. Es gelingt mir nicht ohne Weiteres, tagelang stillzusitzen. Ich mag Geld, kümmere mich gern um meine Investitionen. Am liebsten schlage ich die Zeit tot. Legaler Mord. Oder wie Großvater Jack meinte: »Wer die Zeit totschlägt, ist ein Verbrecher.« Eigentlich habe ich vom Verbrechen die Nase voll.

Man könnte auch sagen, dass Normalität das ist, was jemand ganz einfach tut. Ich zum Beispiel könnte im Auto leben, einen Kleidersack im Kofferraum, ein Bündel Geldscheine in der Tasche, und losgeht's, von Job zu Job, von Hotel zu Hotel. Der Ort, an den man abends zurückkehrt – und auch das nicht immer –, könnte für mich gut ein gemietetes Haus sein. Jedenfalls eines, das mir nicht gehört. Denn nur dann hat man das angenehme Gefühl, dass man jederzeit alles hinter sich lassen könnte. Ein Telefonanruf genügt. Du gibst die Schlüssel zurück und fertig. So wie man es eben im Hotel macht. Wäre da nicht meine Familie, würde ich jede Nacht in einem anderen Bett schlafen. Aber jetzt bin ich nicht mehr allein. Meine Familie fehlt mir oft.

Türen zu? Wie gibt's denn das? Wie kommt man hier bloß raus? Na gut, dann marschiere ich eben zur Tiefgarage hinunter und steige dort ins Auto. Ich wollte zwar eigentlich ein paar Schritte laufen, aber das ist ja letztendlich nicht so wichtig. Im Grunde könnte ich auch wieder zurück auf mein Zimmer gehen. Aber jetzt zu Fuß wieder hinaufzusteigen reizt mich auch nicht. Außerdem habe ich Hunger und Lust auf etwas Mexikanisches, etwas …

»Erlauben Sie? Sind Sie allein? Mit wem haben Sie eben gesprochen? Einen Moment bitte, ganz ruhig. Sie müssen uns nicht sagen, wer Sie sind. Das wissen wir schon.«

»Ach ja? Und ihr? Wer seid ihr?«

»Drogenfahndung. Der Herr dort ist von Interpol.«

»Was soll das? Hattet ihr es so eilig, dass ihr morgens eure Uniform nicht gefunden habt?«

»Würden Sie uns bitte folgen? Wir möchten Ihnen einige Fragen stellen.«

»Stellt mir diese Fragen doch einfach hier.«

»Verstehen Sie, wir möchten keine Unannehmlichkeiten verursachen. Weder für Sie noch für das Hotel. Deshalb haben wir Sie hier heruntergeführt, ohne Aufsehen. Kommen Sie mit, dann können wir diese Angelegenheit erledigen. Sozusagen freundschaftlich. Es geht nur um ein paar Fragen, dann können Sie wieder ins Hotel zurück, ohne dass jemand etwas merkt.«

»Ich folge euch in meinem Wagen. Ich habe ihn gemietet und hatte noch keine Gelegenheit, ihn zu fahren.«

»Nur möchten wir Ihnen ungern hinterherfahren. Sie wissen ja, dass man einen Ferrari nicht so leicht einholt. Im Normalfall wenigstens. Also haben Sie doch bitte die Güte und fahren mit uns. Sie können bei uns einsteigen. Wir bringen Sie auch wieder zurück. Natürlich nicht im Streifenwagen. Sehen Sie, wir bemühen uns durchaus um Diskretion.«

»Aber der Ferrari hat viel elegantere Kurven.«

Das Geraunze und Gekrächze im Polizeifunk hat mich immer schon amüsiert. Es ist anders als im Taxi. Dort werden Adressen durchgegeben, eine Stimme bestätigt den Auftrag, und die Dame in der Zentrale, die zweifelnd meint: »Leider keine Hausnummer.« Nein, bei der Polizei ist das eine echte Hitparade: Gedudel. »Code 47.« Gedudel. »An alle Wagen im Einsatzbereich. Einsatz in XY-Straße Nummer sowieso. Code 47.« Saubere Stimmen wie im Fernsehen. Ich weiß nicht, warum, aber diese Stimmen haben eine bestimmte Farbe. Ich bringe sie mit einer Art elektrischem Blau in Verbindung. Ein tiefes Blau. Ein feuchtes, elektrisches Blau. Frisch und nächtlich. Die Uferstraße in Barcelona nach Mitternacht in windstillen Nächten. Die Botschaften der Taxizentralen hören sich nach Staub unter dem Sofa an. Ein totes, vertrocknetes Gelb.

»Was ist? Seid ihr plötzlich stumm geworden?«

Stille. Alle sehen nach vorne. Der Fahrer sieht an mir vorbei, wenn er in den Rückspiegel blickt. Sie sind zu dritt. Wahrscheinlich fühlen sie sich völlig sicher. Na, dann wollen wir mal sehen, ob der Blueberry die Geräusche aus dem Polizeifunk aufnimmt.

»Hören Sie. Sie behaupten, diese Männer nicht zu kennen. Sind Sie da völlig sicher? Wir bräuchten nur einen einzigen Namen.«

»Ihr fotografiert also Leute und erkundigt euch dann, wer sie sind? Was soll das? Ist das eine Art neues Quiz? Wenn ihr die Leute da beschatten lasst, dann wisst ihr doch sicher, um wen es sich handelt, oder? Ich kann euch schon sagen, was ich weiß. Ihr habt mich hierhergebracht, um mir Fragen zu stellen, deren Antworten ihr schon kennt. Ich habe Wichtigeres zu tun.«

»Zum Beispiel?«

»Jetzt macht schon weiter mit euren Fragen.«

»Kennen Sie diese Leute?«

»Ob ich sie kenne? Ich habe doch gesagt, ich kenne sie nicht. Also weiter. Was steht noch an?«

»Also legen wir jetzt endlich die Karten auf den Tisch?«

»Zeit wird's. Also auf den Tisch damit. Was wollen wir denn spielen?«

»Wie kommt es, dass so viele Kriminelle früher oder später mit dir in Kontakt treten?«

»Frag sie doch selbst.«

»Das haben wir schon getan. Und weißt du, was sie gesagt haben? Dass du ein bemerkenswerter Typ bist. Weißt du auch, wieso? Weil du es geschafft hast, aus dem Drogenhandel auszusteigen und dir etwas aufzubauen, das Geld abwirft, aber trotzdem legal ist. Ein bisschen mau, diese Ausrede, findest du nicht?«

»Was wollt ihr denn? Sie kommen, weil sie eben von dort herkommen, wo ich auch war. Und es liegt doch auf der Hand, dass meine Geschichte ziemlich interessant ist. Nicht dass ich mir was drauf einbilde. Aber hättet ihr mich sonst abgeholt?«

»Weil wir wissen wollen, was du zusammen mit deinen Kollegen ausheckst.«

»Ex-Kollegen. Ex. Ich habe Kontakt zu allen möglichen Leuten. Du als Bulle dinierst vielleicht nicht mit Schriftstellern, Regisseuren und Schauspielern, so wie ich das tue. Du siehst wohl nur andere Bullen. Mir haftet eben der Ruch des Kriminellen an, wie ihr das wohl nennen würdet. Und so kommen die Leute und wollen mit mir reden. Ihr habt mich also hierhergebracht, um mir zu sagen, dass ich Bewunderer habe?«

»Nein. Es geht um etwas anderes. Dein Leben ist in Gefahr.«

»Ah ja, wodurch? Zu hohes Cholesterin vielleicht?«

»Schau dir dieses Foto an, dann wirst du schon begreifen.«

»Aber bitte sehr.«

»Bitte sehr was? Dieses Bild wurde in einer Wohnung sichergestellt, die wir durchsucht haben. Diese Leute sind gefährlich. Und du weißt doch, was das heißt, oder?«

»Dass ihr die bösen Männer verhaftet habt, und ich vor ihnen nun sicher bin.«

»Leider nein. Wir haben nur die Scharfschützen geschnappt. Der, der dir ans Leder will, läuft noch frei herum.«

»Ich sterbe vor Angst. Kann ich jetzt gehen?«

»Kannst du mir sagen, wann dieses Foto gemacht wurde? Vielleicht kannst du uns ja einen Hinweis geben. Wo warst du, als dieses Bild geschossen wurde?«

»Ich weiß nicht. Erinnert ihr euch denn nicht mehr, wann ihr es aufgenommen habt?«

»Zum Teufel, da ist ein Kreuz auf deiner Stirn. Die wollen dich tot sehen. Die bringen dich um. Wir können dich beschützen.«

»Ja, alles klar. Kann ich jetzt gehen?«

»Natürlich. Aber es wäre besser, du arbeitest mit uns zusammen.«

»Wobei? Beim Beschützen? Das kriege ich doch allein auch hin, glaubt ihr nicht?«

»Immerhin hat man dich schon bedroht, nicht wahr?«

»Das nennt ihr eine Drohung? Ein Foto von meinem Gesicht und ein Kreuz auf der Stirn? Ich scheiß mich an vor Angst. Verarscht doch bitte jemand anderen. Nicht einmal ein Kind wäre so blöd. Man will mich töten? Dann kommen die einfach und knallen dich ab. Bumm, bumm und fertig. Da macht kein Mensch vorher ein Foto. Höchstens hinterher, wenn du nicht mehr bist. Das ist sozusagen der Einlieferungsschein der Scharfschützen. Und glaubt mir, die malen keine Kreuzchen auf Fotos ... außerdem bin ich schließlich kein Christ.«

»Hör mal, die machen ernst.«

»Jaja. Erinnert mich schwer an die Kugeln, die man mir per Post geschickt hat. Und an den Wecker, den jemand mit Knetmasse auf mein Auto geklebt hat. Lieber Himmel, seid ihr zurückgeblieben, was eure Methoden angeht! Falls mich jemand umlegen will, dann kümmere ich mich darum, wenn es so weit ist. Schließlich schlägt jedem von uns einmal die Stunde. Sagt man nicht so? Bringt ihr mich jetzt ins Hotel zurück?«

»Hör mal, ich glaube wirklich, dass du Hilfe brauchst. Wir machen uns Sorgen um dich.«

»Immer noch? Dann brauche ich mir ja keine zu machen, wenn ihr das freundlicherweise übernehmt.«

»Wir würden dir empfehlen, eine Weile unterzutauchen, Nur so lange, bis wir herausgefunden haben, wer dir ans Leder will. Das liegt auch in unserem Interesse, das begreifst du doch, oder? Zieh dich in ein Land außerhalb Europas zurück. Nach Russland oder Mexiko, meinetwegen auch nach Israel. Dort bist du ja zu Hause. Eröffne dort einfach eine Zweigstelle. Dann werden wir schon sehen.«

»Aber ich bin doch ohnehin schon so häufig im Ausland. Warum sollte ich auch noch dort leben wollen?«

»Ein guter Rat.«

»Ihr habt ja so recht.«

»Siehst du. Jetzt verstehen wir uns.«

»Ja, genau. Da fällt mir nämlich was ein. Allen Ernstes. Wenn ich es mir recht überlege, bin ich hier ja im Ausland. Ich lebe schließlich nicht in Spanien, oder täusche ich mich da? Dann folge ich eben eurem Rat. Ich komme hierher, nach Barcelona. Dann bin ich im Ausland, wie du sagst, und du kannst endlich wieder ruhig schlafen. Was meinst du? Geht das klar? Dann habt ihr mich ja immer schön griffbereit.«

Als mein Handy klingelte, hätte sie alle fast der Schlag getroffen. Plötzlich dieser Klang von Polizeifunk. Dieses wunderschöne Gedudel von feucht-elektrischem Blau. Man sah förmlich, wie sie ihr Gehirn in Betrieb nahmen. Erstens: Der Typ hat etwas bei sich, womit er den Polizeifunk abhören kann. Zweitens: Über dem können wir wirklich ein Kreuz schlagen. Das hat keinen Sinn. Da können wir ihn genauso gut ins Hotel zurückbringen.

Der Kellner des Restaurants kommt aus Ecuador, dem Akzent nach zu urteilen. Dieses Land ist so arm, dass es nicht einmal eine Kriminalität hat, die diesen Namen verdient. In Ecuador gibt es nur Gauner. Zumindest im Land selbst. Die Kriminellen sind Exportartikel. Ein paar davon habe ich im Gefängnis kennengelernt. Nicht gerade pflegeleichte Typen. Ich frage den Jungen einfach mal. Ich habe Lust, ein paar Worte mit einem anderen Menschen zu wechseln. Vielleicht gehört er sogar zu einer Gang.

Im Kommissariat hat man mich gefragt, wie lange ich in Barcelona bleiben möchte und ob ich noch einmal Zeit für einen Meinungsaustausch hätte. Einen Meinungsaustausch? Wer bin ich denn? Ein Talkshowmoderator? »Wollen Sie zu uns kommen oder möchten Sie lieber abgeholt werden?« Wenn die Herrschaften zum »Sie« zurückkehren, bedeutet das, dass man dich wieder als Normalbürger betrachtet und nicht mehr als Verdächtigen. Du bist erneut ein »vollwertiges Mitglied der Gesellschaft«, wie mein Freund sagen würde.

»Nehmt doch bitte den Streifenwagen. Das ist mir lieber. Ich steh auf das Blaulicht. Es macht einen Scheißeindruck, wenn ich mal so sagen darf. Kommt ruhig vorbei und holt mich ab. Dann spare ich mir das Benzin und muss mich nicht mit dem Verkehr herumschlagen.«

Sie werden kommen, ganz sicher. Das ist meine Normalität. Immer in der ersten Reihe. Lächelnd. Im Profil. Ganz ruhig, aber darunter kommen gleich die Einträge mit den Vorstrafen. Ich würde zwar kein Wort sagen, aber immerhin wäre ich unter Freunden. Großpapa Jack meinte immer, es sei besser, böse Freunde zu haben als schlechte Freunde.

Diego, er heißt Diego. Zweiundzwanzig Jahre. »Diego wie Maradona«, sagt er.

Was weiß der schon von Maradona? Zu Maradonas Zeit lag er doch noch in den Windeln.

Was ich so mache?

Ich bin Modedesigner.

»Dann musst du eine Menge Geld haben«, meint er.

»Ich kann nicht klagen.«

Er hatte ursprünglich etwas anderes machen wollen, aber dann hat man ihm in der Krise die Aufenthaltsgenehmigung nicht verlängert, und so arbeitet er jetzt schwarz hier.

»Und die Kontrollen?« Ich weiß, dass sie in Spanien mit illegalen Einwanderern ganz schön rabiat umspringen. Doch Diego hat einen Trick. Kein Mensch kommt auf die Idee, ihn zu kontrollieren, weil natürlich alle denken, dass ein so zentral gelegenes und hochklassiges Restaurant nie im Leben Illegale beschäftigen würde. Man versteckt sich unter aller Augen. So wird man unsichtbar. »Wie im Aufzug«, sage ich. Er versteht natürlich nicht, was ich meine. Vor zwanzig Jahren hätte ich mich gefreut und ihm angeboten, für mich zu arbeiten. He, das ist einer wie Pablito, hätte ich gedacht. Er will was auf die Beine stellen, damit er seinen Weg gehen kann, wohin der ihn auch führen möge. Ich hätte zu ihm gesagt: »Ich hätte da einen Job für dich. Interessiert?« Genauso haben sie mich gekriegt. Pablito war wie dieser Diego: intelligent, aufrichtig, sauber. Vielleicht hat man ihn ja auf mich angesetzt. Ein Köder, um zu sehen, ob mir der Wurm schmeckt. Sie glauben immer noch, dass ich ein großes Tier bin, aber heute bin ich nur noch Designer.

Vielleicht mache ich mal einen Abstecher in die Welt des Films. Produzent? Wieso nicht? Doch Diego hat durchaus Klasse, wie er da am Tisch serviert. Ein hochprofessioneller Kellner, aufmerksam, nicht der übliche Illegale. Ein Zeichen von mir, und er steht da. Ich schlage das weiße Jackett aus italienischem Hanf zurück: »Das ist mein Beruf, Diego.« Auf meinem T-Shirt steht auf Spanisch: *Ich hab zwar kein Geld, aber ich weiß, wie ich mir welches besorgen kann.* Darunter in Hellgrau auf Weiß die Form einer Pistole.

Ich wollte ein klares Zeichen setzen, dabei habe ich den Jungen nur verwirrt. Er sah meine Tattoos und dachte, ich sei einer aus dem Milieu.

Ich werde am nächsten Tag zurückkommen und ihm ein T-Shirt schenken. Ich ziehe das Karton-Etikett aus der Tasche und gebe es ihm. Darauf steht, dass wir nicht zur Gewalt aufrufen wollen, aber allen, die sich zum Spaß ein paar Stunden lang als »harter Junge«

fühlen wollen, die Gelegenheit dazu geben. Das Ganze ist ein Spiel, eine Maskerade, weiter nichts. Normalerweise habe ich das Etikett immer dabei, um auf die Fragen, die unvermeidlich kommen, eine Antwort parat zu haben. Morgen werde ich ihm ein T-Shirt vorbeibringen. Irgendwie muss ich immer alles erklären. Warum wohl? Wenn ich tatsächlich zur Gewalt aufrufen wollte, würde ich ganz andere Sachen auf die Shirts drucken. Meine Fantasie ließe mich da sicher nicht im Stich. Dann würde ich nicht in Diskotheken gehen oder in Boutiquen. Ich würde mich in den Vorstädten herumdrücken, an Orten, die niemand kennt außer den Leuten, die sich dort verstecken müssen, weil sie nirgendwo sonst hin können.

Vor ein paar Tagen hat mir ein befreundeter Regisseur erzählt, er habe eine Fernsehserie über Jugendbanden in Amerika und Europa gesehen. Scheinbar gibt es in Krakau zwei total durchgeknallte Gangs, die ihre Zeit damit zubringen, sich gegenseitig fertigzumachen. Als gäbe es nichts anderes zu tun. Die Jungs denken immer nur bis zum nächsten Morgen und keine Sekunde weiter. Und wie heißt eine der beiden Gangs? Deputamadre. Sie tragen alte Stücke aus meinen Kollektionen, als wäre dies ihre Uniform. Seltsam, dass mir daraus noch niemand einen Strick zu drehen versucht hat.

Morgen verschwinde ich wieder. Orte, in denen man als junger Mensch gelebt hat, verursachen einem immer wieder ein unangenehmes Gefühl.

Es ist auch nicht so lustig, Tag für Tag das eigene Geschäft aufzubauen und zu führen. Manchmal habe ich Lust, alles zu verändern. Vor allem die Gesichter, die ich immer um mich sehe.

Meine Mutter erzählte mir, Großvater Jack sei einmal in sein Haus zurückgekehrt und habe dieses nicht mehr vorgefunden. Eine Bombe war darauf gefallen, in ich weiß nicht welchem Krieg. Er hat einfach so getan, als wäre der Krater gar nicht da. Als wäre der Schutt weg, die Autos in Ordnung, die Bäume nicht von weißem Staub bedeckt. In der absoluten Stille nahm er nur das Geräusch der eigenen Schritte wahr. Und er ging einfach weiter. Bis er zu einer kleinen Pension kam. Dort fing er dann ein neues Leben an. Ich weiß nicht, wie er mit der Trauer fertig wurde oder ob er überhaupt welche empfand. Vielleicht hatte er schon zuvor getrauert? Meine Mutter erzählte nur vom Haus, von der Katastrophe, die ihn traf, und davon, dass er alles hinter sich gelassen habe. »Und dann?«, habe ich gefragt. Meine Mutter meinte, Großvater Jack habe auf dieselbe Frage zu ihr nur gesagt: »Besser, das Kopfkissen zu verlieren als den Kopf.«

Diese Haltung nenne ich: »der Kampfschrei des Hammerhai«. Überhaupt würde der Hammerhai ein schönes Logo abgeben. Ein T-Shirt, das ich die nächsten vierzig Jahre tragen könnte. Die noch kommen werden.

Danksagung

Ich habe *Suerte* in neun Monaten geschrieben, in denen ich mit dem Protagonisten der Geschichte sehr engen Kontakt gepflegt habe. Ich bezweifle, dass ich je damit angefangen hätte, wenn mein Freund, der Schriftsteller Luigi Trucillo, mich nicht darauf hingewiesen hätte, dass ich höchstens drei Jahre hätte, um *mein Buch* zu schreiben. Also habe ich aufgehört, durch die tausend Gässchen des Lebens zu irren. Und tatsächlich sind mittlerweile drei Jahre vergangen, seit mir der Artikel von Conchita De Gregorio in *La Repubblica* unter die (schläfrigen) Augen kam. Ein Dankeschön auch ihr.

Herzlichen Dank an Antonio Veneziani. Er und ich wissen, wofür. An Massimo Bucchi, der mich mit Ilan bekanntgemacht hat, damit ich ihm meinen Vorschlag bezüglich der T-Shirts unterbreiten konnte. Und an Juan Carlos Pérez Rojo, der in Barcelona zu jeder Tages- und Nachtzeit Recherchen für mich durchführte; sowie an einige gut informierte Freunde in Kolumbien.

An zwei absolut irre ehemalige Marines in Tel Aviv, die nicht genannt werden möchten. Ich hoffe immer noch, ihr erzählt mir mal, was ihr bis jetzt verschwiegen habt. Lasst euch das in Ruhe durch den Kopf gehen.

Ein tief empfundenes Dankeschön an Carmen Margot Derungs, die in den Jahren des Auf und Abs immer an mein Talent geglaubt hat. (Jeder fragt sich, wieso eigentlich.)

Natürlich möchte ich mich bei meinem Bruder Ugo bedanken, der in kürzester Zeit die erste Niederschrift des Buchs durchgesehen hat. Und bei den Rechtsanwälten Simone Morandi und

Giuseppe Montanini, die mir in rechtlichen Fragen beistanden. Auch ein Dankeschön an Ruggero Di Paola, der seine Verbindung zum amerikanischen Kino spielen ließ, und an Anthony Shugaar für seine Blitzübersetzungen.

Meinen herzlichen Dank an meinen Agenten Piergiorgio Nicolazzini (und seine Mitarbeiter), die mir so viel Aufmerksamkeit zuteil werden ließen, wie ein Autor sich das nur wünschen kann. Und an Einaudi Stile Libero, vor allem an Severino Cesari. An Beppe Sebaste, der immer ein offenes Ohr hatte. Und Cristina Tizian.

Mein Dank gilt auch *Anita* Annamaria Brundu, meiner mitunter motzigen Muse, ohne die ich das Buch nie rechtzeitig fertig gehabt hätte. Herrn Stanis und Frau Olimpia Pato Pato, die die Unbilden meiner Schrift so gelassen hinnahmen wie das Wetter; sowie Mimmi und Cucca, die mir in den neun Monaten des Schreibens unverzichtbarer Ansporn waren.

Danke, Pablito. Melde dich doch. Erzähl mir, wie du das Ganze erlebt hast. Das gäbe einen wunderbaren Roman. Schau dir *Suerte* an. Für dein Buch hätte ich sogar schon einen Titel im Kopf. Und natürlich bekämst du Prozente von den Einnahmen.

Ein Dankeschön an alle, die ich hier vergessen habe oder einfach nicht erwähnen kann.

Und an Ilan natürlich, an die vielen Seelen, die in seiner Brust wohnen. Für den unglaublichen Riecher, mit dem er mich als die Person ausgewählt hat, die ihn noch einmal mit Fragen löchern durfte. Ohne sich vom Schweiß meines Angesichts ablenken zu lassen. Was für ein Riechkolben!

Eine Geschichte umfasst auch all das, was man verschweigt. Die Personen, die nicht darin auftauchen, vielleicht, weil sie schon tot sind. Aber, wie sagte doch Jean Echenoz: »Ein rein biografisches Projekt interessiert mich nicht: Mich reizt vor allem das Romanhafte.«

Noch mehr »Freakonomics«

350 Seiten • ISBN 978-3-570-50122-1

Mit Wortwitz, Selbstironie und brillanter Beobachtungsgabe tauchen die beiden Autoren erneut in das bodenlose Fass menschlicher Irrtümer und Fehlleistungen: Kann es zur Rettung unseres Planeten beitragen, Kängurus zu essen? Warum ist der Preis für oralen Sex in den letzten Jahren drastisch gesunken? Die genussreiche Pointe der jeweiligen Untersuchungen ist immer gleich: logisch und völlig überraschend.